[山西财经大学学术文库]

本书受到以下项目的资助：
国家自然科学基金青年基金项目（71702091）
教育部人文社会科学研究青年基金项目（12YJCZH098）
教育部人文社会科学研究青年基金项目（15YJC630187）
山西省软科学研究项目（2018041061－4）
山西省重点学科建设项目

# 预期对中国商品住宅市场的影响研究

李　斌◎著

中国财经出版传媒集团
中国财政经济出版社

**图书在版编目（CIP）数据**

预期对中国商品住宅市场的影响研究／李斌著．—北京：中国财政经济出版社，2018.12

ISBN 978-7-5095-8450-7

Ⅰ.①预…　Ⅱ.①李…　Ⅲ.①商品房-住宅市场-研究-中国
Ⅳ.①F299.233.5

中国版本图书馆 CIP 数据核字（2018）第 188800 号

责任编辑：金　宇　高文欣　　　　责任校对：胡永立
封面设计：孙俪铭　　　　　　　　版式设计：张　娟

中国财政经济出版社 出版

**URL**：http：//www.cfeph.cn

E-mail：cfeph @ cfeph.cn



社址：北京市海淀区阜成路甲 28 号　邮政编码：100142

营销中心电话：010-88191537

北京财经印刷厂印刷　各地新华书店经销

787×1092 毫米　16 开　16.5 印张　268 000 字

2018 年 12 月第 1 版　2018 年 12 月北京第 1 次印刷

定价：65.00 元

ISBN 978-7-5095-8450-7

（图书出现印装问题，本社负责调换）

本社质量投诉电话：010-88190744

# 前　言

商品住宅市场过去的发展趋势会影响人们对市场未来发展的预期，同样人们的预期也会影响市场未来的运行。预期是联结商品住宅市场过去和未来的纽带，是决定市场发展稳定与波动的关键因素。由于预期直接影响着商品住宅市场的运行轨迹，因此揭示两者之间的本质联系关系到市场参与者投资、消费决策的成败，关系到政府住房宏观调控的效果，也关系到整个国民经济的正常运行与社会的和谐稳定。基于此，本书以预期的形成、预期的作用、预期回报的评估为主线，以商品住宅市场预期的形成与扩散、预期对商品住宅价格和住房宏观调控效果的影响、商品住宅价格与预期回报的关系为核心内容，以笔者的博士学位论文《预期对中国商品住宅市场的影响研究》为基础，同时融入了笔者多年来发表的相关学术论文，以及在主持教育部人文社会科学研究青年基金项目“预期视角下房价与回报的非线性动态关系及评估研究”、山西省软科学研究项目“快速城市化背景下公众预期对山西省房地产业的影响研究”、山西省研究生创新项目“山西省房地产业与区域经济动态协调关系研究”、山西省社科联重点课题研究项目“异质预期、差异化干预与山西省房地产业结构性改革的路径分析”，参与国家自然科学基金面上项目“城市不动产动态与预期评估研究”、“不动产价与回报混合评估系统研究”、山西省自然科学基金项目“不动产市场价与回报的非线性双重随机预测系统研究”等研究中所取得的部分成果，并根据市场的新变化对上述成果在理论、方法、数据、应用等方面进行了动态调整和优化，揭示了预期与商品住宅市场之间的本质联系，并适时地提供了科学的住宅投资、消费决策依据与宏观调控手段。

本书的内容总共分八章，包括：绪论（第1章）、基本理论与国内外研究综述（第2章）、研究主体（第3章至第7章）、结论与展望（第8章）。其中，研究主体又分为四部分：商品住宅市场预期的形成与扩散（第3章）、预期与商品住宅价格的关系（第4章、第5章）、预期与住房宏观调控效果的关系（第6章）、商品住宅价格与预期回报的关系（第7章）。研究主体的主要工作体现如下：

（1）商品住宅市场预期扩散模型构建与仿真研究

将创新扩散理论与方法应用于住宅市场预期的研究，对传染病扩散模型与Bass模型进行了符合住宅市场现状的重新设定，对仅存在口头交流等内部影响和同时存在大众传媒等外部影响两种情形下的预期扩散过程进行了理论描述、建模刻画与系统仿真，识别出了两种条件下影响预期扩散的关键因素，探析了预期的扩散规律，为预期的培养、管理活动提供了决策参考。

（2）基于预期异质性的商品住宅价格模型构建与实证研究

根据市场特点和交易者行为差异，将金融市场的噪声交易模型进行了符合商品住宅市场的重新设定，采用世代交迭模型的跨期决策分析方法，构建了包含理性套利者、动量交易者、信息观察者、基本面分析者4类异质交易者预期的商品住宅价格模型；在考虑预期异质性情形下，采用系统仿真方法探析了异质交易者的重要行为参数对住宅价格的单独影响和叠加影响；在不考虑预期异质性情形下，将上述模型转化为一般的含有预期的住宅价格模型，并选取中国30个省（市、自治区）商品住宅市场的省际面板数据进行了实证检验，由于模型建立过程中引入了更符合经验事实的微观基础，而又不脱离传统的宏观基本面分析方法，从而可以更好地揭示预期与商品住宅价格这两种随机波动序列的本质联系。

（3）基于环境异质性的住房宏观调控模型构建与实证研究

将预期模式与城市的差异性引入了商品住宅供给和需求调控的分析框架，在住宅存量—流量模型基础上分别建立了考虑异质预期和异质城市政策实施环境的住房供给调控动态模型和住房需求调控模型；对中国35个大中城市住房宏观调控的实施效应进行了量化研究、比较分析和系统仿真，识别出了有效的政策工具，模拟了异质环境下商品住宅市场的运行轨迹，为政府出台具有精准性、有效性的调控政策提供了有力依据。

（4）房价与理性（适应性）预期回报的非线性双重时序模型构建与实证研究

在房地产回报的非线性双重时序评估模型基础上，将预期引入了房价与回报非线性关系的研究框架，将商品住宅价格与预期回报的随机序列视为一个随机系统，利用现代随机系统理论方法进行了系统辨识，构建了可以更好地描述商品住宅市场随机机制的房价与理性（适应性）预期回报的非线性双重时序模型；给出了量化不可观测的预期回报的方法，并在中国35个大中城市进行了预期回报评估的实证分析，识别出了具有投资价值的城市和地区，为市场参与者的投资消费决策提供了合理的评估方法和结论。

上述研究工作有助于深入认识商品住宅市场的运行规律，为现实中的房价波动、调控低效、需求非理性增长等问题提供了更多的解释与解决手段，为政府、房地产企业和购房者的行为决策提供了科学依据，也为一般的带预期的非线性随机系统的理论与应用研究提供了一种崭新的思路。

本书的写作得到了众多专家学者、领导同事和亲朋好友的热情指导和帮助，在此表示真挚的感谢。

衷心感谢导师张所地教授。博士学位及硕士学位攻读期间，无论在学习、工作还是生活中，张老师都给予了我严师般的教诲和朋友般的鼓励。学位论文的完成，凝结了导师大量的心血和汗水，每每遇到困难而犹豫之际，张老师总会及时地给予我帮助和支持，使我能够拨云见日，顺利完成学位论文撰写工作，为本书的写作奠定了坚实的基础。此外，相关课题的研究与小论文的发表也离不开导师的精心指导和智慧引导，使本书的内容更加丰富。张老师为探索真理而努力执着、坚韧不拔的精神，为我增添了奋斗的勇气；他授业解惑的学者风范，从容洒脱的人格魅力则令我深深折服。在此，向恩师献上最崇高的敬意和最真挚的感谢！

衷心感谢高铁梅教授、张永安教授、梁琦教授、沈悦教授、王汉兴教授对博士学位论文的审阅和指导；衷心感谢李金华教授、李宝瑜教授、赵国浩教授、杭斌教授、李宝卿教授对博士学位论文提出的宝贵建议；衷心感谢李建平教授、薛耀文教授、任利成教授、孙国强教授、王拉娣教授、范建平教授、韩克勇研究员对本书研究工作的指导和鼓励；衷心感谢同门赵华平、范新英、吉迎东、郝志鹏、范容慧、赵文、陈治等在本书写作过程中给予的帮助和建议；衷心感谢和倩、卢明炜、田秀林、蒋娟娟同学在数据收集中所做的工作。此外，全书引用了国内外很多相关的成果和文献，在此对相关作者一并表示衷心感谢。

本书可作为房地产行业从业人员和研究者的工作参考用书，也可作为高等院校房地产开发与管理、公共事业管理、工程管理等专业本科生的教学参考。最后需要说明的是，由于作者水平有限且时间仓促，书中难免有不妥和错漏之处，敬请读者批评指正。

李斌

2018年3月于山西财经大学

# 目 录

# 1　绪　论

## 1.1　研究背景与意义

### 1.1.1　研究背景

居住问题是关系国计民生的大问题。新中国成立以来，我国的住房制度逐步完善，住宅产业日趋成熟，城镇居民的住房条件日益改善。城镇人均住房建筑面积由1978年的6.7平方米增加到了2016年的36.6平方米，增长了4.5倍，且住房质量、配套设施与居住环境都得到了极大改善。与此同时，商品住宅产业得到了快速发展。统计数据显示，全国住宅开发完成投资额由1998年的2081.6亿元增加到了2015年的64595.2亿元，增长了30.0倍，年均增速高达22.4%；商品住宅销售额由1998年的2006.9亿元增加到了2015年的72769.8亿元增长了35.3倍，年均增速更是高达23.5%；住宅新开工面积由1998年的16637.5万平方米增加到了2015年的106651.3万平方米，增长了5.4倍，年均增速达11.5%；商品住宅销售面积由1998年的10827.1万平方米增加到了2015年的112412.3万平方米，增长了9.4倍，年均增速达14.8%。上述统计数据无不说明商品住宅产业在近十几年里发展迅猛，势头强劲。

住宅产业快速发展的过程中，表现出了房价在波动中攀升的特征。全国商品住宅平均销售价格由1998年的1854元/平方米，上升到了2015年的6473元/平方米，增长了2.5倍，年均增速达7.6%；35个大中城市商品住宅平均销售价格由 1998 年的 1912 元/平方米，上升到了 2015 年的 9429 元/平方米，增长了 3.9 倍，年均增速高达 9.8% 。[①] 显然，商品住宅价格在波动中不断上涨已成为不争的事实。然而，过高的房价会直接影响城镇居民的住房购买力，不利于其住房条件的改善。同时，也可能导致银行信贷结构失衡，积累信贷风险，进而影响金融安全和社会稳定。尽管国家先后出台了一系列稳定房价、防止投资过热、抑制投资（机）性需求的宏观调控政策，但干预效果却并不理想。

市场参与者为了实现自身效用的最大化，必然会对市场未来的走势进行事前估计和判断，即进行预期。这种预期会直接影响其供需决策，进而造成房价波动，并影响市场的运行轨迹，亟待学术界围绕预期对商品住宅价格波动的作用规律展开深入探讨。现实中，预期的房价效应是众多市场参与者决策综合作用的结果。这些参与者的行为决策既相互依赖又相互影响，它们的基本特征及其变动必然对预期的房价效应产生重要影响。因此，研究预期的房价效应时考虑市场参与者预期的异质性，研究内容才会完整，研究结论才会与现实情况更加相符。

商品住宅市场参与者的预期除了是影响住宅价格的关键因素之外，还会强化或弱化住房调控政策的实施效应，影响住房调控的效果。如果市场参与者不合理的预期泛化为一种盲目的力量，则会造成住房市场的波动，对整个经济的破坏性也是不可低估的。因此，为了能通过制定科学、合理的政策调节各类市场参与者的行为，促使商品住宅价格、住宅开发投资、住宅投资（机）性需求等保持合理的规模和增速，达到宏观调控的目的，管理者、研究者在调控政策的制定和研究过程中，必须考虑市场参与者预期的存在和作用，并对其进行科学的引导。

商品住宅价格的波动性上涨带动了国内住宅市场投资的不断增长。为了抑制非理性投资，将国内住房市场转变为一个以民生为主导的市场而不是一个投资为主导的市场，政府先后出台了一系列住房调控政策，但是效果与预期仍有差距。从微观来看，获取回报是投资活动追逐的目标，市场参与者对房价与投资回报关系的认识直接影响其投资经营决策；从宏观来看，房价和投资回报是政府部门掌握市场发展动态和出台调控政策的重要依据，对两者关系的科学评价有利于引导市场参与者客观认识经济运行规律，促进市场健康发展。因此，无论是政府还是投资者的行为决策都应以准确把握房价与回报的关系为前提，以科学的回报评估

---

① 统计数据是作者根据《中国统计年鉴》（1999～2016）、《中国房地产统计年鉴》（1999～2016）中的数据整理计算而得。

为基础，亟待学术界围绕房价与回报间的关系以及回报的量化方法展开深入分析。

本书正是立足于上述背景，以预期理论、房地产经济学、行为经济学、城市经济学等理论为基础，多角度地探讨了预期对商品住宅市场的影响机理。研究工作的开展无论对政府、房地产企业，还是购房者都是十分必要的。

### 1.1.2 研究意义

住宅市场过去的发展趋势会影响人们对市场未来发展的预期，同样人们的预期也会影响市场未来的运行，预期是联结住宅市场过去和未来的纽带，是决定市场发展稳定与波动的关键因素。而国内外现有的商品住宅市场研究，往往只考虑一般经济因素、政策因素、特征因素，缺乏对预期的定性、定量分析与实证研究，因而无法得知预期对住宅市场的作用机理。这种不足造成了政府政策和企业决策缺乏有效的科学依据和技术支撑，购房者投资缺乏有效的指导。

因此，本书以预期理论、房地产经济学、行为经济学、城市经济学等理论为指导，以笔者的博士学位论文《预期对中国商品住宅市场的影响研究》为基础，同时也融入了笔者多年来发表的相关学术论文，以及在主持教育部人文社会科学研究青年基金项目、山西省软科学研究项目、山西省研究生创新项目、山西省社科联重点课题研究项目，以及参与国家自然科学基金面上项目、山西省自然科学基金项目等研究中所取得的部分成果，在预期视角下探讨了如何将行为因素与经济因素结合起来，揭示了预期与住宅市场之间的本质联系，并适时地提供了科学的住宅投资、消费决策依据与宏观调控手段。

在理论方面，商品住宅市场参与者预期的影响因素、形成机理、扩散规律的研究，构成了一个较为完善的预期研究的理论框架；异质预期对住宅市场的传导路径、独立影响及叠加影响的原理与差异性研究，引入了更符合经验事实的微观基础，完善了商品住宅价格波动研究的理论体系，确保了价格动力因素分析更为全面与准确；含有异质预期的住宅价格决定模型的构建，对现实房价波动具有更强的解释和预测能力；市场参与者预期对住房宏观调控的影响机理分析，为现实中的宏微观经济问题提供了更多的解释与解决手段，弥补了前人研究的缺陷；房价与预期回报的非线性关系探析，为一般的带预期的非线性随机系统的理论与应用研究提供了一种崭新的思路。

在实证方面，本书从不同角度实现了预期对住宅市场影响程度的量化：在考虑预期异质性情形下，通过系统仿真实现了异质预期对住宅价格的单独及叠加影响研究；在不考虑预期异质性情形下，完成了预期与住宅价格关系的实证研究，并进行了不同时段、不同地区间的差异性比较；在异质预期环境、异质城市环境下，量化了住房调控政策的实施效果，识别出了最佳政策；通过房价与理性（适应性）预期回报的非线性双重时序模型的构建研究，得到了量化不可观测的预期回报的方法，并进行了不同地区的比较分析，识别出了具有投资价值的城市和地区。本书中的实证研究结论对于管理部门把握住宅市场未来的发展动态，提高调控政策的有效性，制定住宅产业发展规划，解决城镇居民的住房问题等，都有着重要的借鉴作用；另一方面，也可使市场参与者正确认识住宅市场现状及运行规律，据此做出投资决策和消费决定，以期使商品住宅产业健康、稳定发展，人民住房条件不断改善。

## 1.2 研究目标与内容

### 1.2.1 研究目标

理论上，分析商品住宅市场预期的形成机理与扩散路径，理清预期对商品住宅价格的传导路径与互动关系，在预期视角下进行住房宏观调控的实施效应分析，探析商品住宅价格与预期回报的非线性关系，力图构建一个较为完善的商品住宅市场预期研究的理论体系。

方法上，建立包含异质预期的住宅价格决定模型，给出异质预期对住宅价格单独及叠加影响的分析方法，给出预期对住房宏观调控影响的量化方法和模拟方法，探索商品住宅价格与预期回报非线性关系的刻画方法与测度方法，力图能更加科学地揭示规律，把握本质。

实践上，预期对住宅价格与宏观调控影响的实证研究，预期回报量化的实证研究，从不同层次、不同角度揭示商品住宅市场预期的作用机理与数量关系，力图能为政府、房地产企业和购房者提供可借鉴的分析结果和决策支持。

### 1.2.2 研究内容

本书针对商品住宅市场预期的作用机理进行了系统的理论与实证分析，全书分为 8 章，具体内容安排如下：

第 1 章是绪论。主要介绍了研究背景、研究意义、研究目标、研究内容、主要创新点、技术路线和研究方法。

第 2 章是基本理论介绍与文献回顾。主要从预期、住宅价格、住房宏观调控三方面对本书的基本概念、理论进行了阐述，并对国内外相关研究成果进行了归纳与评述，为后文提供了研究思路，奠定了理论基础。

第 3 章是商品住宅市场预期形成与扩散研究。按预期主体、预期变量、时间长短、预期机制等分类标准，分析了商品住宅市场的各种预期，给出了本书的研究对象；分析了商品住宅市场预期的影响因素与形成机理；探析了市场参与者仅在口头交流讨论等内部影响条件下，以及同时存在大众传媒等外部影响条件下预期的扩散规律。

第 4 章是预期对商品住宅价格影响的建模研究。根据房价预期形成机制的差异，将市场参与者划分为消息观察者、动量交易者、理性套利者、基本面分析者，建立了包含四类异质交易者预期的商品住宅价格理论模型；在不考虑预期异质性情形下，将上述模型转化为含有一般预期的住宅价格决定模型，分析了预期对商品住宅价格波动的传导路径和互动关系；在考虑预期异质性情形下，分析了异质预期对住宅价格的单独影响和叠加影响的规律性。

第 5 章是预期对商品住宅价格影响的实证研究。以异质预期价格模型为基础，确定了实证检验所需模型；进行了预期对住宅价格影响的实证检验，分析了全样本期及不同时段内预期与商品住宅价格的数量关系；按价格面板聚类标准将样本数据分类并分别建模，分析了不同地区预期对住宅价格波动影响的差异性及原因。

第 6 章是预期视角下住房宏观调控效果研究。归纳了影响住房宏观调控效果的主要因素，重点剖析了预期的影响路径；将住房调控的对象区分为供给与需求，分别建立了考虑预期的住宅市场宏观调控模型；考虑预期的住房宏观调控实施效应的实证研究，比较分析了异质预期、异质城市等环境下政府干预的不同效果，剖析了调控政策有效、一般、失效的原因。

第 7 章是预期视角下房价与回报的非线性关系研究。从预期视角入手，对商品住宅市场的运行机制进行了重新假设，构建了房价与理性（适应性）预期回报的非线性双重时序模型，给出了预期回报的量化方法，在商品住宅销售市场进行了实证检验，并对不同地区的预期回报评估结果进行了比较分析。

第8章是主要结论与展望。对本书的主要观点和研究结论进行了总结，提出了建议，指出了后续研究的努力方向。

## 1.3 研究技术路线与方法

### 1.3.1 研究思路与技术路线

本书在国内外现有研究成果基础上，以预期理论、房地产经济学、城市经济学、行为经济学等理论为指导，多层次地探讨了商品住宅市场预期的特征与作用机理。总的思路与技术路线为：先理论、再建模、后实证，具体操作步骤与方法如下：

第一步：通过文献法梳理了房地产经济学、行为经济学、预期理论、城市经济学等国内外相关研究成果并发展出了自己的观点：分析了商品住宅市场预期的影响因素与形成机理；对市场参与者的预期模式做出了符合实际的判断；分析了预期与商品住宅价格的互动机理。

第二步：借鉴创新扩散理论与方法，刻画了住宅市场预期的扩散过程；采用系统仿真法，识别了影响预期扩散的关键因素；沿袭世代交迭模型分析框架，构建了住宅市场参与者跨期决策模型，得到了包含理性套利者、动量交易者、信息观察者、基本面分析者四类异质投资者预期的商品住宅均衡价格模型；采用系统仿真方法，探讨了异质交易者的重要行为参数对住宅均衡价格的单独影响及叠加影响。

第三步：由第二步的异质预期模型确定实证分析模型，使用国家统计局公布的30个省（直辖市、自治区）的统计数据，选取Panel Date模型进行了预期对住宅价格影响的实证研究。其中，对于预期指标的量化，采用了国外学者已提出的方法实现。通过计量经济方法，揭示了预期与住宅价格这两种随机波动序列的本质联系，并对第一步的理论分析结论及第二步的基本模型进行了修正与完善；分地区和时间段估计面板模型，比较分析了不同类地区和时间段内预期房价效应的差异性及原因。

第一、二、三步反复循环，直至实证研究结果显示该理论体系及实证模型可以科学合理地表示预期与住宅价格这两种随机波动序列的本质联系。

第四步：根据预期理论，在住宅存量—流量模型基础上分别建立了考虑预期的住房供给调控动态模型和需求调控模型，使用面板模型等方法进行实证研究，分析了市场参与者的预期对住房调控效果的影响，分析了调控政策在不同类型城市实施的效果差异。采用系统仿真方法，设定不同的参数，模拟了有无预期，以及不同政策条件下的商品住宅市场的运行轨迹，使宏观调控的实施效应显化。

第五步：根据预期和房地产经济学等理论，刻画了商品住宅价格与预期回报的关系，采用非线性随机系统辨识方法，建立了能揭示这两种随机序列本质联系的非线性关系模型，给出模型的两阶段最小二乘估计，得到了预期回报的量化思路与方法，并在中国35个大中城市商品住宅市场进行了实证分析。

第六步：总结第一至第五步的研究成果，动态调整并形成反馈，使整个研究体系在应用中不断完善。

### 1.3.2　研究方法

研究目标和思路的实现依赖于科学合理的研究方法。本书所涉及的有文献法，归纳与演绎相结合，理论和实证相结合等研究方法。具体包括：

（1）理论研究方面

通过对国内外预期与房地产市场相关研究成果的梳理，构建了一个较为完善的商品住宅市场预期研究的理论框架，主要包括：在德隆噪声交易模型的基础上，构建了包含4类异质交易者预期的商品住宅价格模型，探析了异质预期对房价的影响；在创新扩散理论、传染病扩散模型与Bass模型基础上，构建了商品住宅市场预期扩散模型，探析了预期的扩散规律；在住宅存量—流量模型基础上，构建了考虑预期的住房供给（需求）调控动态模型；在房地产回报的非线性双重时序模型基础上，采用非线性随机系统辨识方法构建了商品住宅价格与理性（适应性）预期回报的非线性关系模型，并给出了利用可观测的房价序列量化不可观测的预期回报序列的方法；采用博弈论方法，构建了政府调控行为的完全信息动态博弈模型，多角度地分析了预期对商品住宅市场的作用机理。

（2）实证研究方面

①经济计量学方法。在使用经济计量学方法实证分析的过程中，充分考虑了数据形式、模型特征及变量的内生性等问题，选择了合理且具有前沿性的计量经济方法，尽可能地提高了估计的可靠性，包括：面板单位根检验（Unit Root

Test)、差分广义矩估计（DIF GMM）、系统广义矩估计（SYS GMM）、工具变量法（IV）、面板聚类法、两阶段最小二乘估计（TSLS）、最小二乘虚拟变量估计（LSDV）等。

②比较研究方法。在实证分析过程中，进行了大量的比较分析，主要包括：比较分析了不同时间段内预期对商品住宅价格影响的差异；比较分析了不同房价水平地区间预期对商品住宅价格影响的差异；比较分析了异质预期对住房调控效果影响的差异；比较分析了不同房价水平城市间住房调控效果的差异；比较分析了东、中、西、东北地区，预期回报量化结果的差异等等。

③系统仿真方法。在考虑异质预期情形下，通过系统仿真方法实现不同预期对住宅价格的单独及叠加影响研究；在建立考虑预期的商品住宅供给与需求调控模型基础上，模拟有无预期，以及不同政策下商品住宅供给和需求的发展轨迹，使预期和调控工具的影响效果显化；在建立预期扩散模型的基础上，通过系统仿真方法实现预期扩散过程的显化。

④多种技术手段的综合运用。在全书的研究中，综合运用了 Stata12.0、Eviews6.0、SPSS18.0、Visual FoxPro9.0、Matlab R2010b 等软件工具，实现了各种工具的相互配合。

## 1.4 主要创新

本书以国内外学者的研究成果为基础，针对商品住宅市场预期的作用机理进行了理论研究和实证分析，主要创新点如下：

（1）基于预期异质性的住宅价格模型构建研究

国内外现有考虑预期作用的房价模型的建模思路主要有两类：一类是在存量—流量模型（或改进模型）基础上引入预期，一类是在住房服务流量模型（或改进模型）基础上引入预期。前者缺乏微观基础，后者对于租金、住房使用成本等指标的量化只能近似处理，且两者均忽视了住宅市场预期的异质性。本书基于预期异质性的视角，将金融市场的噪声交易模型进行了符合商品住宅市场的重新设定，构建了包含理性套利者、动量交易者、信息观察者、基本面分析者四类异质交易者预期的商品住宅均衡价格模型。该模型也可转化为不考虑预期异质性的一般均衡价格模型，但由于建立过程中引入了更符合经验事实的微观基础，而又不脱离传统的宏观基本面分析方法，从而对现实房价的波动具有更强的解释能力。

（2）基于环境异质性的住房宏观调控模型构建与实证研究

国内外现有的住房调控研究，忽视了市场预期和实施城市的差异性，缺乏住房调控政策在不同类型预期和城市环境下实施效应的理论分析和实证比较。本书将预期模式与城市的差异性引入了商品住宅供给和需求调控的分析框架，在住宅存量—流量模型基础上分别建立了考虑异质预期和异质城市政策实施环境的住房供给调控动态模型和住房需求调控模型；通过设置异质预期环境和异质城市环境，多角度、对比性地考察了中国35个大中城市住房宏观调控的效果，并辅以数值模拟，揭示了预期、住房调控和商品住宅市场三者之间的本质联系。

（3）房价与理性（适应性）预期回报的非线性双重时序模型构建与实证研究

国内外少量的不动产价格与回报的非线性评估研究成果是不考虑预期影响的，并且尚未在国内商品住宅市场进行实证研究。本书将预期引入了房价与回报非线性关系的研究框架，对商品住宅市场运行机制进行了重新假设，构建了可以更好地描述商品住宅市场随机机制的房价与理性（适应性）预期回报的非线性双重时序模型。在模型的识别分析中，根据两者之间的关系给出了利用可观测的房价序列量化不可观测的预期回报序列的方法，并在国内35个大中城市进行了预期回报评估的实证分析，揭示了房价与预期回报这两种随机波动序列的本质联系。

（4）商品住宅市场预期扩散模型构建与仿真研究

国外少量成果在预期信息的损失或传播人数阶跃等假设条件下建立了预期扩散模型，但却忽略了扩散率、扩散渠道、初始状态等因素的影响，无法得知预期扩散过程的关键要素。由于预期与创新在传播中的关键元素、所经历的阶段等方面的相似性，本书将创新扩散理论与方法应用于住宅市场预期的研究，在对传染病扩散模型与Bass模型进行了符合住宅市场现状的重新设定基础上，对仅存在口头交流等内部影响和同时存在大众传媒等外部影响两种情形下的预期扩散过程进行了理论描述、建模刻画与系统仿真研究，探索了住宅市场预期扩散的规律及关键影响因素。

# 2 基本理论与国内外研究综述

## 2.1 预期理论及相关文献综述

### 2.1.1 基本概念

（1）预期

在现实生活中，人们无法掌握未来的一切，因此其行为和决策在相当大的程度上会以预期为依据。预期总是在人们的头脑中产生并影响着人们的行为，进而影响经济的运行，因此，经济学家们逐渐意识到了预期的重要性并开展了一系列的研究工作。

早期西方经济学中，Marshall（1890）、Wicksell（1898）、Myrdal（1927）、Hicks（1939）等学者已经有了预期的思想，并提出了预期的概念，但是并没有说明预期的形成机制。Keynes（1936）确立了预期在经济分析中的地位，但受人们的主观情绪和心理状况的影响，他的预期主要是一种无理性预期。Muth（1961）理性预期概念的提出，理性预期学派的产生，才真正将预期纳入经济分析领域。

从经济学角度讲，人们为了切身的利益，总是要先对将来的经济形势或经济变量做出估计和判断，然后再决定自己如何行动。这种行为即是预期行为。具体来讲，经济学中的预期是指经济活动者为追求个人利益最大化，对与当期决策有关的经济变量（如价格、收入、利率、回报等）在未来的变动方向和变动幅度进行的事前估计。国内学者江世银（2008），高苛、刘长滨（2008）也是采用这一解释。这种预期既可以包括对自己收入水平和商品价格水平变动的预期，也可以包括对未来政治、经济形势的预期。根据国内商品住宅市场预期的特点和现有研究成果，本书将继续沿用这一概念。此外，陈东琪（1998）也提出，所谓预期，简单说来，是对某一趋势的提前认识，或者说，是从对某一连续性过程“前期”的认识中分析和预见“后期”。虽然经济运行过程中存在不确定性，但连续性过程的“后期”会或多或少地延续“前期”的成分。这个概念体现出了预期在经济活动中的意义。

在经济学中，预期有狭义和广义之分。狭义的预期是指人们对未来商品市场价格波动的预测；广义的预期是指人们在自己做出行动决策之前对未来经济形势或某一经济变量所做的主观判断、估计和预测。

（2）预期与预测

根据《现代汉语词典（第 5 版）》，“预”指预先，事先；“期”指侍候所约的人，泛指等待或盼望；“测”指测量或推测，推想。“预期”是指预先期待，而“预测”指预先推测或测定。

由“预期”与“预测”的字面释义可知，预期与预测都是一种事前的估计或判断，但是预期明显更具有结果的不确定性。两者在经济学中的异同点主要有：

①联系。西方经济学中的预期理论是建立在对未来经济变量的预测基础上的，都需要一套预测的工具和实际检验的措施。因此，经济分析中，预期除了具有预期主体、预期变量、用于预期的各种信息、预期值等 4 个要素以外，预测方法也是其基本要素之一。由此可知，预期与预测是密不可分的。

②区别。从内容上讲，预测不涉及“经济人”的理性与非理性、环境的不确定性等因素，而这些内容恰恰是预期理论的主要问题。

从特征上讲，预期具有主观性。预期不可能脱离做出预期的个人而独立存在。预期不仅基于既有经验、知识和能力，而且还会受到个人世界观、价值观的影响。因此，尽管采用相同的信息，相同的预测技术，得到相同的预测结果，但由于个人价值观的不同，对同一个结果的解释不尽相同，即预期是不同的。例如，预测结果显示住宅价格下一期将涨 20%，但由于预期的主观性，这一结果对于房地产企业而言可能是乐观预期，而对于消费者而言可能是悲观预期。也就是说，根据预期与经济发展愿望和人们的根本利益是否一致等原则，人们会将预期做好坏之分，而预测则无好坏之分。而且在预测结果出来后，有些人可能会预期下一期房价继续上涨，而有些人可能会预期下一期房价将会反转下降。

预期具有可调节性。人们的预期是对未来一段时期内的经济行为所进行的预测，在客观上存在一个时滞。因此，政府可以在预期前或预期中采取一定的措施对人们的预期进行管理或调节。例如，在房价持续上涨的情况下，采用一定的预测技术，可知未来房价继续上涨；但如果政府出台新一轮调控政策，人们可能会形成房价下降的预期，这与仅在历史房价波动趋势基础上进行预测的结果正好相反。

（3）国内住宅市场的预期模式

国内住宅市场参与者对商品住宅投资、消费的经验有差异，有些人经验丰富，有些人缺乏经验；市场参与者对于信息的收集、处理、分析能力有差异，对于商品住宅专业知识的掌握程度有差异；市场参与者所经历的房地产周期的经验有差异，有些人经历过大幅周期，有些人缺乏对于周期的认识。预期主体、预期信息与预测方法的差异都意味着市场参与者的预期模式不可能是单一的理性预期或者某种非理性预期。

我国商品住宅市场从 1998 年以后开始真正意义上的发展，先后经历了从无到有，从不成熟到逐步成熟，从不断调整到趋于稳定等阶段。在这种逐步成熟的市场基础上形成的预期也逐步从非理性向理性过度，市场参与者对于信息和专业知识的掌握能力得到了极大的提高，所形成的预期已经克服了过于简单的缺陷。但由于市场发展历程尚短，主观上的心理素质、文化修养及思维定势等因素还会在一定程度上影响人们对信息的筛选和分析，而客观上市场透明度不高、信息不对称、机制不健全等因素也会对预期产生一定程度的影响。因此，市场参与者的预期应该是一种理性预期与非理性预期并存的状态。

综上所述，国内商品住宅市场参与者的预期模式应该是理性预期与非理性预期混合共存的一种预期，从平均上来看是一种介于理性预期和非理性预期之间的有限理性预期。

### 2.1.2 预期理论发展概述

预期概念被引入西方经济理论，有着深刻的实践背景，其发生与发展绝不是偶然的，是理论发展的必然结果。

（1）凯恩斯主义以前的相关预期理论

凯恩斯主义产生之前的预期理论是一种简单化的预期理论，其代表性人物及思想有：

①Marshall（1890）的《经济学原理》集中体现了他的预期思想。在《经济学原理》中，他在分析某项资本在未来的投资收益时，运用的方法就是心理预期方法。“预期会涨价的直接结果是使人们积极运用他们全部的生产设备，在全部时间，甚至超过时间来运用他们……预期会跌价的直接后果是使许多生产设备闲置起来，同时放松其他生产设备的工作”。Marshall 的均衡价格理论中将 Senier 的“节欲”改为“等待”，即人们会延期享受，这是一种预期行为。

②Fisher（1896）提出了利率期限结构预期假说，这是资本市场上被广泛用作利率相关证券的定价依据。该假说指出长期利率相当于在该期限内人们预期出现的所有短期利率的平均数。因而收益率曲线反映所有金融市场参与者的综合预期。利率期限结构预期假说为后来研究债券市场投资者的预期提供了参考思路。

③Hicks（1939）在《价值与资本》中提出了“预期的弹性”这一概念，它是指因现时价格变动而发生的预期价格变动的程度与现时价格变动程度之比。Hicks 的预期是一种不确定性的预期，是很容易波动的，当物价出现加速上涨的变化，即使是短暂的，这种加速上涨也会引起人们对通货膨胀的进一步预期，从而成为通货膨胀发生的一个重要原因。他提出当预期弹性小于 1 时，经济系统是可以均衡的；当预期弹性大于 1，经济系统是不能实现均衡的。当价格预期有弹性时，需求增加的初始作用和随后的反应会多种多样，但总的来说，物价所受到的影响会比预期无弹性时要大。

④Wicksell（1898）在论述货币利率与自然利率的差异对经济带来的后果时，提出了“累积过程”理论，即利率变动对相对价格的影响并不仅限于眼前，它是指在一个时期内，其对价格的影响是累积性的。如果利率在一段时间内持续降低，则会使商品的价格不断上涨。在此过程中，企业家的价格上涨的预期就会形成，并且会影响企业家们的行为和决策，在要素价格上升时他们不会减少甚至会增加对生产要素的需求。由于价格预期的作用，即使利率回到正常水平，企业家仍愿意出高价购买要素，因为他们有理由预期产品的货币价格水平将同样增加。

⑤Myrdal（1939）的预期思想主要体现在他对“事前”（推动动态过程向前

发展的预期、计划等问题）与“事后”（已实现的结果或存在的某种活动水平问题）的分析中。他的预期分析是一种对微观经济活动的分析，他分析了在现有公司中价格形成的不确定性，研究了实际资本“事前”和“事后”的收益率，总结了预期的实际资本价值的变动，以及在预期的未来利率不变和发生变化假设条件下的资本价值。《货币均衡论》是经济学上第一部把对预期的系统讨论引入价格形成分析的著作。事前与事后必须加以区别的核心思想，是来自对“预见到的”和“预见不到的”变化之间存在根本性差别的承认。由于预期并不一定能达到，计划及其实现也不一定能一致，因而事前与事后也不必相同。事前和事后概念的确立使得预期成为实际经济运行的重要影响因素，如对收入、未来利润水平的预期会对投资、储蓄等变量产生影响。

⑥美国的 Schultz（1930）、荷兰的 Tinbergen（1930）和意大利的 Ricci（1930）都分析过的预期形成的蛛网理论，体现了人们简单的预期行为。蛛网理论运用弹性理论来考察价格波动对下一周期产量的影响，以及由此产生的均衡波动。蛛网模型是价格形成的动态模型，是以人们对未来价格的预期作为当期产量决策依据的一种模型，表现了农场主在决定生产何种农产品和生产多少时对收获时价格的考虑，即农产品的价格预期。该模型将预期的形成机制假设为根据播种时的市场价格来预期未来的价格，这是一种静态价格预期。

从上述分析可以看出，凯恩斯主义前的预期理论是较为简单的预期理论，虽然取得了一些成果，但由于受当时经济活动水平的限制，研究还不够全面和深入。

（2）Keynes 的预期理论

Keynes 的预期理论主要体现在《货币改革论》（1923）、《货币论》（1930）和《就业、利息和货币通论》（1936）等著作中。

①《货币改革论》中的预期理论。在该著作中，Keynes 主要阐述了汇率预期、价格预期和利润预期，体现了其初始的预期思想。对于汇率预期，他强调预期在汇率决定中的重要性。对于价格预期，Keynes 主要是分析了其对生产的影响。如果企业家预期价格要下跌，则他们畏缩不前，不敢进行事先支出货币而事后收回的长期垫支活动，并会造成失业。同时，如果企业家对价格趋势的某种预期相当普遍，则这种趋势将会被累积。对于利润预期，Keynes 指出预期利润的多少直接影响企业家的投资决策。

②《货币论》中的预期理论。在该著作中，Keynes 初步讨论了预期对企业家行为和整个经济活动的影响。预期利润或亏损对企业家的投资行为会产生重要影响。投资对企业家的诱惑程度是由企业家预期从当前投资上所能获得的预期收入与他为生产资金必须支付的利率两者的对比关系来决定的。如果预期收入大于生产资金必须支付的利率，则企业家愿意进行投资。也就是说整个社会的经济活动都与预期有密切的关系。

③《就业、利息和货币通论》中的预期理论。在该著作中，Keynes 提出了预期是影响社会总供给和总需求的重要因素，甚至是造成经济波动的决定性因素。Keynes 关于就业水平的分析，对货币需求、投资水平和经济周期的分析都是建立在预期概念基础之上的。他指出人们之所以投资证券，是基于投机获利的动机，即相信自己对未来的看法较市场上一般人高明，由此想从中获利。如果确信未来利率低于现行利率的人会在市场上抛出货币而投资于证券，以期未来证券价格上涨时再高价抛售，从中赚取投机利润即获得预期收益。相反，如果相信未来利率高于现行利率，则人们会抛售证券，回收货币，避免未来证券价格下降时遭受损失。

Keynes 的预期理论确立了预期在经济体系中的地位，他将不确定性与预期联系了起来，进行了不确定性的预期理论分析，但是将预期的形成置于经济学范畴之外，对预期形成的研究还不够深入。

（3）理性预期学派理论

①理性预期学派的产生与发展。理性预期首先由 Muth（1961）提出，他认为人们预期时不仅会依据历史经验，而且会有效利用已有信息，因此这样的预期是合理的。限于当时的经济背景，这一理论并未被大多数经济学家所注意。20 世纪 60 年代末开始，主要的资本主义国家都爆发了经济危机，表现出了“滞胀”现象，使得凯恩斯主义难以自圆其说，而且无法给出“滞胀”现象的合理解释，此时 Lucas、Wallace、Sargent 等人先后发表论文，在新古典经济学的自由市场理论基础上，系统地阐述了理性预期问题，对宏观经济理论进行了全新的探讨，并在 20 世纪 70 年代形成了理性预期学派，使预期分析真正进入了经济分析的主流。其代表人物及思想有：

Muth（1961）发表的《理性预期与价格变动理论》一文中指出，在过去预期一直没有被构造成理性的动态模型，而企业家的行为的其他方面却被假定是理性的，因此从理论角度看，预期应该被处理为理性的，否则会造成分析的不一致。文中还提出“预期实质上等同于有关经济理论的预测，因为它们都是基于未来事件有根据的预测，虽然可能将这个纯描述的假说同关于企业应该如何做的见解搞混淆，我们还是把这种预期称为‘理性的’”。按 Muth 的说法，如果不是发生反常的变故，人们是可以根据当时获取的信息对相关变量在未来的变化形成正确的预期。

Lucas（1972）发表的《预期与货币中性》一文，首先将 Muth 的理性预期假说同货币主义的基本观点结合起来，将理性预期概念从微观分析拓展到了宏观层面。此后，Lucas 与 Sargent、Wallace 等先后发表一系列论文又对理性预期假说作了进一步阐发。卢卡斯的观点是，理性预期和其他预期的本质区别是理性预期考察的重点是预期和现实行为结果的一致性。因此，理性预期假说等价于如下命题：经济行为者主观概率分布等于系统的客观概率分布。在理性预期假说基础上，Lucas 提出了著名的“卢卡斯批判”。他指出，根据凯恩斯经济学导出的宏观模型不能持久地描述经济主体的行为，在拟合一段时间后，这种模型就会出现显著的误差，经检验后发现是模型的基本参数发生了改变。这是因为人们的预期变量和预期机制发生了变化；当政策工具变化时，预期与过去信息的关系也发生了变化；预期对经济行为产生影响，模型中的各种关系也发生了变化等等，使得传统的凯恩斯主义大型联立方程难以正确应用。在运用理性预期假说时，Lucas 继承了 Friedman 的“自然失业率”理论，在两者基础上提出了货币中性论，并解释了失业和通货膨胀的关系。他的观点是，由于自然率的存在，货币数量的变化对产出和就业的影响同对物价水平的影响是一样的，因此货币是中性的。而由菲利普斯曲线推导出的失业与通货膨胀之间此消彼长的关系，在长期或短期内都是不存在的。这是因为人们具有理性预期，当政府实施扩张性的财政政策、货币政策以降低失业率时，人们能正确地预期到价格的上涨是总价格水平的上升，而不是相对价格的上升，因而不会增加产品和劳动的供给，结果是失业率没有降低，经济没有增长，而通货膨胀更加严重。在理性预期假说基础上，Lucas 还发展了均衡经济周期理论。他的观点是，信息不完全性致使人们无法预料到的货币量变化引起了相对与绝对价格变动的混淆，是产生经济周期的原因。工资和价格的临时性变动导致了劳动和产品供给的变化，从而引起经济波动，但由于人们具有理性预期，其持久性的变动不会导致供给的变化，经济会恢复常态。

Sargent（1973）发表了论文《理性预期、真实利率与自然失业率》，第一次成功地尝试了理性预期假设下的计量经济估计，随后发表了《理性预期条件下恶性通货膨胀时期的货币需求》等一系列论文，系统论述了如何在理性预期条件下构建宏观经济结构模型等问题。他的观点是设置理性预期就是对计量分析施加约束条件，并且推导出了相关约束条件，并称其为“交叉方程约束”。此后，Sargent 和 Wallace（1975，1976）合作发表了《理性预期、最优货币工具与最优货币供应规则》等论文，证明了政策无效论命题。他们的观点是，如果政府增加货币供应量，则具有理性预期的人们会预见到价格水平将会上升，价格的上升等于货币的扩大，因而预期到的货币增加不会带来产出的增加。此外，Sargent 和 Sims（1977）合作发表了论文将理性预期理论用于经济波动研究，完善了 Lucas 的均衡经济周期理论，他们的观点是经济波动的主要原因是人们难以对货币当局随机的、不可预见的行动形成正确预期，会对相对价格的变化产生错误的判断，进而造成产品和劳动供给的波动。

Sims 的研究主要集中在经济分析方法的创新及在宏观经济领域中的应用问题，他的观点是，在理性预期条件下，经济主体的行为模式发生变化，计量模型的原始设定受到动摇，因此凯恩斯主义的大型联立方程的预测和结论都建立在极不可靠的基础之上。Sims 将理性预期与动态分析相结合，将考虑主动预期的宏观经济模型表述为向量自回归（VAR）模型，并先后发表一系列论文对 VAR 模型的识别和应用进行了深入研究。同时，Sims 对预期形成机制问题也进行了分析，他的观点是经济个体只有有限的信息分析能力，形成预期时会理性地忽视某些信息，即理性疏忽理论。

②理性预期的含义与贡献。

a. 理性预期的含义。理性预期理论指出人们对未来经济变化的预期不只是建立在过去的经济和经济变化之上，而总是会尽可能最有效地利用所有可被利用的信息。将理性预期引入到经济模型后，可将其理解为在有效利用一切信息的前提下，对经济变量做出在长时期平均来说最为准确的而又与所使用的经济理论、模型或公式相一致的预期。此时，信息被视为一种可以用来参与配置获取最大收益的资源，人们对信息资源的利用是充分的、有效的（尽量使信息活动中的边际成本与边际收益相等），不存在信息的浪费。但是这并不意味着每个人的理性预期都是完全正确并与客观现实一致的，而是指人们的理性预期与经济理论的预测是趋向一致的，他们不会持久地犯系统性的错误。随着社会信息渠道的完善与畅通和人们知识水平的提高，理性预期的准确性将不断提高。

理性预期学派的“理性”，一是指西方哲学史中通用含义上的理性认识，是“具有理性的人”在预期时会尽可能地获取最完全的信息，并有效利用这些信息，预期的结果将与实际发生的事实相符合；二是指 20 世纪以 Marshall 等为代表的新古典经济学开始一直沿用下来的理性原则，该原则认为人们总是寻求最优化，即在一定的技术水平和资源条件下，总是力求获得最大的效益。

b. 理性预期理论的贡献。理性预期学派将预期引入经济分析中，推动了包括预期理论在内的经济学理论的进步，其主要贡献有：将预期作为内生变量，像投资、消费等活动一样，预期也是人们追求最优化的经济行为，是人们在一定成本下有效利用信息资源的行为。理性预期理论强调理性预期在经济生活中的作用，丰富了传统的新古典经济学中关于“经济人”理性行为的分析。在传统的新古典经济学中，“经济人”是在既定经济结构中追求效用、产量或福利最大化的，没有根据经济信息对未来进行预期的行为，这与实际情况是不相符的。

### 2.1.3 国外相关文献综述

（1）各类预期模式及其在房地产市场中的应用

在不同的经济、社会实践背景下，经济学家对预期的形成机制（模式）做出了不同的类型假设，并在不同的预期模式下展开房地产经济分析。预期的形成机制是指个人怎样把过去的历史经验和现在的信息处理成未来变量的主观判断和估计。不同的预期模式，会使人们对经济变量产生不同的预期。主要的预期模式有：

①静态预期（又称简单预期、单纯预期、幼稚预期）模式。这是一种最简单的预期模式，直接将现期的实际价格作为未来的预期价格，即 $P_t^e = P_{t-1}$。其中，$P_{t-1}$表示 $t-1$ 期的价格，$P_t^e$ 表示对第 $t$ 期价格的预期。该预期是“蛛网模型”中的预期形成方式，最初用于分析农产品价格表现出的循环特征，但由于它对行为主体预期的假设较为简单，与实际情况有一定相距，而且没有发挥人们的主观能动性，因此是一种难以得到正确预期结论的模式。

②外推型预期模式。外推型预期是以经济变量的过去水平为基础，根据其变化方向的有关信息做出的一种预期。Metzler（1941）指出，人们在进行预期时，

不仅仅是考虑经济变量的前一期水平，而且还要考虑其变化方向或变动趋势，其模型为：$p_t^e = p_{t-1} + \alpha(p_{t-1} - p_{t-2})$。其中 $\alpha$ 为预期调整系数，取决于人们对模型的理解情况，这种预期形成机制被称之为外推型预期。这种模式有三种情形：如果 $\alpha > 0$，则人们预期价格变化将延续过去的趋势；如果 $\alpha < 0$，则人们预期价格过去的发展趋势只是暂时的，下期就可能会发生反转；如果 $\alpha = 0$，则该模型将转化为静态预期形式。人们预期的乐观与悲观的程度不同，$\alpha$ 的差异会很大，从而会得到极不相同的价格预期值。由于该预期模式考虑了过去价格变动的方向，可以用它来描述人们根据过去经验对经济变量极为不同甚至相反的预期，比静态预期有所进步，但是它并没有考虑到人们对过去所犯错误的修正。

③适应性预期模式。Cagan（1956）提出了适应性预期的概念，他指出过去预期所犯的错误不会被忽视，它将成为其后每一时期预期不断修正的依据，因此该模式是一种“错误—学习”的反馈型模式。适应性预期的模型为 $p_t^e = p_{t-1}^e + \beta(p_{t-1} - p_{t-1}^e) = \beta p_{t-1} + (1-\beta)p_{t-1}^e$。其中，$\beta$ 表示适应性预期的调整系数，且有 $0 < \beta < 1$。调整系数决定了预期校正其过去误差的速度。可见，适应性预期不仅要考虑历史数据，而且重视过去的预期的误差程度对当前预期的影响。适应性预期的优点是具备了适应性的学习能力，缺点是过去的预期总影响现在的预期，使其总难以接近实际价格，对实际价格的趋近也是一个缓慢的过程，而且在讨论预期形成时人们只是依据被预期的变量的历史数值，而不能充分利用与预期变量相关的其他变量提供的有用信息。

根据以上公式，$P_{t-1}^e$ 又可以看成是 $P_{t-2}^e$ 与 $P_{t-2}$ 决定的值，因此可以无穷推算，用公式可表示为：$P_t^e = \beta\sum_{n=1}^{\infty}(1-\beta)^{n-1}P_{t-n}$。在该公式中，权数具有了几何级数的形式。该式表明预期是过去所有实际值的加权平均数，越近的历史资料，作用越大。这样适应性预期值被框定在变量历史最大值之下，预期值不可能超过过去的最大值。

由于适应性预期模式概念简单，在经验上易于运用，较早地被学者应用于房地产市场的研究中。如，Kim 和 Kim（1999）在研究预期和价格管制的影响时，将市场主体预期分为适应性预期和完美预期（perfect foresight），分别建立了两种预期下的房地产市场供需均衡模型，并得到两种房价的表达式和房价与管制价格的关系。实证研究表明，采用适应性预期的人更倾向于取消价格管制，因为房屋整体价格会长期低于价格管制下的价格水平。

Tse 和 Webb（2001）分析了当房地产价格预期是适应性预期模式时，房地产股票价格的变化是否会受可预期的及不可预期的房地产价格的影响。实证研究显示，针对住宅、办公楼和工业房地产价格的预期和非预期的变化，是影响中国香港房地产证券价格的重要因素。

Malpezzi 和 Wachter（2005）在住房存量调整模型和适应性预期基础上，建立了一个房地产投机模型，研究显示除了供给对房价波动产生重大影响，投机对房价波动也有重大影响，当供不应求时，投机对房价波动影响更大。模拟计算显示，适应性预期下的投机行为是产生房地产周期性波动的充分条件。

Grandy 和 Fuerst（2010）为了检验适应性预期和理性预期是否存在，使用 VAR 模型和带有一步预测的递归 OLS 模型对 1987～2009 年间的伦敦市中心写字楼市场做了实证研究，表明房地产企业具有适应性预期，而不是理性预期。房地产企业的决策很大一部分受当前或过去的二级市场状况的影响。

④理性预期模式。理性预期假设是由 Muth（1961）提出的，该预期假设市场行为人是完全理性的，对市场全部可获得信息具备完整的知识，并在此基础上做出决策。理性预期并不仅仅基于过去的经验，而是在与之有关的一切知识和信息（包括真实经济模型）的基础上做出的，是人们预先充分掌握了一切可以利用的信息做出的预期。因此，理性预期所犯的错误就不会是系统性的，平均来看这种预期是准确的。

理性预期模式可以表示为：$P_t^e = E[P_t | I_{t-1}]$。其中，$P_t^e$ 表示第 $t$ 期对变量 $P$ 的理性预期；$I_{t-1}$表示第 $t-1$ 期信息的集合，该信息集合包括 $t-1$ 期以及在此之前的所有内生变量和外生变量；$E[P_t | I_{t-1}]$表示以 $I_{t-1}$为条件的 $P_t$ 的数学期望。由理性预期的数学期望描述式，可得：$P_t^e = P_t + u_t$，其中，$u_t$ 是 $t$ 时期的预期误差。由于理性预期无系统偏误，用统计术语可描述为：a. $Eu_t = 0$，即理性预期 $P_t^e$ 是 $P_t$ 的无偏估计。b. $\mathrm{cov}(u_t, P_{t-1}) = 0$，$u_t$ 与信息集 $I_{t-1}$间统计不相关，即 $P_t^e$ 已充分利用 $I_{t-1}$中的信息（假设 $I_{t-1}$中只包含被预期变量的过去值）。c. $Eu_t u_{t-1} = 0$，预期误差序列不相关，即过去的预期偏差对现在的预期无法提供有用信息。

鉴于理性预期所具备的优点，部分房地产学者接受它为市场主体的预期模式，并进行了模式检验或价格波动的研究。代表性成果有：

Case 和 Shiller（1989，1990）的研究表明，房地产市场中的理性预期假设不能成立。Clayton（1996）构建了一个理性预期房价模型并且通过实证检验来测试其解释实际房价短期波动的能力。房价波动模型可分解为当期租金波动量与未来无穷期租金预期（数学期望）值的和，并最终表示为前四期租金波动量的和。实证研究使用的数据是从1979～1991年间加拿大温哥华的独立住房的季度价格数据，实证的结果拒绝了理性预期或者半强式有效市场的假说。该模型未能充分拟合在两个房地产繁荣阶段中真实房价的波动，但是在房价波动较小的时期则可以较好地拟合真实房价，这表明房地产市场中的预期是非理性预期，房价可能会出现暂时偏离基本价值的现象。这有可能是由于理性预期模型存在设定误差，也可能是由于交易成本或其他交易摩擦的存在导致房价观测值与理性预期模型预测值之间出现偏差。

Zorn和Sackley（1991）建立了理性预期价格模型（假设贴现率是固定的），将理性预期价格表示为未来各期预期租金的贴现值的和。通过理论分析和公式推导，得到现期房屋出售率是未来预期均衡房价的函数这一结论，并给出了买方和卖方市场的新定义，即买（卖）方市场指的是一种短暂的理性预期均衡，在这种均衡状态下市场价格和销售率低（高）于长期理性预期均衡。这个定义与异质耐用品市场的简单一般均衡模型的完全理性预期均衡是一致的。

Seslen（2004）指出，消费者在市场上行区间展现了理性反应而在市场下行区间则表现出强烈的非理性反应。Holtemoller和Schulz（2010）分析了柏林1980～2004年间住房租赁市场投资者的交易行为，否定了住房租售比被理性设定的原假设，指出投资者在一般情况下会错误地预期经济形势与投资前景，行为也会表现出非理性特征。

⑤有限理性预期模式。国外学者除了针对以上四种预期模式在房地产市场进行了应用研究，部分学者还假设市场主体的预期是介于适应性预期与理性预期之间的有限理性预期，预期模型用两者的加权平均可表示为：$p_{t+1}^{e}=\delta(\beta p_{t}+(1-\beta)p_{t}^{e})+(1-\delta)p_{t+1}$，并讨论了该种预期对房地产市场的影响。如，Wheaton（1999）利用计算技术分析了有限理性预期行为人对房地产市场周期波动的影响。Shiller（2007）指出，购房者的有限理性使得投资行为和房价之间的正反馈机制强化了住宅价格的上升，进而造成房地产市场的非理性繁荣。

⑥异质预期模式。近年来，房地产市场主体预期异质性逐渐引起了学术界关注，在分析房地产市场时，部分学者开始借鉴金融市场主体异质性的研究方法，对房地产市场的异质性预期展开研究。如，Willian和Cars（1998）、Gaunersdorfer（2000）以及 Berrada（2006）研究了投资者的异质行为对股票价格的影响。Song 和 Favara（2009）构建了一个房地产市场的动态均衡模型，考察市场主体收入预期的异质性对均衡房价的影响。实证分析时使用美国 350 个城市 1980～2000 年的数据，并使用行业收入的分散作为关于当地住房市场异质预期的代理变量，研究显示对未来收入水平的异质预期将导致过高的房价，乐观预期比悲观预期更会使均衡价格有向上的偏误。

（2）预期的测度与量化

由于预期的不可观测性，使其测度非常困难，部分学者提出了一些可操作的测度方法，主要有：

Dipasquale 和 Wheaton（1996）提出了三种预期方法，并被国内外学者普遍使用：一是外生预期法，即市场参与者认为房价在未来会根据宏观经济而变化，而不会以当地市场变化为依据；二是近视预期法，即市场参与者认为过去房价的变化规律会一直延续，并依据历史波动趋势对未来的房价变化做出判断，并将预期增长率表示为：$E_t = (\frac{1}{n-1})\sum_{i=1}^{n-1}\frac{P_{t-i}-P_{t-i-1}}{P_{t-i-1}}(n>1)$；三是理性预期法，即市场参与者掌握了与市场运行有关的完全信息，并且可以对偶然冲击下的住房市场反应做出正确的预测，将预期增长率表示为：$E_t = \frac{P_t - P_{t-1}}{P_{t-1}}$。

量化理性预期时，国内外学者通常的做法是：将下一期的变量实际值作为当期理性预期的量化值，例如：Gali 和 Gertler（1999），Blanchard 和 Kahn（1980），Kim 和 Kim（1999）等；将替代变量的值作为理性预期的量化值，例如：Carlson 和 Parkin（1975），Fluri 和 Spoerndli（1987）等文献将调查数据的值作为通货膨胀的理性预期值。

Taltavull 和 McGreal（2009）提出了一种测度预期的方法。他们指出房屋要价中包含三种因素：基本价格因素、业主预期因素、议价因素。为了证明要价信息中存在价格预期因素，并试图将其分离，可以按以下三个步骤操作：①建立享用价格模型，得到房屋各特征因素的特征价格；②在第 1 步估计基础上，建立伪元数据模型（修正后的可决系数 $\bar{R}^2$ 为被解释变量，前一步估计的参数 $\beta$ 为解释变量），来识别哪些特征影响享用模型的解释能力；③检验不能被享用回归模型解释的部分反应了业主的预期这一假设。认为享用价格模型不能解释的部分（剩余项）反应了预期，将它与其他文献中识别的影响房价预期的因素（实际利率、通货膨胀、交易量、资本获取等宏观因素）进行回归分析，误差项作为被解释变量，后面的因素作为解释变量，将预期分解到各宏观经济变量。

Tsharakyan 和 Zemcik（2011）也提出了一种量化资产价格预期的方法，通过用捷克共和国的家庭对房产的权属选择调查资料推导出了家庭对房地产价格预期的分布。他们假设房地产价格服从 $AR$（1）一阶自回归过程（自回归参数为 $\alpha$）：$P_{t+k} = \alpha P_{t+k-1} + \varepsilon_{t+k} = \alpha^k P_t + \sum_{i=0}^{k-1} \alpha^{k-1-i} \varepsilon_{t+i+1}$，给出拥有或租住住房的现值公式，两者相减得到净现值公式。该净现值公式是关于 $\alpha$ 的方程，而 $\alpha$ 则可以用来描述家庭对房价的预期。若令净现值公式为零，解得的 $\alpha^*$ 可用于对家庭预期设定上下边界，即如果家庭决定买房，则 $\alpha^*$ 是他们价格预期的下限；如果家庭决定租房，则 $\alpha^*$ 是他们关于房价预期的上限。

（3）房地产市场预期的影响因素

①宏观经济因素。Taltavull 和 McGreal（2009）指出所建立的享用价格模型在实证检验时，剩余项反映了市场主体的预期。为了将该预期进行分离，将剩余项与影响房价预期的因素，包括实际利率、通胀率、贷款金额、交易量进行回归分析，将预期分解到各宏观经济变量上，探讨各因素对预期影响的大小。

②货币幻觉。Ackert、Church 和 Jayaraman（2011）在研究中设计了度量人们货币幻觉的程度以及房主房价预期的调查问卷，并且研究了房主对这项调查的反应。研究结果显示调查的受访者普遍患有货币幻觉，且他们对住房价格的预期是理性预期。分析并没有发现与房主的选择有关的任何独特的个体特征，这意味着货币幻觉和房价预期之间的关系是不明显的。

（4）预期在房地产市场主体间的扩散

Bywaters 和 Thomas（2009）基于有限理性与市场主体间的内在相互影响构建了一种非线性的、S 形扩散路径的价格预期。他们指出房地产市场上的各种主体，如买方、卖方、房地产代理商在价格预期的形成过程中发挥不同的作用，并给出由最初的一种主体预期如何向别的主体扩散的方程，主体间的相互作用意味着这是一种非线性的扩散过程，并用 Logistic 模型加以描述。

Hong 和 Stein（1999）从市场参与者的相互作用角度提出了资产市场中反应不足、动量交易和过度反应的统一理论模型。该模型对未来一期股息信息（预期信息）的扩散分析，考虑到了信息扩散率的影响，但是扩散人数采用阶跃型函数，这种假设与住宅市场的实际差距较大。此外，也没有考虑扩散途径的影响。

（5）考虑预期的房价模型

国内外学者在建立考虑预期的房价模型时，主要有两种思路：一是在以住宅存量—流量模型为代表的供求分析中考虑预期的影响，二是在住宅服务流量模型的基础上考虑预期的影响。住宅存量—流量模型假设住宅需求与家庭数和年成本有关，而年成本又与当前房价、贷款利率和房价预期增长率有关，当期的房价会进行调整，使得住房需求等于现有存量。而住宅存量的调整仅随时间的推延而缓慢地出现，而且经常是滞后的。这样的存量调整会对由市场的短期均衡决定的价格做出反应。住宅服务流量模型建模时指出，住宅可以为使用者提供服务流，住宅基础价格可以看作是未来各期服务流的折现值。市场出清的条件是租金等于使用成本，进而推导出房价与收入、人口、使用成本和住宅存量有关的模型。

①供需均衡模型。Kim 和 Kim（1999）在研究预期和价格管制的影响时，分别建立了适应性预期和完美预期下房地产市场的供给模型与需求模型，在假设市场出清时得到两种预期下房价的表达式和房价与管制价格的关系。

②服务流量模型。Clayton（1996）在研究预期与房价波动的关系时，指出如果市场参与者是风险中立的，则住房存量市场均衡的条件是房地产投资的预期回报等于其他可替代投资的回报，即：$R_t+g_t^eP_t=(r_t+\delta)P_t$。该式中 $R_t$ 是真实租金收入，$P_t$ 为房屋 $t$ 期的价格，$r_t$ 为可替代资产的真实回报率，$\delta$ 是对房屋的折旧和维护费用，$g_t^e=\dfrac{P_{t+1}^e-P_t}{P_t}$是房价的预期增长率。如果市场参与者为理性预期，则 $P_{t+1}^e\equiv E_t[P_{t+1}|I_t]$，$I_t$ 是在时刻 $t$ 可获得的信息集。由前述条件与公式，可以推得：$P_t=\dfrac{R_t+E_t[P_{t+1}|I_t]}{1+\delta+r_t}$，即理性预期条件下的房价模型。公式中的 $R_t$ 作者并没有用租赁价格指数，而是使用住房所有权成本代理，假设 $r_t$ 是常数 $r$，则房价模型可以改写成：$P_t=\dfrac{R_t}{(1+r)}+\sum_{i=1}^{\infty}\left(\dfrac{1}{1+r}\right)^{i+1}E_t[R_{t+i}|I_t]$，即房屋价格是预期租金的贴现值。

Meen（1990）假设消费者只购买房产和其他复合消费品两种商品，并假设住户可以以利率 $r$ 借入或借出资金，则在当期支出和储蓄之和等于当期收入（包括非住房资产收益）的预算约束下最大化其终生效用，得到预期的房价模型：

$P_t = \dfrac{R_t}{(1-tax)r_t - \pi_t + \delta - \dfrac{\Delta P^e}{P_t}}$。其中，$P_t$ 表示第 $t$ 期的房价，$tax$ 为税收在收入中的比例，$R_t$ 为第 $t$ 期的租金，$r_t$ 为第 $t$ 期的利率，$\pi_t$ 为通胀率，$\delta$ 为住房的折旧与维修，$\dfrac{\Delta P^e}{P_t}$为房价的预期增长率（预期收益率）。国外学者中 Pain 和 Westaway（1996），Muellbauer 和 Murphy（1997）也在研究中使用该模型。

此外，Zorn 和 Sackley（1991），Grandy 和 Fuerst（2010），Tsharakyan 和 Zemcik（2011）等学者都采用服务流量模型相似的建模思路展开研究。

### 2.1.4 国内相关文献综述

近年来，当传统的供求理论无法较好地解释国内房地产价格的波动和政府住房调控的低效，部分学者开始借助预期理论来研究房地产市场诸多问题，试图寻找新的解释。

（1）不同预期模式在房地产市场的应用

国内不同学者是基于对房地产市场预期模式的不同假设展开研究的，主要有：

①外推型预期模式。如梁云芳、高铁梅（2006）的研究表明，上一期住宅价格波动代表消费者预期心理，对房价具有较强的滞后影响。

②适应性预期模式。如高苛、刘长滨（2008），况伟大（2010），张亚丽（2011），王先柱、杨义武（2015），武建新（2015）等。其中，况伟大（2010）的适应性预期模型表明，投机性需求为主时，上期房价增加越大，本期的房价也增加越大；当消费性需求为主时，上期房价增加越大，本期的房价增加越小。

③理性预期模式。假设房地产市场预期是理性预期的研究相对较多。如，王来福（2008），高苛、刘长滨（2008），况伟大（2010），石玉对（2011），陈林、朱卫平（2011），王先柱、杨义武（2015）等。他们分析了市场主体理性预期的形成机理，并且定性或定量分析了理性预期对房地产市场的影响。

④准理性预期模式。该模式假设人们对住宅价格的预期介于理性预期和适应性预期之间，用两者的加权平均来表示。如高苛、刘长滨（2008）提出我国房地产市场仍处于不断发展完善的阶段，市场化程度不高，效率低、信息不对称等使得市场主体无法拥有足够的信息去判断。在这种情况下，市场参与者的预期是由

非理性逐渐向理性过渡的，具有准理性预期的特性。

⑤异质预期模式。梁以德、徐佳娜、崔詠芯（2007）在使用者成本模型和存量—流量模型基础上，建立了异质预期（包括单纯预期、偏好预期、趋势预期、调整预期）假设条件下的一组房价波动模型，并且分析了需求弹性、供给弹性、供给延滞以及折旧率等因素变动对房价波动的影响。

沈悦、周奎省、张金梅（2010）为开发商、自住型购房者、投资型购房者分别设定了不同的预期影响因素，并设定了相应的预期形成机制，运用系统动力学方法分别分析了三类主体的预期与住宅价格之间的动态反馈关系及对住宅价格的影响，研究表明开发商和投资性购房者的预期与住宅价格存在正反馈效应，自住性购房者的预期与住宅价格分别存在负反馈和正反馈效应。

赵华平、张所地（2012）以行业收入信息的分散来代表异质预期，考察了1997～2009年间收入异质预期对31个省（市、自治区）住房价格的影响，结果显示居民收入异质预期对房价具有正向影响。

肖卫国、郑开元、袁威（2012）通过设置耐心家庭与不耐心家庭的主观贴现率来反映家庭对房价看涨还是看跌的异质预期，对以利率为代表的货币政策与房价波动和住房消费的关系进行了模拟分析。

张浩（2016）在引入投资者异质性预期假设的基础上，构建了包含房地产消费者、投资者、供给者在内的房地产市场均衡模型，分析了房地产市场中基本面型投资者和趋势型投资者的异质性行为对房价变动的影响，并利用上海和广州两个一线城市的实际数据进行了对比分析。

（2）预期的测度与量化

在预期的测度与量化方面，国内学者仍然使用西方学者常用的一些方法。例如：

外生价格预期法：孔煜（2009）在实证研究时，采用外生价格预期法——指出消费者预期指数可以替代消费者对家庭经济状况和总体经济走向的预期，并与商品房销售价格进行了实证分析，表明消费者预期与房价波动之间存在较强的长期均衡关系。

近视价格法：张亚丽（2011）在量化房价预期收益率时，采用近视价格法，预期收益率计算公式为：$rpe_t = \frac{1}{2}(\frac{p_t - p_{t-1}}{p_{t-1}} + \frac{p_{t-1} - p_{t-2}}{p_{t-2}})$；任荣荣、郑思齐、龙奋杰（2008）实证分析时，同样采用近视预期法得到房价预期增长率的量化值。

替代变量法：王来福（2008）假设房地产市场主体为理性预期，并采用替代变量——国房景气指数来反映公众对房地产市场的预期。

指数构建法：苏志（2016）通过搜集新浪微博中的房地产预期话题来构建房地产市场乐观预期指数，该指数等于房地产上涨预期指数与房地产下跌预期指数的差值。

（3）影响房地产市场预期的因素

部分文献对房地产市场预期的影响因素进行了分析，这些因素主要包括：宏观经济基本面、住房宏观调控政策、历史房价、市场主体行为、不确定性因素等等。例如，娄国豪（2007）从消费者的市场预期出发，分析宏观调控政策、金融政策、厂商行为、从众心理等对消费者理性预期产生影响的因素，以及这些因素对消费者预期的影响路径，进而分析房地产价格上涨的原因。孔煜（2009）结合中国房地产市场的现实，分析了影响市场预期变化的因素，包括宏观经济基本面（经济增长、城镇居民收入水平、城市化水平、汇率、货币流动性）、金融环境、政策层面（土地、货币、保障房等政策）等原因。刘婷、孙绍荣（2009）研究了投资者的预期形成机制，以及房价连续上涨所持续的时间、上涨幅度、国家宏观调控政策等影响预期的因素，建立了房地产市场预期模型。贺京同、徐璐（2011）提出房地产预期并非仅基于传统经济因素的理性预期或仅依据历史信息的适应性预期，而是极易受到货币幻觉、过度信心、片面信息、供给垄断等行为因素影响的。其中货币幻觉包括名义价值诱导和历史价格影响；垄断地位指房地产商和政府分别在住房供应和土地所有权供应中有垄断优势。徐文政、盛宇华（2011）指出不确定性因素是影响主体预期的主要因素，这些因素包括投资收益变化、主体风险承受力的变化、竞争博弈行为以及替代产品的威胁等，并构建考虑这些因素的房价预期模型。

（4）预期对房地产市场的作用机制

任荣荣、郑思齐和龙奋杰（2008）通过引入住房所有权成本概念分析了预期对房价的影响机理，并采用 Panel Data、聚类分析等方法对预期对房价的影响进行量化。

孔煜（2009）分析了预期对房地产供给与需求的影响，构建了房地产市场的供需均衡模型，从理论上分析预期与房价波动的内在机制，同时采用线性回归、Granger 因果检验方法定量分析两者的关系。

孙涛、郑晓亚、张翔（2016）通过构建居民房地产需求的世交迭代模型，分析居民收入增加预期与房地产价格上涨预期使房地产价格不断上涨的微观作用机制；在此基础上，借助比较静态分析研究“预期调控”、“按揭率”和“房产税”等房地产调控政策在不同情形下的适用性。

（5）考虑预期影响的房价模型

①供需均衡模型。任荣荣、郑思齐、龙奋杰（2008）指出预期主要对住房需求产生影响，通过引入住房所有权成本这一指标，在存量—流量模型的基础上建立了考虑预期的房价模型：$P_t = \frac{\alpha_0 - S_t/H_t}{\alpha_1(i_t + i' + t_{pt} - E_t)}$。其中，$S_t/H_t$ 表示单位家庭住房拥有量，$i_t$ 表示按揭利率，$i'$表示首付的机会成本，$t_p$ 表示房地产税率，$E_t$ 表示房价预期增长率。

高苛、刘长滨（2008）的观点是预期主要对住房需求产生影响，以住房存量—流量模型为基础，分别建立了理性预期、适应性预期以及有限理性预期下的房价模型，研究三种预期对住房价格的影响。

孔煜（2009）在一定假设条件下给出房地产市场的供给与需求函数，并假设供需双方对未来有相同的预期，在市场均衡时得到考虑预期的房价模型：$P = \frac{f-c}{b+d} + \frac{\alpha+\beta}{b+d}P^e$。其中，$P^e$ 表示房价预期。

况伟大（2010）的研究表明预期对房地产市场供、需都有重要影响，给出了一定假设条件下的房地产市场供需函数，通过对住房存量调整模型的改进，建立了考虑预期的住房市场均衡模型。

孙巍、徐笠崴、何彬（2011）的研究表明房地产市场在短期内供给无弹性，需求因素才是决定价格升值预期的决定性因素，并建立解释变量为“刚需”和投机需求的基于资产升值预期的住宅价格模型：$P_t = f(y_t, E) + f(W_{t-1}, E)/(1 + i_t)$。其中，$y_t$ 表示可支配收入，$E$ 表示外在的货币市场环境，$f(y_t, E)$表示刚性需求；$W_{t-1}$表示过去资产财富的变动，它是影响预期收益即投机性需求的主要因素，$i_t$ 表示第 $t$ 期的利率，$f(W_{t-1}, E)/(1+i_t)$表示投机性需求。

②服务流量模型。张亚丽（2011），张亚丽、梁云芳、高铁梅（2011）使用国外学者 Meen（1990）提出的房价模型定量分析房价预期收益率、预期收入对房地产价格波动的影响。

③动态随机一般均衡模型。陈利锋（2016）构建了包含普通消费品部门与房

地产部门的多部门 NK－DSGE 模型，并且引入符合预期特质的外生冲击，考察了预期冲击对于我国房价波动的影响。

（6）预期对宏观调控的影响

国内预期影响宏观经济管理方面的研究成果，主要集中在通胀预期、外汇干预预期等方面，预期对住房调控影响方面的研究成果较少，主要有：

翁少群、刘洪玉（2005）从需求方心理预期的角度入手，定性分析了预期如何影响宏观调控对供、求双方的调控效果，进而造成当时的房价表现，并给出了相应的政策建议。

王来福（2008）选取了国房景气指数和房地产投资占 GDP 的比重指标作为公众预期和政府政策承诺的量化指标，采用 VAR 模型实证检验了预期和不可置信的政策承诺对房价调控效果的影响。研究表明，由于政策效果的事前不可观测与事后执行当中的逆转，房地产调控政策成为不可置信的承诺；在社会公众理性预期的基础上，政策承诺的不可信导致调控政策失效。

高苛、刘长滨（2008）分别建立了理性预期、适应性预期、准理性预期条件下的房价模型，将住房调控抽象为一个参数，通过设置参数值进行了房价运行的模拟分析，最后提出引导公众预期的政策建议。

王华春、赵蕊、陶斐斐等（2009）定性分析了预期对房地产供需的影响，梳理了 2003 年以来的住房调控政策及失效的原因，总结了城市化、宽松的货币政策等引起市场主体预期变化的因素，并提出了引导和稳定消费者预期的政策建议。

钟少颖、王蕊、陈锐（2016）研究了货币政策在房地产市场中的传导途径，同时考察了货币政策中的货币渠道和信贷渠道，并将市场参与者的预期纳入到研究模型中，通过理论分析和实证检验发现：市场参与者预期是影响房地产价格的重要因素；在货币政策中，货币渠道的影响要比信贷渠道更为显著。货币政策和市场预期容易形成闭环联系，在经济景气期容易形成泡沫，因此要坚持货币政策的纪律性，促使形成稳定预期。

### 2.1.5 文献评述

现有文献在预期对房地产市场影响方面的研究还处于起步阶段，仍有如下问题需要解决：

一是国内外均缺乏对房地产市场参与者异质性预期的研究。房地产市场各类参与者关注的重点不同，决策的目的动机不同，各自的决策方式也有差异，他们的预期共同对住宅价格产生影响。而现有研究缺乏对市场参与者预期异质性模式的设定分析，无法比较不同类型预期对住宅市场影响的差异性，也无法较好地实现对住宅市场的真实反映。

二是国内外均缺乏预期作用于住房宏观调控效果的研究。现有成果一般都集中在预期对房地产价格波动的影响，少量的调控效果研究也是笼统地、定性地分析预期如何使政策失效，缺乏预期作用于不同的政策或政策组合下的效果的实证研究，不利于提高宏观调控政策的有效性。

三是关于国内房地产市场预期形成机理的研究较少。缺乏系统分析国内房地产市场参与者预期的影响因素，预期对房地产市场传导路径等方面的研究成果，对国内房地产市场预期的形成机制还没有一致的意见。这可能导致市场参与者低估预期对房地产市场运行的影响程度，进而造成购房者、房地产企业决策的失误和住房宏观调控的低效。

四是国内外均缺乏房地产市场预期扩散的研究。国内关于预期在市场参与者内部扩散过程的研究尚处于空白状态，而国外也仅有少数成果考虑了预期在市场主体间的传导。目前尚无法得知影响预期扩散过程的关键要素以及预期扩散的一般规律，因而无法较好的引导和管理市场预期，易造成调控政策的失效。

## 2.2 住宅价格决定理论及相关文献综述

### 2.2.1 基本概念

（1）商品房

商品房指经政府有关部门批准，由房地产开发经营公司开发的，建成后用于市场出售、出租的房屋，包括住宅、商业用房以及其他建筑物，是能办产权证和国土证，可以自定价格出售的产权房。从法律角度来分析，商品房按法律、法规及有关规定可在市场上自由交易，不受政府政策限制。

（2）住宅

根据《现代汉语词典（第5版）》，“住宅”指住房（多指规模较大的）。住宅又称不动产（Real Estate），是指土地、地上永久性建筑物、基础设施、以及与土地、房屋所有权有关的权利或利益。从广义上讲，住宅和不动产以及房地产的概念是相对应的，体现了土地及其建筑物和构筑物的统一和不可分割，并同时衍生出一系列权利和责任。从狭义上讲，住宅是不动产中更能体现家庭财产属性的不动产，它是以家庭为单位的居住建筑，体现了人们对生活的最基本的居住需求。本书对于商品住宅的研究就是从狭义的住宅概念基础上延伸出来的。从经济关系上看住宅又可以分为商品房、房改房（已购公有住房）、廉租房、公租房、经适房等等。

（3）商品住宅

商品住宅是指具有经营资格的房地产开发企业建设开发并经营的用于居民居住的商品房，包括新建商品住宅、二手住宅等，但不包括公租房、廉租房、经济适用房等政府对其交易有限制条件的非市场化住宅。

本书对于商品住宅的研究范围是：由具有经营资格的房地产开发企业开发建造的用于市场出售，供家庭或个人居住使用的新建商品住宅。

（4）商品住宅价格

从现象上来讲，商品住宅价格是指为了获得商品住宅这种特殊的商品所必须支付的货币的数量。从本质上来讲，商品住宅价格是在商品住宅开发、建设、经营过程中，所耗费的社会必要劳动所形成的价值与土地所有权价格综合的货币表现。

在我国，商品住宅市场普遍以增量住宅为主导，围绕商品住宅的交易活动基本上由买卖活动组成。个别商品住宅的价格体现为商品交换时的总消费额，即实际购买或成交价格。

本书所研究的商品住宅价格是指：在城镇范围内，新建商品住宅的平均销售价格，即由销售额和销售面积推算出的平均销售价格。

### 2.2.2 商品住宅价格理论模型

（1）供求决定理论模型

供求决定论提出市场上商品住宅的价格不是事先规定的，而是根据住房市场上供求情况由买卖双方共同决定的。

①商品住宅市场的静态供需价格模型。根据古典经济学的供需关系原理，商品住宅市场的均衡发生在住房的供需量相等时。此时，供、需双方的意愿都得到

了有效满足，市场价格即为均衡价格。从理论上讲，当商品住宅市场的需求方（包括自住者、投资者和投机者）愿意且能够购买的商品住宅数量恰好等于供给方（房地产企业）愿意且能够提供的住宅数量时，商品住宅市场呈现均衡状态。

假定商品住宅市场的供需曲线都是线性函数，则商品住宅市场的静态供需均衡模型表达式为：

$$D=\alpha_0+\alpha_1 P \tag{2.1}$$

$$S=\beta_0+\beta_1 P \tag{2.2}$$

$$D=S \tag{2.3}$$

其中，$D$ 表示商品住宅需求，$S$ 表示商品住宅供给，$P$ 为商品住宅价格，$\alpha_0$、$\alpha_1$、$\beta_0$、$\beta_1$ 为常系数。有 $\alpha_1<0$，表示商品住宅价格的上升会导致需求下降；$\beta_1>0$，表示商品住宅价格的上升会导致供给增加。

式（2.3）表示商品住宅市场均衡条件下，住房供需量相等。由式（2.1）~（2.3）可以得到市场均衡状态下的均衡房价。

a. 商品住宅市场的短期均衡与房价形成。由于商品住宅生产的特点，在短期内，其供给是无弹性的，商品住宅存量为 $Q_e$，而供给曲线是一条垂直线 $S_0$，它与需求曲线 $D_0$ 一起决定了短期内商品住宅的均衡价格和均衡数量（见图 2-1）。如果短期内，市场需求量上升，需求曲线由 $D_0$ 移动到 $D_1$，则会出现供不应求的现象，住房价格会由 $P_0$ 上升到 $P_1$。因此，短期内商品住宅的价格主要是由市场需求决定的。

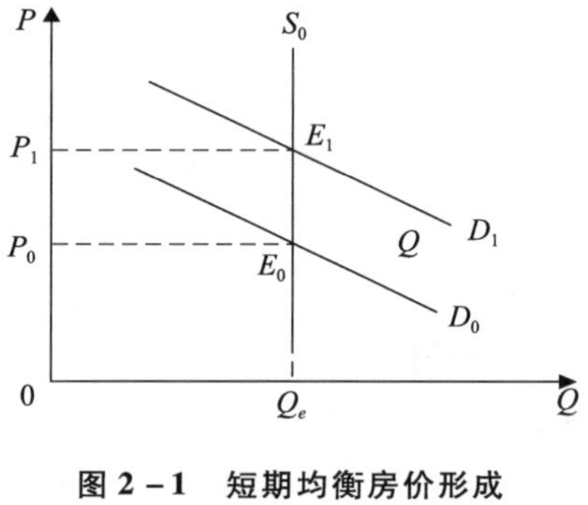


**图 2-1　短期均衡房价形成**

b. 商品住宅市场的长期均衡与房价形成。从长期看，随着商品住宅价格的上涨，房地产企业在利润的驱动下会增加投资。如果商品住宅的长期供给具有无限弹性（见图 2－2 中的 $S_1$），那么住房供给将会增加至 $Q_1$，价格恢复到原来的 $P_0$。但是由于受土地等资源的制约，这种情形是不可能发生的。现实中，住房长期供给曲线为 $S_2$，它和需求曲线 $D_1$ 共同决定了商品住宅的均衡价格 $P_2$，价格变动的方向取决于需求曲线和供给曲线的弹性。

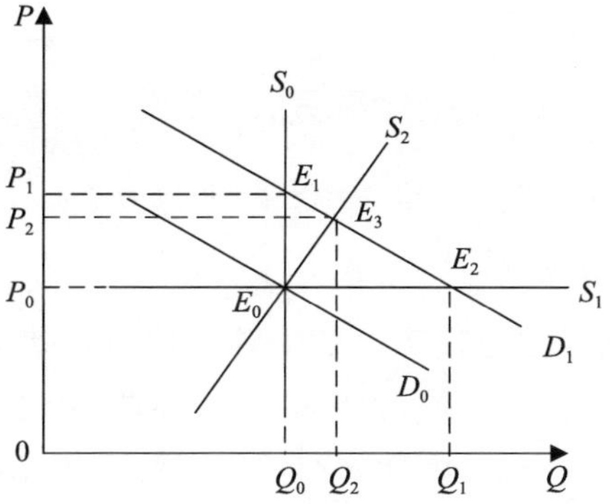


**图 2－2　长期均衡房价形成**

c. 非均衡状态下房价的形成。上述供需价格模型假设住宅市场是完全竞争的，在供给和需求力量的作用下住宅市场能够最终达到均衡并实现市场的出清。然而，现实中商品住宅市场的均衡可能很难达到。

假设市场中有一定数量的闲置商品住宅，设这一固定存量为 $Q_e$，供给曲线 $S_0$ 与需求曲线 $D_0$ 共同决定均衡价格 $P_0$。

当商品住宅市场价格 $P_1$ 高于 $P_0$ 时，住房供给量为 $Q_B$，需求量为 $Q_A$，供给大于需求（见图 2－3）。此时，商品住宅的交易量为 $Q_A$，而总供给为 $Q_e$，则商品住宅的空置数量为 AC。闲置住宅由两部分组成：AB 为非均衡空余，是供给者愿意接受此价格但又卖不出去的住宅闲置量；BC 为均衡空余，意味着即使在此价格下达到均衡，这部分住宅也是闲置的，只有在高于 $P_1$ 的价格水平下才能出卖。

当商品住宅市场价格 $P_2$ 低于 $P_0$ 时，住房供给量为 $Q_{A1}$，需求量为 $Q_{B1}$。此时，住宅市场上存在超额需求，实际交易量是 $Q_{A1}$，而总供给为 $Q_e$，超额需求为 $A_1B_1$，$B_1C_1$ 是均衡空余水平。

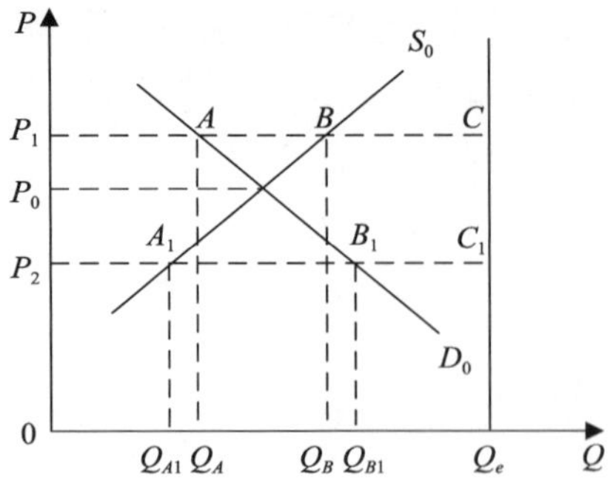


**图 2-3 非均衡条件下房价的形成**

由上述分析可知：当商品住宅价格在 $P_0$ 之上时，市场中供大于求，此时房价会向 $P_0$ 方向向下变动，并通过房价的下降促使市场状态向均衡方向发展；当商品住宅价格在 $P_0$ 之下时，此时房价将朝 $P_0$ 方向向上变动，并通过房价的上涨促使市场状态向均衡方向发展。因此，在非均衡的商品住宅市场中，房价的变动方向由市场上是存在超额供给还是存在超额需求决定，并且通过价格变动实现市场的供求均衡。而且，无论商品住宅市场上存在供给过度还是需求过度，闲置住宅总是存在的。

②商品住宅市场的动态供需价格模型。动态供需价格模型，又称为蛛网模型，是把时间引入均衡分析中，运用弹性原理解释某些生产周期较长的商品在失去均衡时发生的不同波动情况的一种动态分析理论，是微观经济学里分析动态均衡价格比较经典的模型，一般用来分析诸如农产品、畜产品、住宅等生产周期较长的产品的均衡。

如果把住房的 $D$、$S$、$P$ 都看作是时间 $t$ 的函数，则可以得到商品住宅市场的动态供需价格模型：

$$D_t = \alpha_0 + \alpha_1 P_t \tag{2.4}$$

$$S_t = \beta_0 + \beta_1 P_{t-1} \tag{2.5}$$

$$D_t = S_t \tag{2.6}$$

式（2.4）表明当期住房需求依赖于当期价格，式（2.5）表明当期住房供给依赖于上一期价格，即住房供给量滞后于价格 1 期，式（2.6）表明住房市场供需均衡。由式（2.4）~（2.6）可以求出住房价格表达式：

$$P_t = \left(\frac{\beta_1}{\alpha_1}\right) P_{t-1} + \frac{\beta_0 - \alpha_0}{\alpha_1} \tag{2.7}$$

该一阶非齐次差分方程的通解为：

$$P_t=\left(\frac{\beta_1}{\alpha_1}\right)^t(P_0-P_e)+P_e \tag{2.8}$$

其中，$P_0$ 为住宅市场的初始价格，$P_e$ 为静态均衡时的房价。

由式（2.8）可以得出如下结论：

a. 如果 $P_0=P_e$，则 $P_t=P_e$，表明每期的商品住宅价格恒等于静态均衡价格。

b. 如果 $P_0\neq P_e$，则 $P_t$ 的变动趋势可能是趋近于 $P_e$，也可能是背离 $P_e$。具体又可以分 3 种情况考虑：

（a）当 $\left|\frac{\beta_1}{\alpha_1}\right|=1$ 时，住房供给曲线与需求曲线斜率相等，即商品住宅的供给弹性等于需求弹性，此时商品住宅价格将随着 $t$ 的变化在 $P_0$ 和（$2P_e-P_0$）之间来回振荡（见图 2－4）。

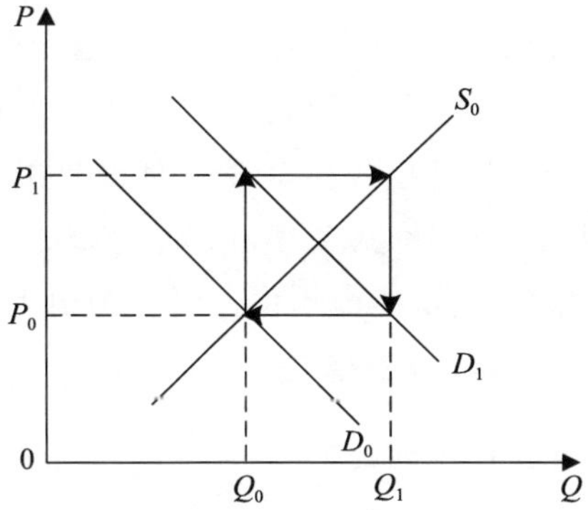


**图 2－4　住房需求弹性等于供给弹性时房价的震荡**

图 2－4 中，初始时期商品住宅的需求曲线是 $D_0$，长期供给曲线是 $S_0$，此时由供需共同决定的住房价格是 $P_0$。当需求曲线从 $D_0$ 移至 $D_1$ 时，由于商品住宅生产的特点，房地产企业短期内仍按 $Q_0$ 提供住宅商品，则房价就会上升到 $P_1$。房价在 $P_1$ 水平时，房地产企业会增大住房供给量至 $Q_1$，当其他条件不变时房价下降至 $P_0$。在该价格水平下供给减少至 $Q_0$，价格又恢复到 $P_1$。供需弹性相等时，房价将以固定不变的摆动幅度上下波动，既不趋向均衡点也不发散。

（b）当 $\left|\frac{\beta_1}{\alpha_1}\right|<1$ 时，住房供给曲线斜率大于需求曲线斜率，即商品住宅的供给弹性小于需求弹性，此时商品住宅价格将随着 $t$ 的变化趋近于静态均衡价格 $P_e$

（见图 2－5）。

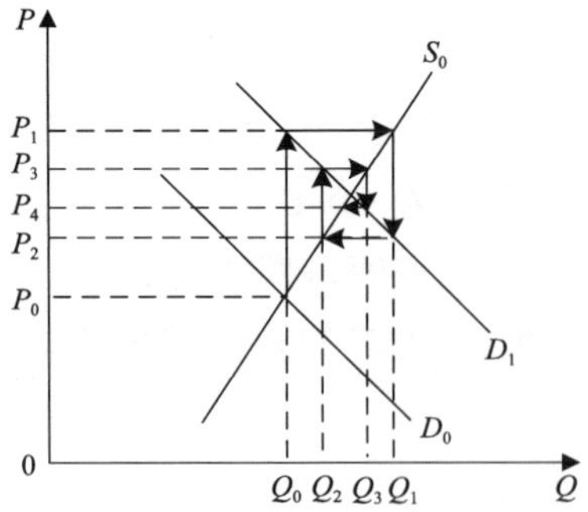


**图 2－5　住房需求弹性大于供给弹性时房价的收敛**

图 2－5 中，当需求曲线从 $D_0$ 移至 $D_1$ 时，由于商品住宅生产的特点，房地产企业短期内仍按 $Q_0$ 提供住宅商品，则房价就会上升到 $P_1$。由于同购房者相比，房地产企业对房价变化的反应不敏感，因此房地产企业会根据 $P_1$ 价格决定下一期的供给量 $Q_1$。由于商品住宅供给具有时滞性，当房地产企业供给建成的住宅产品 $Q_1$ 时，购房者由于偏好已发生改变，愿意购买支付的价格变为 $P_2$。在此价格水平上，供给减少至 $Q_2$，价格又涨至 $P_3$，房地产企业按此价格决定再下一期的供给量 $Q_3$。当供给 $Q_3$ 数量的商品住宅时，购房者愿意支付的价格又变为 $P_4$。如此循环往复，直到最后收敛于稳定的均衡状态。

（c）当 $\left|\frac{\beta_1}{\alpha_1}\right|>1$ 时，住房供给曲线斜率小于需求曲线斜率，即商品住宅的供给弹性大于需求弹性，此时商品住宅价格将随着 $t$ 的变化趋近于无穷大（见图 2－6）。

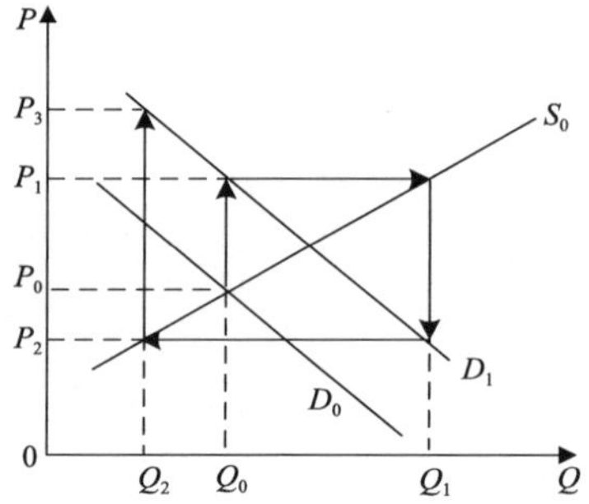


**图 2－6　住房需求弹性小于供给弹性时房价的发散**

图 2－6 中，当需求曲线从 $D_0$ 移至 $D_1$ 时，由于商品住宅生产的特点，房地产企业短期内仍按 $Q_0$ 提供住宅商品，则房价就会上升到 $P_1$。此时，与购房者相比，房地产企业对房价变化的反应更为敏感，那么在 $P_1$ 价格下开发商会增加供给至 $Q_1$，其他条件不变时房价会下降到 $P_2$。由于房价大幅下降，房地产企业的供给也会大幅减少至 $Q_2$，则价格又涨至 $P_3$。如此循环往复，房价波动幅度逐级变大，离均衡价格也越来越远。

（2）四象限模型

四象限价格模型由 Dipasquale 和 Wheaton（1996）提出。在假设其他市场因素不变的条件下，利用该模型可以分析某单一因素的变化对住宅市场的影响，并能通过对住宅资产市场和使用市场相互作用过程的剖析，分析住宅市场如何达到长期均衡的过程。

在图 2－7 所示的四象限模型中，第一、四象限代表住宅使用市场，第二、三象限代表住宅资产市场，两者通过纵坐标租金 $R$ 和开发量 $C$ 相联系，横坐标分别是住房价格 $P$ 和住宅市场存量 $S$。

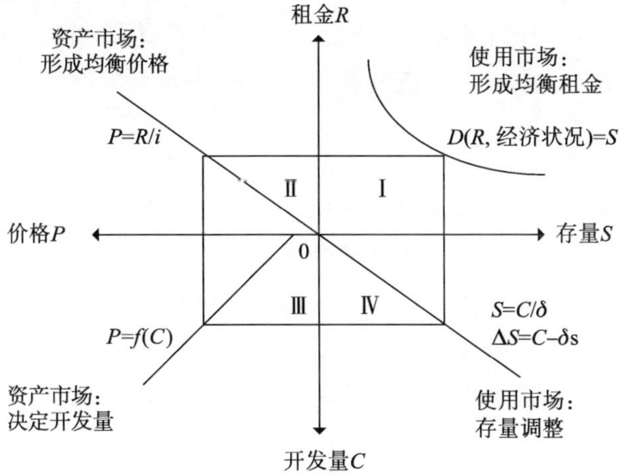


**图 2－7　住宅市场的四象限模型**

第一象限是住宅使用市场，横坐标为住宅使用权的存量 $S$，纵坐标为住宅使用权的价格即租金 $R$。租赁需求曲线反映了在特定的经济环境下，对住宅的需求量怎样取决于租金。为了使住宅需求量 $D$ 等于存量 $S$，必须确定适当的租金水平 $R$，使需求量等于存量，于是有：$D(R,经济状况)=S$，均衡租金形成。当经济状况发生变化时，需求曲线会发生移动。

第二象限是住宅资产市场，是资产市场的第一部分。横坐标是住宅所有权的买卖价格 $P$，以原点为起点的射线的斜率代表了住宅的资本化率 $i$，即租金和价格的比值，表示投资者愿意持有住宅的当前期望收益率。$i$ 被看作是外生变量，是根据利率和各种资产的投资回报而定的。根据第一象限的 $R$ 和第二象限的 $i$，投资价格可以表示为：$P=R/i$。

第三象限是住宅资产市场的另一部分，对新建住宅形成原因进行了解释。斜线 $f(C)$ 反映的是开发住宅的成本，开发成本 $P$ 随着开发量 $C$ 的增加而增加。$f(C)$ 和横轴相交的截距表示保持一定规模的新开发量所要求的最低单位价格。将资产市场确定的价格投影到成本曲线上，得出相应的开发量，此时开发成本等于住宅价格。当开发量低于住宅资产市场所需的平衡数量时，房地产企业获得超额利润；反之，则房地产企业无利可图。因此，新的开发量 $C$ 应该保持在使房价等于开发成本的水平上，即 $P=f(C)$。

第四象限是住宅使用市场的另一部分，反映的是新开发量 $C$ 向住宅使用市场存量 $S$ 的转化过程。在一段时间内，$\Delta S$ 等于 $C$ 与房屋折旧导致的存量损失的差，如果折旧率用 $\delta$ 表示，则有 $\Delta S=C-\delta S$。由原点出发的斜线反映的是新开发量与存量的关系，斜线上任意一点对应的新竣工量刚好等于折旧量，因此存量保持不变，即 $\Delta S=0$，$S=\dfrac{C}{\delta}$。

在这个四象限模型中，从某个存量值开始，由使用市场确定租金，租金在资产市场转化为住宅价格，价格导致新的开发建设量，又回到使用市场，新的开发量最终形成新的存量水平。当存量的开始水平和结束水平相同时，使用市场和资产市场达到均衡状态。如果开始水平大于结束水平，则租金、价格、开发量必须上升以达到均衡；如果开始水平小于结束水平，则租金、价格、开发量必然减少以达到均衡。

（3）存量—流量模型

DiPasquale 和 Wheaton（1996）的住宅存量—流量模型表明，短期内住宅需求会随着房价的快速调整而等于住宅现有存量，而住宅存量的调整则往往是缓慢的、滞后的。住宅存量的调整会对由住宅市场短期均衡所决定的价格做出反应。

在模型中，假定第 $t$ 期的住房需求 $D_t$ 和第 $t$ 期的家庭数 $H_t$ 成正比，和拥有住房的成本 $U_t$ 成反比。其中，参数 $\alpha_0$ 可看作是 $U_t$ 为零时拥有住房的家庭占所有家庭数的比例，而参数 $\alpha_1$ 是这一比例对成本 $U_t$ 的反应，则有：

$$D_t = H_t(\alpha_0 - \alpha_1 U_t) \tag{2.9}$$

拥有住房的年成本取决于现在的房价 $P_t$，抵押贷款利率 $i_t$ 和房价的预期增长率 $E_t$，可表示为：

$$U_t = P_t(i_t - E_t) \tag{2.10}$$

存量—流量模型假定当期的住房价格能够迅速地进行调整，使得住房需求等于现有存量，即：

$$D_t = S_t \tag{2.11}$$

由式（2.9）~式（2.11）可得当期的住房价格：

$$P_t = \frac{(\alpha_0 - S_t/H_t)}{\alpha_1(i_t - E_t)} \tag{2.12}$$

由式（2.12）可知，单位家庭拥有的住房存量的减少，贷款利率的降低或者对未来房价上涨的预期，都会引起当前房价的上涨。

因为住宅是耐用品，两期之间的住房存量的变化和上期开始的建设量之间存在如下关系：

$$S_t - S_{t-1} = C_{t-1} - \delta S_{t-1} \tag{2.13}$$

由式（2.13）可知，新建设量超过拆除量存量就会增加；建设量少于拆除量存量就会减少；建设量等于拆除量时存量保持稳定。

住宅的新开发量和当期住宅价格水平有关，与当期住宅存量也有关系。只有在存量增长到使得城市边缘的剩余土地价格等于土地的机会成本的均衡数量之前，较高的住宅价格才能给市场带来新的开发量。住宅市场长期均衡存量也与住宅价格有直接有关系，因为土地价格是住宅价格的剩余部分。如果当期的实际存量等于长期均衡存量，就不会有新开发量。如果住宅价格增长，潜在的土地租金上升，长期均衡存量增长，开发量逐渐扩大，直至城区和郊区的租金再一次相等。当期的建设量是一种暂时的流量，仅在实际的存量达到由土地租金理论确定的长期存量之前才是必要的。上述关系可以表示为：

$$ES_t = -\beta_0 + \beta_1 P_t \tag{2.14}$$

$$C_t = \tau(ES_t - S_t) \geqslant 0 \tag{2.15}$$

其中，$ES_t$ 表示长期均衡住房存量，$P_t$ 表示房价，$C_t$ 表示新开发量，$S_t$ 表示当期存量，$\tau$ 表示由于长期均衡存量与现实存量间的差异造成的建设项目的开发速度。即使 $P_t$ 过低使得 $ES_t$ 小于 $S_t$，$C_t$ 也不能为负。

联合式（2.12）~式（2.15）可以求出住宅稳定存量解：

$$P^* = \frac{(\alpha_0 - S^*/H_t)}{\alpha_1(i_t - E_t)} \tag{2.16}$$

$$S^* = \frac{\tau(-\beta_0 + \beta_1 P^*)}{\delta + \tau} \tag{2.17}$$

式（2.16）和（2.17）是家庭数、价格预期、贷款利率和模型参数（$\alpha_0$、$\alpha_1$、$\beta_0$、$\beta_1$、$\delta$、$\tau$）保持恒定时，市场上存在的均衡价格和稳定存量。模型的这一长期稳态组合解将会因为参数和外生变量数值的不同而不同。模型的稳定状态解是一种假设的均衡，而在实际中基本上不可能会出现。因为在完全稳定的状态出现所需的时间内，市场的外生变量一般不会是恒定的。

（4）住宅资产定价理论模型

作为耐用消费品，住宅的价格是在资产市场中决定的。按照现代资产价格理论，住宅资产的价格是其未来收益——租金的资本化价值和其价值增值所带来的收益共同决定的。因此，假定 $P_t$ 为 $t$ 期的住宅资产价格，$P^e_{t+1}$ 为 $t+1$ 期预期的住宅资产价格，则住宅带来的预期经济利益就可以表示为收益 $r_t$ 和预期资本收益 $P^e_{t+1} - P_t$ 之和。

无套利理论指出，对于任意资产而言，均衡状态时其收益率应该是相等的。因此，自住住宅的价格和机会租金的资本化价值应该是一致的，否则套利行为就会产生。将以国债为代表的收益率看作是贴现率 $i_t$，$i_t$ 可以表示为：

$$i_t = \frac{r_t + (P^e_{t+1} - P_t)}{P_t} \tag{2.18}$$

由式（2.18）可以得到住宅价格的表达式：

$$P_t = \frac{r_t + P^e_{t+1}}{1 + i_t} \tag{2.19}$$

假设每期住宅的收益 $r$ 和贴现率 $i$ 都保持不变，则住宅价格方程可以简化为：

$$P_t = \frac{r}{i} \tag{2.20}$$

由式（2.20）看到，住宅价格仅由资产收益 $r$ 和贴现率 $i$ 决定，即住房长期均衡价格为住房资产收益的资本化价格。

（5）特征价格模型（享用价格模型）

上述几种住房价格模型都是住房同质假设下的模型，而特征价格模型是在住房异质的假设条件下进行住房价格研究的典型方法。

特征价格模型（Hedonic Price Model）是国外学者用于研究异质产品的特征差异和产品价格之间关系的模型。房地产由于其空间位置的固定性，各产品的特征（可形成使用价值）间差异明显，如房地产的地理位置、户型结构、朝向层次等。由于房地产的这些特点，特征价格模型在房地产领域得到了广泛的应用，主要用于研究影响住宅价格的区位因素，归纳这类研究，主要是由特征价格模型出发，研究住宅所处的位置、交通便利性、公用设施布局等区位因素对住宅价格的影响。同时，价格指数编制，特征隐含价格的推断，住宅特征市场需求的估计等领域也大量运用了特征价格模型。

### 2.2.3 国外相关文献综述

国外学者关于住宅价格的研究起步较早，开始主要集中在地租、地价等方面，后来逐步形成专业领域，同时表现出从定性的、描述性的研究逐步向定量的、模型化的研究转变的特征。整理归纳国外学者的研究成果，发现除了微观特征因素外，他们在住宅价格方面的研究主要集中在以下两个方面：

（1）宏观经济基本面

关于影响住宅价格的宏观经济基本面因素，西方学者的研究大都围绕经济增长、经济周期、就业、通货膨胀等指标，分析其对于住宅价格的解释能力。

Kasparova 和 White（2001）选择欧盟部分国家进行宏观因素对各国住宅价格的影响研究，分析各国的房价和货币政策、GDP 之间的关系，探索当潜在的供需因素变化时房价如何做出反应。Wheaton（2002）采用存量—流量模型分析房地产市场本身的波动以及与宏观经济波动的联系，将房地产作为一个相对独立的市场，而将其他宏观经济变量，如国内生产总值、利率等作为外生变量，并将外生变量的变化视为外部冲击。Seko（2003）采用面板数据及自回归模型的方法，对日本 46 个县 1980～2001 年共 22 年的数据进行分析，表明日本各地区的住宅价格和经济基本面有着比较强的相关性，是可以预测的。Miller 和 Peng（2006）选择了城市生产总值（GMP）、房价增值率、收入增长率、人口增长率、失业率等作为房价的解释变量，对 1990～2002 年间美国 277 个城市的房价与区域经济之间的关系进行了实证，表明房价波动率的方差是时变的城市达到了 17%，人均 GMP 变化率和房价增值率是房价波动的 Granger 原因，房价波动也是人均收入变化率和未来房价变化的 Granger 原因。Miller、Peng 和 Sklarz（2009）使用美国 379 个城市从 1980 年 1 季度到 2008 年第 2 季度的季度数据，对住宅价格对 GMP 的影响做了实证研究，比较分析了影响房价的可以预见的和不可预见的变化（常用来描述住宅价格的抵押品效应和财富效应），同时分析了家庭借贷约束对房价的影响。研究结果表明：住宅价格的变化对 GMP 增长有重要影响，并且可预见变化的影响是不可预见变化影响的三倍；在可预见的变化中的持久成分比普通成分有强连带效应；当家庭有更多的借贷约束，则抵押品效应越强，财富效应越弱。Miles（2009）对美国 1959～2007 年间住宅投资和宏观经济之间的关系进行了实证检验，结果表明住宅投资在美国经济周期中起着非常重要的作用，不仅带动了非住宅投资的增长，而且还拉动了消费。

（2）住房市场供给与需求

现代西方供求理论指出，住房市场中的价格实际上是供给与需求均衡时的均衡价格。所以学者在研究住宅价格时往往从研究供给和需求开始，寻找促使价格均衡的因素，进而探讨住宅价格的形成机制。

①影响供给的因素。影响住宅供给的研究多数集中在土地价格、原材料价格、工人工资等方面，代表性的研究成果有：

PotePan（1996）研究了房价、地价和租金之间的互动关系，显示地价对房价和租金变化具有重要的影响，地价上升，将导致房价和租金上升。Kim（2005）研究韩国房地产时，表明高地价是住宅价格上涨的一个主要原因。Ooi 和 Lee（2007）采用 1990 年第 1 季度至 2005 年第 4 季度的数据建立基于 Hedonic 的房地产价格指数，研究了新加坡房地产市场与土地市场的价格关系，表明新加坡房地产市场房价与地价指数是协整的，存在长期的均衡关系。Bostic、Longhofer 和 Redfearn（2007）的研究显示土地价格已经反映了住宅的位置、区位等因素的价值，土地部分占整个商品房价值的比例可以很好地解释住宅价格的变化。Kim、Park 和 Shilling（2008）对美国房地产市场进行研究，表明房地产市场与土地市场价格之间存在双向的 Granger 因果关系。Kieve 和 Balchin（1985）的研究表明住宅价格与建筑成本存在一个正相关的关系，原材料价格和劳动者工资的上涨以及贷款利率的增加都对住宅价格有向上的推动作用。Grimes 和 Aitken（2010）分析了住房供给、土地成本和房价之间的动态关系，表明较高的供给弹性有利于缓解由短期需求冲击造成的房价暴涨，而地价的波动会降低这种缓解功能；地价的上涨会加剧房价的上涨，此外区域房价的波动是区域住房供给弹性的函数。

②影响需求的因素。影响住宅需求的研究主要集中人口数量、人口结构、收入、就业等方面，代表性的研究成果有：

在人口因素方面，Mankiw 和 Weil（1989）首次将人口与房价联系起来，对美国 20 世纪 70 年代住宅价格的上升进行了研究，结果表明人口是导致美国房价变动的主要原因，并对 1990 ~ 2010 年美国的人口和房价进行了预测。Bartik（1991）建立了一个滞后调节的住宅价格模型，实证研究表明住宅价格上涨直接受人口和就业增长的影响。Clapp 和 Giaccotto（1994）采用简单回归方法，对美国 3 个市镇从 1981 年 10 月到 1988 年 9 月共 84 个月的数据进行实证分析，表明人口和就业人口的变化对住宅价格具有较好的预测能力。Jeanty、Partridge 和 Irwin（2010）使用密歇根州的人口普查数据，估计了同时考虑人口变化和房价波动的空间同期联立方程组模型，研究了人口迁移和房价之间的关系，表明随着人口的增加房价会上涨，但随着房价的上涨人口又会减少。

在收入、就业方面，早期学者也经常使用居民收入来解释和预测住宅价格及走势，如 Fortura 和 kushner（1986）用加拿大 1986 年 30 个都市区的数据建立了住宅价格方程，实证研究表明居民平均收入和住宅价格之间具有较强的正相关关系。Davidoff（2006）的实证研究表明在美国的富裕家庭和普通家庭中家庭收入和住宅价格之间具有共同变化趋势。Daniel 和 Paul（2006）利用西班牙 50 个行政区 1996 ~ 2002 年的数据估计了居民收入对于住宅消费的弹性，结果显示西班牙住宅需求价格弹性在 0.7 ~ 0.9 之间，表明收入增长是住宅价格最重要的决定因素。Rabe 和 Taylor（2012）使用英国 1992 ~ 2008 年的面板数据对工资、就业和房价与人口迁移的关系进行了实证研究，表明房价水平的差异是家庭迁移的重要影响因素，失业人群会关注预期工资的地区差异，而就业人群对就业机会更为敏感。

③供需综合因素。除了单独考虑影响住宅供给或需求的因素对住宅价格的影响，更多学者在理论研究或实证分析时综合考虑两类因素对住宅价格的影响，研究成果较多。代表性成果有：

Case 和 Shiller（1990）对美国四个大都市区域从 1970 年 1 季度到 1986 年 3 季度共 67 个季度的数据采用截面回归和时间序列的方法进行分析，表明人均可支配收入、成年人口的变化和成本价格比的变化与住宅价格具有非常强的正相关性。Abraham 和 Hendershott（1996）建立了房价变化的动态模型，实证研究表明建筑成本、收入、就业率的变化会直接影响房价变化，而房价的涨幅和利率上升成负相关。Hort（1998）估计了实际房价变动的受约束误差修正模型，利用瑞典20个城市1967～1994年的年度面板数据进行实证研究，研究显示长期内使用成本、建筑成本、收入的变动对真实房价产生重要影响，而短期内则显示真实房价具有自相关的结构。Jud 和 Winkler（2002）利用美国1984～1998年间130个大都市区的数据分析影响住宅价格变化的因素，结果显示住宅价格上涨受到实际建筑成本、实际利率、人口增长、实际收入的影响。Jacobsen（2005）采用计量经济模型分析了影响挪威房价的各种要素，实证研究表明利率、建筑成本、家庭收入、失业率是挪威房价上涨的最主要原因，家庭债务负担对房价的影响甚微，而利率的调整对房价的调控最为有效。Hwang 和 Quigley（2006）利用美国74个大城市1987～1999年的年度数据，建立了一个需求和供给模型，实证显示过去住宅较高的空置率会使房价下跌，而城市的整体经济状况、失业率、家庭收入也会对房价产生影响。Glenn（2007）的研究表明澳大利亚在过去的15年，影响房价上涨的因素主要有人口、抵押贷款利率和通货膨胀等。

文献研究显示，影响住宅价格的供需因素有：土地成本、建筑成本、贷款利率、人口总量、人口结构、就业情况、家庭收入等。从方法上看，国外学者在研究住宅价格的供需因素时，主要运用了截面回归、面板模型、分布滞后等计量模型。

### 2.2.4 国内相关文献综述

（1）宏观经济基本面

国内学者针对宏观经济基本面对住宅价格的解释能力做了较多分析，结果显示经济基本面可以在一定程度上解释住宅价格，但随着时间推移，其解释能力逐渐降低。主要成果有：沈悦、刘洪玉（2004）运用混合样本回归以及添加城市、年度工具变量等分析方法，对1995～2002年我国14个城市中的房住宅价格指数与宏观经济基本面相关变量进行实证研究，显示经济基本面的当前信息或历史信息可以部分解释住宅价格水平或者变化率，但解释能力随时间而变化。孔煜、魏锋、任宏（2006）选取了30个省（市、自治区）1995～2003年的混合数据，实证检验了经济增长率、消费水平、通货膨胀三个宏观经济变量对住宅价格的影响，表明只有消费水平对各个地区住宅价格波动的影响较大。段忠东、曾令华（2010）运用面板数据模型，对 1998～2005 年中国 14 个城市的宏观经济基本面对房价的解释能力做了实证研究，表明考虑房价自相关影响时，宏观基本面对房价的解释能力大大降低，且在 2001 年以后房价的上涨逐渐背离了经济基本面。段忠东（2012）利用门限模型研究了 1998～2011 年间中国房价与通胀及产出间的数量关系，结果显示三者之间存在显著的非线性关系。

（2）住宅市场供需关系

同国外相关研究一样，从供给和需求决定价格的传统经济学角度出发，进行住宅价格影响因素的分析也是国内学者研究的一个重要切入点。文献研究表明，从住宅市场供给和需求角度出发，影响住宅价格的因素有：人口因素、收入因素、就业、土地成本、房地产投资、银行信贷等。从方法上看，前几年国内学者主要运用回归方法，而近几年也开始使用可变参数模型、面板数据、协整检验和 VAR 模型等进行定量分析。主要研究成果有：

影响住宅供给方面的研究主要集中在土地价格与住宅价格的相互关系上，一般结论为短期内房价影响地价，长期来看两者互为因果。如：刘琳、刘洪玉（2003）对地价与房价关系的实证研究表明，房价上涨导致了地价的上涨，而地价上涨又是房价上涨的原因之一，两者长期来看是互为因果关系的。况伟大（2005）通过构建一个城市住房市场和土地市场的关系模型探讨了房价和地价关系，结果显示在供大于求时，房价与地价成负相关关系；在供小于求时，房价与地价成正相关关系；短期内房价和地价相互影响，长期内地价是房价的格兰杰原因。严金海（2006）采用格兰杰因果检验和误差修正模型等方法对中国房价与地价关系进行实证检验，表明短期内房价决定地价，长期内两者相互影响。黄静、屠梅曾（2009）选择非平稳面板方法，对 1999～2008 年间全国 29 个城市的面板数据进行了实证分析，表明房价对地价长期影响的程度高于地价对房价的影响，长期来看房价、地价互为因果关系，短期内房价是地价的格兰杰原因。张同龙（2011）对中国 1998～2009 年间房价和地价的关系进行了实证检验，表明房价和地价间存在长期的均衡关系，且房价是地价的格兰杰原因。

影响住宅需求方面的研究主要集中在人口、城市化、收入等因素与房价的关系。如，徐迎军、李东（2009）建立了住宅价格与收入差距之间的 VAR 模型，实证结果显示基尼系数的冲击对商品住宅价格的影响是显著的。郭戬、孙炜

(2010) 建立了包括城市人口、非农产业比重、市区产值比重、城镇居民人均可支配收入、人均电信收入、人均社会保障补助、万人教师数、人均道路面积、万人医生数、万人公交车数、城市人口规模、城市密度构成的城市化指标体系，结合江苏省数据对城市化指标与住宅价格的关系进行了分析。黄瑜（2010）采用状态空间模型，对土地价格、居民收入和商品住宅价格的关系进行了动态实证，表明 2004 ~2006 年居民收入对商品住宅价格的影响是在波动中减小的；2007 ~ 2009 年，居民收入变化对商品住宅价格的影响比较稳定。谭峻、赵妍（2012）对北京和全国 2001 ~2010 年间的房价收入比进行了实证分析，探讨了房价与收入水平的之间的动态关系，确定了全国合理的房价收入比，其中北京的指标是明显偏高的。张樨樨、孙妙春、汤丽华（2016）的研究发现，房价与科技人才涵养力之间的依存度较高：以一、二、三线代表城市北京、天津和西安为样本，探究科技人才涵养力与房价的双向效应后发现，一、二线城市科技人才涵养力对房价有直接正向作用，三线城市没有显著影响；一线城市房价对科技人才涵养力几乎没有影响，二三线城市则具有反向作用。

### 2.2.5 文献评述

在住宅价格波动及影响因素领域，国内外学者无论是在宏观因素方面、中观市场供需，还是微观住宅特征方面，都有较丰富的研究成果可供借鉴，但是仍有如下问题需要解决。一是对住宅市场的研究往往忽略了市场参与者预期的重要性，或是只做简单的定性分析，无法得知预期对住宅市场的影响途径及程度，使得研究框架及研究结论与国内住宅市场的实际情况都有一定的距离。二是国内对住宅市场的研究时间较短，对影响因素的作用机制、结果等都还有待进一步论证，对符合住宅市场现状的价格模型的构建研究还有待进一步深入开展。

## 2.3 住房宏观调控理论及相关文献综述

### 2.3.1 基本概念

（1）宏观调控

宏观调控是从西方经济学中借鉴过来的概念，在西方叫作国家干预（State Interference）或政府干预（Government Intervention）。从广义上讲，政府干预包含了政府对契约自由的一切干预，即政府干预在很大程度上等同于重新分配利益和好处而修正法律规定的调节政策。而宏观调控这一概念是国内学者自党的十四大以后才开始使用的，它属于宏观经济范畴。具体来讲，宏观调控是指在市场经济条件下，政府从宏观经济的角度，主要运用经济手段、法律手段，并辅之以必要的行政手段，为保持国民经济向着预期目标发展，维护经济健康运行所进行的调节和控制。宏观调控的前提是市场发挥配置资源的基础性作用，它与市场配置资源是市场经济体制的一对范畴，两者相辅相成，相互作用。

（2）房地产宏观调控

房地产宏观调控，简言之就是针对房地产业的宏观调控，是国家权力和具备管理房地产职能的行政机关，为了实现房地产市场总供给和总需求的基本平衡、供给结构和需求结构的整体优化，促进房地产业健康持续平稳发展的目的，通过行政的、经济的、法律的手段来引导和影响房地产市场主体及其行为，从而对房地产业进行总体调节和控制的手段和职能的统称。目前，国内的房地产宏观调控更多的是针对市场机制无法自动调节商品房价格的情形，主要是通过影响商品房供给和需求均衡，抑制商品房价的不合理增长，促进商品房供需结构优化，实现房地产产业稳定发展和改善居民的居住状况，因此通常也称为住房宏观调控。

房地产宏观调控政策是指运用经济、法律、行政等手段对房地产业发展进行调控所采取的一系列政策和操作方法，是各种调控手段有机联系、协调运作的耦合。

（3）房地产宏观调控效果

房地产宏观调控效果是指政府通过货币政策、土地政策、信贷政策、税收政策等手段，对房地产市场的需求、供给水平变动的影响情况。包括能否达到政策出台的预期目的，在多大程度上对房地产市场的运行产生作用和影响。通过对调控效果的分析可以及时发现调控过程中存在的问题，找出问题产生的原因并采取相应的对策。

衡量宏观调控的效果，一方面可以根据调控政策的影响力来判断，政策的影响力越大，宏观调控的效果越好；另一方面可以根据调控效果与预期目标的偏离程度来判断，如果政策出台的预期目标实现的程度越高，偏离预期的程度越小，调控政策的效果越好。

（4）商品住宅宏观调控工具

商品住宅宏观调控的工具主要分为供给管理和需求管理两大类：

商品住宅供给管理是指通过增加（或减少）商品住宅供给量以改变供给曲线的位置，实现供给的相对增长（或减少），进而达到商品住宅宏观调控目标的政策工具。商品住宅供给管理的工具主要包括货币政策、土地政策、财政政策等。实施扩张性的货币政策和财政政策，或者实施宽松的土地供应政策，都有利于商品住宅供给的增加。土地供给数量和对土地囤积的打击共同形成了土地政策，财政政策工具包括财政支出和税收政策，货币政策主要是包括利率和信贷等工具。

商品住宅需求管理是指通过减少（或增加）商品住宅需求来达到商品住宅价格合理等宏观调控目标的政策工具。这是凯恩斯主义特别重视的政策工具。凯恩斯主义指出，在短期内生产技术条件、资本设备的质量与数量、劳动力的质量与数量都是不变的，因此，商品住宅宏观调控是在供给相对刚性的前提下对住房需求进行调节。商品住宅需求管理的工具主要包括货币政策、财政政策、保障房政策等。

### 2.3.2 住房宏观调控的目标

（1）根本目标

我国住房宏观调控的根本目标是使人民安居乐业，实现全体人民住有所居。这个目标不会因为不同时期、不同领导人的改变而改变，而且其他任何阶段的目标都是围绕着这个根本目标的具体情况而展开的。

（2）中长期目标

我国住房宏观调控的中长期目标是解决产业发展的深层次矛盾，重构房地产市场的价值体系和基本框架。目前主要包括：房地产市场健康持续平稳发展；促使房地产业与国民经济发展和居民生活水平相适应；建立完善的保障性住房体系。

（3）短期目标

我国住房宏观调控的短期目标主要包括：①抑制房价过快上涨。我国目前房价增长过快，已经超出了大多数普通百姓的经济承受能力，因此稳定房价成为近几年房地产宏观调控的核心目标。②房地产供求动态平衡。缓解市场供需失衡的现状，实现房地产市场供求总量的基本平衡。通过年度土地供应、信贷计划等调控手段实行总量控制，保持供求关系相对平衡，避免市场大起大落。③抑制投机活动。抑制投机行为是住房调控的重要目标。投机行为主要有房地产的盲目开发投资，房地产炒作买卖等，它们的共同点是脱离了正常的市场消费基础。市场投机的存在，可能会造成投资过热，房价偏高，甚至出现房地产泡沫。

### 2.3.3 住房宏观调控的必要性

市场竞争不充分、外部性、公共物品属性等原因造成了房地产市场失灵现象的客观存在，必须通过宏观调控加以纠正。

（1）房地产市场无法实现完全竞争

市场竞争激烈，房地产市场的集中度越来越高；由于土地和区位的不可复制性，以及户型结构、设计风格等方面的差异，使得房地产商品具有异质性；土地资源无法自由流动，资金准入门槛高使得资本的进入和退出也不是完全自由的；在房地产交易过程中，买、卖双方在信息占有方面处于不同的地位。房地产市场的上述特点决定了其不可能成为完全竞争市场。

（2）房地产市场存在外部性

房地产市场的外部性是指某些房地产市场主体的经济活动对其他经济主体产生正面或者负面的影响。例如，房地产业为其他行为提供厂房和住宅等基本的生产和生活资料，并能通过景观建设等改善居民的居住环境，这是正外部性；房地产开发对农用地和绿地的使用会造成生态破坏，并会占用大量资源带来大量污染等，这是负外部性。政府必须通过住房调控使外部性内化，有效发挥市场配置资源的作用。

（3）部分房地产品具有公共属性

商品住宅、写字楼等由于产权明晰，具有排他性和竞争性，是私人物品。但保障性住房则带为较为明显的准公共物品属性，这主要体现在保障房不具备完全的排他性。

（4）土地资源的特殊性

土地资源之于个体的不可或缺性会加重市场失灵：市场力量能够推动土地资源最大化价值在人们手中分配，却不能保证土地作为一种生存必需资源最低限度公平地提供给每个社会人；土地资源的不可再造性会加重市场失灵：人类虽然可以改造土地，却不能制造土地，这决定了土地的总量是有限的，使得通过扩大土地供给达到住房供需平衡的功能受到了极大的限制；土地资源在社会生产过程中的不可替代性会加重市场失灵：资源的相对可替代是市场有效配置资源的前提，而土地资源的不可替代性使市场的纠错机制无法发挥作用，市场无法对其供给进行调配。

### 2.3.4 国外相关文献综述

（1）土地政策

西方学者指出宏观政策因素是影响住宅市场的重要因素之一。其中，土地供给制度方面的研究较多，他们普遍认为政府土地供给的限制，会导致土地价格上涨，进而带动住宅价格上涨。

Pollakowski 和 Wachter（1990）的研究表明华盛顿地区的土地供应限制对地价、房价产生了显著的影响，土地供应限制越严，房价和地价会上升的越快。Hannah、Kim 和 Mills（1993）的研究表明，韩国 1980 年左右的房价大涨主要是由于土地供应缺乏弹性以及供应比例过低所导致的。Mayer 和 Somervile（2000）考察了 1985 ~ 1996 年土地利用管制对新建住宅的影响，表明在控制其他因素保持不变时，管制政策会减少城市新建住宅量并使房价弹性降低。Cheshire 和 Sheppard（2002）的土地规划福利效应研究表明，规划带来的不利后果是扭曲了地价，使得英国的住宅价格相对于收入而言在全球居于前列。Hui（2004）和 Zhang（2008）的研究表明，土地供给量是住宅价格的影响因素，且土地供给量对住宅价格的影响大约滞后一年以上。Bourassa、Hoesli 和 Scognamiglio 等（2011）将土地价值占房屋总价值的比值视为土地杠杆，对 1978 ~ 2008 年间瑞士家庭的住房交易行为进行了实证检验，证实了土地的利用制度是影响房价的关键因素，此外建筑成本和人均 GDP 等也会产生影响。

（2）货币政策

关于住宅市场与金融政策方面的研究也较多，研究显示利率、货币供应量、汇率等因素对住宅价格都有一定的影响。

Lastrapes（2002）估计了房价对货币供应冲击的动态响应，表明房地产市场会受月度货币供应冲击的重要影响，房价、销售量会对货币供应的增加做出正向响应。Iacoviello（2002）通过建立一个 VAR 计量模型来分析宏观因素对住宅价格的影响，研究表明货币政策变化和住宅需求变动是住宅价格短期波动的影响主要因素。Fratantoni 和 Schuh（2003）利用美国 1966～1998 年不同地区的数据，研究了货币政策对不同地区房价的影响，表明同样的货币政策在不同地区对房价的影响会显著不同。Aoki、Proudman 和 Vlieghe（2004）等研究了房价、消费、金融政策间的关系，表明金融政策对房价、房地产投资、消费具有重要影响，同时金融政策对房地产消费的影响会随着信贷市场的结构性变化而加大。Landies（2006）通过分析指出，政府针对房地产投资和房价上涨的宏观调控所起的作用微乎其微，合理规划土地开发，加强对房地产业的监督和管理实际上比宏观调控更为重要。Negro 和 Otrok（2007）研究了美国宽松的货币政策与房地产价格上涨是否具有因果关系的问题，表明宽松的货币政策对房地产价格的上涨起到了重要的推动作用。Wheaton 和 Nechayev（2008）实证研究表明过度活跃的住房金融市场过度放大了家庭购房支付能力，诱发房价非理性上涨。Iacoviello 和 Minetti（2008）研究了住房市场的货币政策渠道，并对芬兰、英国、挪威和德国的住房市场进行了实证分析，表明的确存在广泛的信贷渠道，在某些情况下就是银行的贷款渠道。McDonald 和 Stokes（2011）使用格兰杰因果检验和 VAR 模型研究了房地产泡沫的形成，检验了 1987 年至 2010 年 8 月的月度房价指数以及同期的联邦基金利率数据，证实了 2001～2004 年联邦储备局的利率政策人为地造成了长期低利率并引发了房地产泡沫的形成。

（3）税收政策

Oates（1994）的研究表明，居民在扩建房屋时，必然会考虑房屋扩建增值而导致财产税额增加的问题，因此财产税的设置可能会减少此类建设而带来负面影响。Tse 和 Webb（1999）运用资本化定价理论对资本利得税对房价的影响作了研究，表明随着这类税负的增加，人们愿意为某一处不动产所支付的价格会降低，政府课征不动产交易税会延迟消费者的住房消费，财产交易税对住房预期收益会产生重大负面影响。Wood 和 Flatau（2006）采用微观模拟模型研究了澳大利亚房地产政策对住宅需求选择的影响，研究表明房地产税会影响租房买房的相对价格、家庭财富并最终影响房价。Raslanas、Zavadskas 和 Kaklauskas（2010）分析了立陶宛的房地产税收体系和完善税制的可能途径，指出房地产税在立陶宛的税制中的重要地位，提出了设置土地税可作为房产税改革的重要措施。

（4）保障房政策

Susin（2002）分析了美国的租房券对住房市场的影响，结果显示这种补贴会造成低档住房价格和租金的大涨，而对中高档房价的影响并不显著。Laferrere 和 Blanc（2004）分析了法国住房补贴对租金的影响，表明短期内存在房东通过提高租金价格来分享一部分住房补贴的情况，因此住房租金补贴会推动租金上涨。Lee（2007）构建面板 VAR 模型，分析了韩国的公租房投资与私人租房投资的关系，结果显示两者存在互为因果关系的挤出效应，此消彼长。Kangasharju（2010）使用超过 12000 户在自由市场和政府市场租房家庭的资料，分析了住房补贴对于低收入家庭房租支付的帮助作用，结果显示 2002 年始针对不同家庭增加住房补贴的政策并没有起到应有的效果：对于私人市场的租房者，补贴每增加 1 欧元，则房租会上涨 60 ~ 70 欧分；对于政府市场的租房者，补贴效果为 0，因为房租是紧盯住房费用的。

文献研究表明，影响住宅市场的政府管制因素主要有土地政策、金融政策、税收政策和保障房政策，它们主要是通过对房地产企业供给和购房者需求的影响间接影响住宅价格。从方法看，早期的研究主要通过供求平衡模型进行，近几年的研究则大量运用了分布滞后、向量自回归、协整和误差修正等计量模型。

（5）宏观调控政策的效果

Kim 和 Kim（1999）在研究预期和价格管制的影响时，分别建立了适应性预期和完美预期下的房地产市场供需均衡模型，并得到两种房价的表达式和房价与管制价格的关系。实证研究表明，采用适应性预期的人更倾向于取消价格管制，因为房屋整体价格会长期低于价格管制下时的价格水平。Malpezzi 和 Wachter（2005）的研究显示过度或不恰当的管制将导致“供给不畅”，从而导致房地产价格上升，且在更为严格的管制条件下，供给是决定是否发生泡沫的关键因素。Huang 和 Tang（2012）使用覆盖美国 300 多个城市从 2000 年 1 月 ~ 2009 年 7 月的样本数据进行了实证检验，表明这 10 年中严格的土地管制放大了房价对次贷扩张的反应，严格的住宅土地使用管制的效果是导致了更大幅度的房价涨跌。

### 2.3.5 国内相关文献综述

国内学者从多个角度研究了宏观政策与住宅市场之间复杂的关系。一类研究是分析各项宏观政策对住宅价格产生的影响或传导机制，另一类是分析宏观政策实施效果的研究。

（1）货币政策

周金奎（2005）对2001年6月~2004年8月期间北京、天津、上海、重庆4个直辖市房地产价格与货币政策及其他宏观经济变量之间的关系进行了实证研究，表明各城市住宅价格水平与投资额、销售额和滞后一期的价格存在协整关系；由于投资额和销售额中的大部分是银行贷款，这说明住宅价格上涨与宽松的货币政策有紧密的联系。韩冬梅、屠梅曾、曹坤（2007）构建了联立方程模型并进行了实证研究，表明信贷政策会对住房市场供需产生直接影响，对住房宏观调控应以信贷手段为主，如果住房市场过热，则辅以货币供给量的调控；外汇储备对商品房销售额具有较高的弹性并且反应迅速，应提高外资进入房地产市场的门槛。戴国强、张建华（2009）在分析货币政策与房地产价格传导机制的基础上，利用结构VAR模型对货币供应量与利率对房价的影响进行了实证分析，表明货币政策对房地产价格的传导比较顺畅，利率机制、货币供应量对房地产供需的影响较弱，而利率对房地产的投资和房地产价格的影响较为显著。武康平、胡谍（2010）定性分析了货币政策影响房地产市场的渠道，包括利率渠道、信贷渠道、资产负债表渠道，同时建立施加两种约束的SVAR模型来分析房地产市场在货币政策传导机制中的作用。实证结果表明房地产市场已经成为我国货币政策传导的重要渠道，宽松的货币政策是房价短期高涨的主要原因。任木荣、苏国强（2012）定性分析了货币政策调控房价的传导机制，结合政策数据挖掘传导机制中存在的问题并提出相关建议。杜晓华（2012）将货币政策影响房地产市场的路径归纳为利率渠道、信贷渠道、货币供应量渠道，采用VAR模型定量分析了货币政策对房地产价格的影响，显示货币政策的作用存在时滞，并且对住房需求的影响较为明显。陈诗一、王祥（2016）建立了一个带有房地产市场的多部门DSGE模型，同时在模型中引入带有金融摩擦的银行部门，研究了货币政策影响房地产价格的传导机制，数值模拟显示：当社会融资成本较高时，降低利率的货币政策冲击使得房地产价格显著上升。

（2）税收政策

陈多长、踪家峰（2004）定性分析了房产税会降低住宅资产的长期均衡价格，短期效果是提高房租、降低均衡住房供给量且有效率损失。王岳平（2011）定性分析了房价过快上涨的原因，指出实施高利得税打击炒房投机是抑制房价过快上涨的最有效手段，建议暂不采用征收不动产税的形式，而是采用征收利得税的方式，对房地产交易增值部分征收40% ~50%的利得税以打击炒房投资。崔光灿、谌汉初、吕雪（2011）在分析差别化房地产税收政策现状基础上，从理论和实证两方面具体分析了我国差别化房地产税收政策对住房消费的影响，结果显示房地产税收政策是可以起到引导住房消费的目的。程瑶（2012）对江苏省的实际调查研究表明，由于税制本身固有的缺陷、征管水平和征管手段的限制，虽然各项房地产税收调控政策大部分都起到了一定的效果，但是执行结果与预期的调控目标相比还是存在一定距离。

（3）土地政策

杨继波（2007）对我国2004年以来的土地调控政策进行了回顾，分析了近几年的土地政策作用、效果等问题，指出了在调控过程中出现政府角色定位混乱、政策执行监督不力等问题，进而提出了强化土地供应管理，完善土地“招拍挂”制度等政策的系列建议。卢为民、于小峰（2010）通过与财政政策、货币政策的比较，分析了土地政策在房地产市场调控中的优势和劣势，并结合我国近几年的调控实践将土地政策分为三个阶段进行了实证分析。唐健、徐小峰（2011）对2005年后出台的14项土地政策进行分类分析，并对一系列政策的效果进行评价，提出了调整土地供应结构，保障政策执行效力等政策建议。吴智华、杨秀云（2016）构建了反映我国“土地财政”特征的动态随机一般均衡模型，以研究“土地财政”与房地产市场波动之间的关系。研究表明：高房价是造成高地价的重要原因；住房偏好冲击和货币政策冲击能够解释37%的房价波动，较低的房地产投机交易成本强化了地方政府对“土地”的依赖。

（4）保障房政策

陈立中（2010）运用Probit模型和多元Logit模型对北京市廉租房和经济适用房的瞄准效率及其影响因素进行了实证分析，结果显示从住房保障政策瞄准效率来看，廉租房明显高于经济适用房，“应保未保”或“保不应保”的错误较少，两者对房地产市场都有重要影响。王斌、高戈（2011）通过构建SVAR模型就住房保障对房价的动态冲击效应进行检验，表明经济适用房建设对房价上涨具有抑制作用。

（5）宏观调控政策的效果

杨玉珍、文林峰（2005）从金融政策、土地政策两个方面分析了2004年开始实施的宏观调控政策的效果，并且总结了各地抑止房价过快上涨的6条措施和效果。陈峰、史冬梅（2007）立足“有效性”，指出房价调控中存在政策对住宅有效性需求引导乏力，非有效性需求抑制不足，并且住宅有效供给体系严重失衡，供给调控政策过度刚性化等问题，从供给与需求方面定性分析调控政策的效果，并且总结了整体软硬件环境建设滞后、各方博弈、地方政府托市等影响调控效果的政策外因素。房林（2011）在2011年房产税、“新国八条”与保障房“军令状”等政策背景下，以微观经济学中的供求关系变化、消费者效用变化、供求机会成本和垄断利润等观点对当年房地产市场的变化和政策效果进行了理论分析和判断。韩蓓、蒋东生（2011）从政策动态一致性的视角，将1998~2010年分为四个阶段分别讨论其动态不一致，并逐一分析政策实施效果的影响因素，对房地产调控政策的效果进行了较细致的研究。程瑶（2012）通过在江苏省的调研数据，分析了个人所得税、土地增值税、营业税、房产税、契税等税收政策的实施对房价的调控效果，并提出了相关政策建议。王松涛（2011）应用干预分析和面板模型对2001~2007年间北京、上海等6个城市的住房调控效果进行了实证研究，结果表明全国性的政策工具对6个城市的房价干预存在差异。陈慧慧（2016）以限购政策和房产交易税政策为例，设计并构建了一个研究商品房市场主体行为的实验模拟系统，用以分析收入差距对商品房政策执行效果的影响。结果表明：限购政策和房产交易税政策都具有降低商品房价格，提高居民住房持有率，降低居民多套住房拥有率的效果，但这种政策效果的实现程度会受到收入差距的影响。

### 2.3.6 文献评述

通过对国内外住房宏观调控研究成果的整理，发现国外关于住房宏观调控作用与效果的研究比较丰富，研究成果也被大量地介绍到中国。相比之下，国内关于住房宏观调控的研究，议题广泛，但分散而不够深入，尚有如下问题需要解决：

一是缺乏考虑预期的住房宏观调控研究。商品住宅市场的运行首先取决于市场参与者对未来的预期和供需行为。而国内外住房宏观调控的研究往往都忽视了市场参与者预期的重要性，对于房地产市场运行机制的假设就与现实有一定的偏离，因而无法深入分析住房宏观调控的运行过程、渠道以及作用效果，无法形成科学、合理的调控思路与方法，最终也难以达到宏观调控的目的。

二是缺乏宏观调控政策对住房供给与需求影响的分类分析。政府出台调控政策的目的有些是抑制（或刺激）供给，有些是抑制（或刺激）需求，有些是要对供需双方进行综合性调节。但现实中，调控政策实施后的效果可能与政府的预期相差甚远，甚至起到了完全相反的效果。因此，政府制定住房调控政策时，必须准确把握已存在的供求关系，遵循住房市场的供求变化规律，科学进行住房供需管理。而现有的住房宏观调控方面的研究成果，往往都未将调控政策的对象进行区分，只是笼统地分析房价或房价增长率在调控前后的变化。这样就无法得知不同类型的调控政策（或组合）对于住房市场供给、需求的不同影响方向与程度，也无法得知调控政策实施后供给、需求双方的变化最终如何影响住房市场的走势，自然也无法出台具有针对性的、合理有效的调控政策。

三是缺乏住房调控政策在不同类型城市（或地区）实施效应的比较研究。现有成果往往是不考虑实施环境异质性的，仅从全国层面分析调控政策的作用效果。个别研究成果也只是选取少量的城市和政策工具进行了比较分析，研究结论并不具有代表性，无法得知不同的调控工具对不同类型城市（或地区）的影响是否存在差异，也无法为出台差别化的调控政策提供科学依据。

# 3 商品住宅市场预期的形成与扩散研究①

## 3.1 住宅市场预期的种类

### 3.1.1 按预期主体分类

由于商品住宅市场主体可以分为购房者（包括自住者与投资者）、房地产企业和政府，因此住宅市场的预期也可分为购房者预期、房地产企业预期和政府预期。三类预期同时存在，相互影响，共同构成整个商品住宅市场的总体预期。

（1）购房者预期

购房者预期是一种个人预期，也是一种大众预期。一般是对商品住宅市场的主要变量——价格（销售价格与租赁价格）在下一时期的变动方向做出的某种猜测，而不是对价格变动范围做出的某种数量估计。由于不同的购房者对国家的

① 本章3.1～3.3节的主要内容是在李斌完成的教育部人文社会科学研究青年基金项目“预期视角下房价与回报的非线性动态关系及评估研究”（12YJCZH098）研究报告基础上形成的。本章3.4节主要内容是在李斌、张所地合著论文《商品住宅市场预期的扩散——内部影响之下的分析》（Expectation Diffusion in Commercial Housing Market—under the Internal Influence）基础上形成的，该文发表于“《资源型经济转型与高等教育国际化研讨会论文集》（Conference Proceeding on Transformation of Resource - based Economy and Internationalization of Higher Education, Taiyuan 2012）”第276－280页，并被ISSHP检索，检索号为WOS：000319633800034。

宏观经济形势、政策出台与实施、商品住宅市场历史周期等信息的获取程度与认知程度相距甚远，因此购房者的预期结果也会有很大差异。甚至于同一个购房者，在不同的时间、不同的地点，其预期结果也是不同的。

购房者除了会对未来的住宅价格进行预期，还会对自己未来的收入水平和支出规模做出一些估计。收入预期是根据经济发展形势和就业情况做出的预期，它会直接影响购房者的消费或投资行为；支出预期是根据经济发展形势做出的关于衣食住行基本支出、医疗保健、教育培训支出等的预期，它也会直接影响购房者的消费、投资行为。对于投资者而言，还会对未来的投资风险和收益进行预期，以此做出投资决策。

（2）房地产企业预期

房地产企业的预期是一种组织预期。一般是指对商品住宅销售价格、销售面积、开发投资额等变量在下一时期的变动范围做出的某种数量估计。

房地产企业预期会明显地影响到整个商品住宅市场的运行。这是由于房地产企业是市场运行的主要参与者，它涉及住宅商品的生产与交易等环节；此外，房地产企业之间的博弈行为也会使整个市场处于不断的变动之中。

（3）政府预期

政府预期是指以房地产业管理部门为代表的国家的预期行为。政府在进行住宅市场的宏观调控时，既要对商品住宅市场的主要变量进行预期，又要对调控政策的制定与实施效果进行预期。它一般是指对商品住宅销售价格、销售面积、竣工面积、开发投资额、房价收入比、租赁价格等变量在下一时期的变动范围做出的某种数量估计。

由于政府有其特定的偏好函数，组成政府的公务员也有自身的利益要求，而且政府掌握的信息不一定比购房者或房地产企业更充分，因此政府的预期并不能总是站在公正客观的立场上，也不一定比购房者或房地产企业的预期更合理。目前，政府在商品住宅市场运行中的影响越来越大，它的决策会直接影响到购房者或房地产企业的预期，它对商品住宅市场做出的预期也是购房者或房地产企业做出预期的重要依据之一。

### 3.1.2 按预期变量分类

商品住宅市场有其内在特征与运行机制，购房者、房地产企业以及政府所关注的市场运行的指标主要有：商品住宅销售价格、销售面积、销售额、投资额、竣工面积、施工面积、本年新开工面积、房地产企业资金来源（包括国内贷款、利用外资、自筹资金）、竣工套数合计、销售套数合计、房价收入比、租售比、租赁价格等等。因此，市场参与者依据自身需求以及信息获取、加工能力，对相关指标下一时期变动方向及程度进行预期。其中，对商品住宅销售价格这一变量的预期是市场参与者最为关注的，也是住宅市场中最为普遍的预期。

商品住宅销售价格预期是指市场参与者对销售价格在未来变动方向及变动程度的预期。由销售价格预期引起的消费、投资、开发、调控等行为，必然会引起商品住宅市场供给、需求以及交易价格的变化，因此市场参与者对该指标的波动最为敏感。

### 3.1.3 按时间长短分类

从预期时间的长短来看，商品住宅市场的预期又可以分为长期预期和短期预期。市场参与者对未来预期变量做出判断是受时间因素制约的。针对同一预期变量，在采用相同的方法进行预期时，其短期、长期预期值可能是不同的。短期预期一般是一年期以内的预期，长期预期则指一年期以上的预期。

随着时间的推移，对商品住宅市场产生影响的因素的不确定性加大，因此长期预期比短期预期具有更大的不确定性。这是因为在短期内，商品住宅市场与整个经济系统的稳定性较高，各种披露的信息难以改变，市场参与者对信息的收集、加工、分析能力也难以改变；而在较长时间范围内，商品住宅市场与整个经济系统的不确定性增加，市场参与者的信息收集、分析能力也可能发生较大变化，使得长期预期有较大的不确定性。

对于自住者和投资者来说，由于信息获取能力、加工分析能力等方面的不足，他们往往更加重视住宅销售价格等变量的短期变化，进行短期预期。对于房地产企业来说，既要考虑企业的长远发展，又具备信息收集、加工分析和专业知识方面的优势，因此他们更重视对住宅市场的长期预期。但是，企业的发展具有连续性，他们也会对住宅市场进行不断的短期预期，从而使房地产企业的预期具有长期与短期并重的特点。对于政府来说，它作为住宅市场的管理者，必须掌握市场发展的长期趋势，才能合理地出台产业规划与调控政策，因此政府更侧重于进行长期预期。

### 3.1.4 按预期机制分类

由 2.1 节分析可知，随着经济的发展和社会实践的需要，国内外学者为市场参与者的预期设置了不同的形成机制，包括：静态预期、外推型预期、适应型预期、理性预期、准理性预期、偏好预期、近视预期、异质预期等等。预期的每种形成机制都有其特点，详见 2.1 节内容，此处不再重述。

### 3.1.5 本书的“预期”类型

2.1.1 中已经给出本书所研究的“预期”的基本概念与预期模式（形成机制），综合 3.1.1 ~ 3.1.3 的内容，从分类的角度讲，本书的“预期”类型是商品住宅市场参与者（包括购房者、房地产企业、政府）针对商品住宅市场的销售价格、销售面积、销售额等主要变量做出的短期预期。其中，又对商品住宅销售价格、投资回报等市场参与者最为关注的，市场中最为普遍的，最具有代表性指标的预期进行了重点分析。

## 3.2 住宅市场预期的影响因素

结合中国商品住宅市场的现实情况，将影响市场参与者预期的因素归纳为以下 6 个因素。

### 3.2.1 经济因素

市场参与者对商品住宅市场未来的发展趋势进行预期时，其根本目的是要获取预期利益。而预期利益与整个宏观经济态势是密切相关的。当宏观经济形势良好，则市场参与者会形成乐观预期，增加住宅商品的投资与消费，可能会获取更多利益；当宏观经济走势下滑，市场参与者可能会形成悲观预期，采取观望态度，减少住宅商品的投资、消费，避免收益损失。可见，住宅市场的预期会受宏观经济基本面因素的制约。

对国内商品住宅市场预期产生影响的基本面因素主要有：经济增长、城镇居民收入水平、物价水平等等。

（1）经济增长

如果经济发展蓬勃，增长势头良好，预示着投资、生产活跃，居民的整体收入水平往往也会提高，消费能力随之增强，整个社会对商品住宅的需求也会增加。旺盛的需求又会刺激商品住宅供给的增加，有利于整个住宅市场的繁荣，市场参与者也会对住宅产业的发展产生乐观预期。反之，如果经济处于衰退状态，居民的收入水平往往会出现下降，对商品住宅的消费、投资能力都会降低，商品住宅的供给也会随之减少，导致住宅产业出现衰退，市场参与者自然会对未来形成悲观预期。

自住房市场化改革以来，国内生产总值（GDP）从 1998 年的 84402.3 亿元增长到了 2015 年的 685505.8 亿元（见图 3－1），增长了 7.1 倍，意味着国内经济增长势头良好，促进了商品住宅市场参与者乐观预期的形成。

（2）城镇居民收入水平

商品住宅的昂贵性决定了城镇居民收入水平对住宅市场预期的影响。如果一个家庭没有一定水平之上的稳定收入，就不可能维持与住宅消费相关的一切经济契约关系，如房租的缴纳，住宅抵押贷款的还本付息，以及物业、采暖、照明、用水、燃气、清洁卫生和设备管道维修等日常运行费用的清算。因此，城镇居民收入水平提高，整个社会对商品住宅的购买力增强，对商品住宅的消费、投资等活动都会增加。若是中、低收入人口的收入普遍增加，则其边际消费倾向增大，其收入增加的部分就可能会用于提高居住质量，引起住宅需求的增加；若是高收入者的收入增加，则会带动住宅的投资，整个市场的活跃程度增加，市场参与者会形成乐观预期。反之，居民收入水平下降，家庭支出可能会更多地用于生活必需品的购买，商品住宅的投资与消费活动都会减少，整个市场出现萧条，市场参与者形成悲观预期。

自 1998 年以来，城镇居民家庭人均可支配收入从 5425.1 元增长到了 2015 年的 31194.8 元，增长了 4.8 倍，强化了市场参与者对住宅市场的乐观预期。1998～2015 年全国 GDP 与城镇居民人均可支配收入的变动情况见图 3－1。

（3）通货膨胀

通货膨胀会通过多条路径影响市场参与者的预期，其中对房价预期的影响最为显著。主要传导路径有：

①成本效应。通货膨胀时，住宅产业从业人员生活成本增加，企业面临工资上涨压力；银行往往也会缩紧银根，造成企业贷款成本增加；在消费品价格普遍

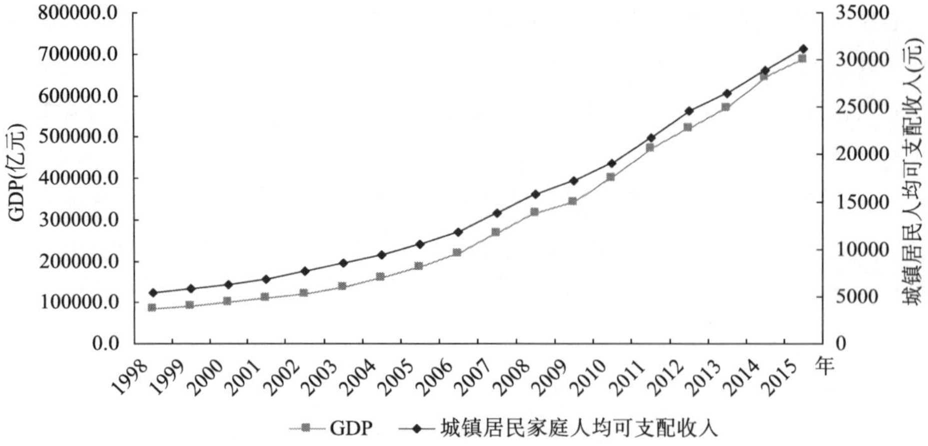


**图 3-1 GDP 与城镇居民家庭人均可支配收入走势图（1998~2015 年）**①

上涨的情况下，钢铁、建材等原材料价格往往也会跟随上涨。在工资、金融、原材料成本增加的压力下，市场参与者必定会认为房地产企业要提高商品住宅价格以维持一定的利润，故形成房价上涨的预期。

②风险规避效应。通货膨胀时，市场参与者为避免财富缩水，会对个人资产进行合理投资、整合，其中投资于保值性强的房地产的可能性增加，可能会对住宅价格产生正向影响，形成需求增加、房价上涨的预期。

③财富效应。通货膨胀时，购房者的真实财富缩水，促使其减少对住宅的需求，当供给一定时，对住宅价格有负向影响，购房者形成需求减少、房价下降的预期。

④预防性储蓄效应。通货膨胀时，由于消费习惯的形成，市场参与者为了保证将来的生活水平不低于现在，会增加储蓄，减少现期对住宅的需求，对住宅价格有负向影响，形成需求减少、房价下降的预期。

⑤流动性约束效应。通货膨胀时，银行往往缩紧银根，购房者贷款成本增加，这可能会减少其现期对商品住宅的消费，对住宅价格有负向影响，形成需求减少、房价下降的预期。

① 说明：统计数据来源于《中国统计年鉴》（1999~2016 年）。

### 3.2.2 政策因素

为了实现规范商品住宅市场发展、稳定房价、化解金融风险、保障居民住房需求等目标，1998 年以来国家出台了一系列宏观调控政策，使用了涵盖经济、法律以及行政等手段措施。住房宏观调控的实施会对市场参与者的预期产生影响，下文对主要的住房调控政策进行分析。

（1）货币政策

货币政策指中央银行为实现其特定的经济目标而采用的各种控制和调节货币供应量或信用量的方针和措施的总称，包括信贷政策、利率政策和外汇政策。货币供应量在供给方面，影响住宅开发投资，在需求方面，影响住宅商品的购买能力。

①利率政策。利率因素对于商品住宅市场而言，是一个十分敏感的因素。对于房地产企业来说，较低的贷款利率意味着较低的金融成本，企业可以以低利率筹措所需资本，有利于商品住宅供给的增加，故促使市场参与者形成供给增加、房价下降的预期；对于投资者来说，当存款利率较高时，投资者会把资金投向货币市场，以谋取风险小而利息又高的收益，市场参与者产生投资需求减少，房价下降的预期；当贷款利率较低时，投资者会将资金从货币市场抽出投向住宅市场，较低的筹措成本可能会获取较高的报酬，市场参与者产生需求增加、房价上涨的预期；对于普通消费者而言，较高的贷款利率，每单位居住服务的实际成本上升，意味着生活成本的上升，因此市场参与者可能形成居住服务需求减少、房价下降的预期。

由上述分析可知，利率因素对住宅市场预期的影响是复杂的，但一般来说，利率提高会增加住宅开发的成本，同时也会减少对住宅的投资需求。因此，住宅市场发展过热时，政府往往会调高利率，一方面提高房地产企业进入门槛，另一方面改变投资者预期，促使住宅市场回归到健康稳定的发展状态；当住宅市场萧条时，政府会降低利率，降低企业进入门槛，改善投资者预期，以促进市场的复苏与繁荣。

②汇率政策。一个国家的汇率政策对于国际贸易和国际资本的流动具有重要影响，对住宅市场也会产生重要影响。以下分析采用直接标价法来表示人民币汇率，汇率下降表示本币升值。

在中国走向对外开放的背景下，资产交易的环境发生了变化，投资者有了一个全球的投资组合视野，使国内资产价格产生了相对于汇率变动的贴水和升水，促使汇率成为了国内资产价格变动的重要影响因素。目前，国内学术界对于汇率影响房地产市场的主要渠道总结为三个方面：即预期机制、财富机制和溢出机制。汇率对商品住宅市场预期的影响同样也会通过这三个途径实现。

预期机制。当一国存在汇率下降，即货币升值预期时，投资者倾向于持有本币。但持有本币存在机会成本，因此投资者更倾向于购买该国的资产，如商品住宅。投资者通过购买商品住宅后等待本币升值，这样投资者将有可能获得本币升值和房价上涨的双重收益。

财富机制。当一国汇率下降，货币升值时，将会导致出口减少，进口增加。商品供给的增加一般来说会引起国内商品价格走低，带动多余的资金流向住宅市场。

溢出机制。当一国汇率下降，货币升值时，引起一系列经济指数的变化。例如，生产成本、工资、货币供应量发生变化，导致物价下降、经济紧缩，政府采取扩张性的财政政策和货币政策，可能促使部分资金流向住宅市场。

在上述三种机制作用下，汇率的变动引起了商品住宅市场供需的变动，进而引起市场参与者预期的变化。

③信贷政策。对房地产企业而言，银行信贷支持参与了土地储备、交易以及房地产开发和销售的全部过程，利用信贷政策对房地产市场进行调控实际上是将房地产市场的房地产品的供求调控转化为资金的需求与供给的调控。当央行收缩房地产开发信贷总量或规定提高房地产开发的项目资本金比例时，房地产企业从银行可获得的资金减少，同时经营杠杆与财务杠杆作用被抑制，在不增加其他融资渠道的情况下，房地产企业的投资量和开发量会下降，会促使市场参与者形成供给减少、房价上涨的预期。

对购房者而言，如果商业银行提高了个人住房抵押贷款首付比例，则购房者从银行可获得的资金将会减少，房地产市场的需求量也会下降。例如，2010 年 4 月 21 日国务院发布的“新国十条”规定，对购买首套自住房且套型建筑面积在 90 平方米以上的家庭，贷款首付款比例不得低于 30%；对贷款购买第二套住房的家庭，贷款首付款比例不得低于 50%，贷款利率不得低于基准利率的 1.1 倍等。由于央行实行极为严格的差别化住房信贷政策，投资、投机性需求受到了相当程度的抑制，促使市场参与者形成需求减少、房价下降的预期。

（2）土地政策

土地政策既可以影响商品住宅市场的供求关系，又能直接决定开发成本，因而对商品住宅市场预期会产生重要影响。

①土地供应政策。土地供应政策，是指由政府制定并实施的影响土地增量供给和存量供给的各种政策的总和。土地供应的方式、数量、结构和价格可以直接影响住房市场的供给数量、结构、价格和预期。

土地作为商品住宅的生产要素，它在房地产市场调控中的作用主要是通过影响商品住宅的供给产生的。“土地的稀缺性”使人们相信土地及住宅的供给必然是有限的，土地价格必然呈现出一种自然上升的趋势。政府出台从紧的土地供给政策，可供开发的土地供应减少，则在土地开发强度不变的情况下住房供应量出现下降，导致出现供给下降、房价上涨的预期；如果政府提高地价，地价作为房价的重要组成部分，它的上涨自然会提高住宅开发成本，降低企业供给意愿，进而促进供给减少、房价上涨预期的形成。

土地使用权的出让方式与出让期限也会影响住宅市场预期。按照《招标拍卖挂牌出让国有土地使用权规定》（国土资源部令第 11 号，2002 年 7 月 1 日起实行）的解释，土地公开出让方式包括招标、拍卖和挂牌。三种出让方式，依次有抬高地价的可能。土地出让期限的长短意味着土地使用时间的长短，出让期限使住宅资产的增值有了一定的限制和条件，对房价上涨的预期有一定的冲减作用。

此外，政府对土地供应各项审批的时间和资金成本、与土地供应相关的法律环境等都会对商品住宅供给的效率产生影响。当土地供应政策改善了住宅供给的效率时，也会增加有效住房供给量和速度，促使供给增加、房价下降预期的形成。

②其他相关政策。与土地相关的税收、金融政策也会对住宅市场预期产生重要影响。在土地税收政策方面，主要包括取得税、保有税和流转税三个方面。如果提高土地取得税，土地成本就会增加，住宅开发成本提高；降低保有税，就会使房地产企业倾向于保有土地，市场上的土地供应量会减少；提高流转税，使房地产企业倾向于保有土地，闲置土地就会增加，市场上的土地供应量就会减少。开发成本的提高和土地供给的减少，都会促使市场主体形成供给减少、房价上涨的预期。

在土地金融政策方面，主要表现为土地抵押贷款政策。宽松的土地抵押贷款政策，会使房地产企业获得更多贷款，这可能会增加住宅开发量和供给量，使居民形成供给增加、价格下降的预期；紧缩的土地抵押贷款政策会使房地产企业贷款减少，土地开发面积和竣工面积增速减缓，可能引起住宅市场供给减少，进而促进居民形成供给减少、价格上涨的预期。

（3）保障性住房政策

相对于商品住宅而言，保障性住房（以下简称“保障房”）是限定标准、限定价格或租金的住房，由政府为城镇中低收入住房困难家庭提供，主要由廉租住房、经济适用住房、限价商品住房、公共租赁住房等构成。

保障性住房政策的出台，对商品住宅市场有重大影响。廉租房、经适房、公租房等的入市，低收入人群必将淡出商品住宅市场，需求减少，房地产企业的市场空间也相应减小，会促使市场参与者产生需求减少、房价下降的预期；此外，保障房的建设使得可供开发的土地总量减少，房地产企业土地获取成本可能提高，会降低企业供给意愿，促使形成供给减少、房价上涨的预期。

2008 年底，党中央、国务院确定了进一步扩大内需、促进经济平稳较快增长的十项措施，其中第一项就是加快保障性安居工程建设。2008 年 4 季度至 2010 年末，开工建设保障性住房和棚户区改造住房 1300 万套，竣工 800 万套，其中 2010 年开工 590 万套，竣工 370 万套；全国保障性安居工程完成总投资累计超过 1.3 万亿元，其中中央财政和预算内投资 1300 多亿元，地方政府也大量投入。国家还明确了税费优惠、土地供应等措施，使保障性安居工程支持政策逐步完善。国家“十三五”规划纲要确定，“十三五”期间，将居住证持有人纳入城镇住房保障范围。统筹规划保障性住房、棚户区改造和配套设施建设；完善投资、信贷、土地、税费等支持政策；多渠道筹集公共租赁房房源；实行实物保障与货币补贴并举，逐步加大租赁补贴发放力度。这些举措都会增加住房有效供应，分流商品住宅市场需求，必定会促进整个社会形成需求减少、房价下降的预期。

（4）政策执行的不确定性

①政策执行主体执行力的不确定性。政府出台的住房宏观调控政策的重要执行主体是地方政府和银行。调控政策出台的目的是稳定住房价格，促进市场健康、稳定发展。然而，地方政府预算外收入主要靠土地批租实现，经济增长相当

程度靠房地产业发展带动，因此地方政府并没有打压房地产业的主动性。地方政府对土地价格的默许，甚至助推，都会导致房价上涨预期的形成。此外，商业银行出于利润最大化的考虑，往往对调控政策执行的积极性不高，实际操作时搞变通、松紧不一等现象屡禁不止。银行对于调控政策执行的不到位，无疑也是促成需求增加、房价上涨预期的重要因素。

②政策执行结果的不确定性。2003 年 6 月中央银行发布的《关于进一步加强房地产信贷业务管理的通知》是政府抑制房地产过热的开始，此后针对房价过快上涨，房地产市场过热等现象，政府出台了一系列宏观调控措施（主要有 2003 年土地实行“招、拍、挂”，2005 年新旧“国八条”，2006 年“国六条”与土地新政，2010 年“国十一条”与“新国十条”，2011 年“新国八条”等），但调控效果却不佳。包括在“史上最严厉的房产调控政策年”——2010 年中，商品住宅价格也普遍存在“越调越高”的现象。多年来，住房调控政策实施结果的不确定性，部分政策的前后矛盾，向人们传递了这样一个信号，即商品住宅市场仍有持续上升的空间，诱发人们形成乐观预期。

### 3.2.3 社会因素

（1）城市化与人口

在经济、社会发展的推动下，中国以人口城市化为主要标志的城市化进程正在快速推进。住宅产业作为中国城市化进程持续发展的载体，必然会受其影响。

大量农民工涌入城市打工，部分富裕起来的农民进入城市购房置业，大量来自农村的大中专院校毕业生选择留在城市工作生活，这些原因都造成了城市人口规模的迅速膨胀，促使住房需求不断加大。城市化不断向郊区扩张，需要向失地农民提供大量的安置费用或住房，这会造成地价的快速上涨并进一步推高房价；在人们收入水平提高以后，以居住面积扩大、房屋格局优化、居住环境改善为主要特点的住房消费升级的需求也逐步增加；随着城市化进程的加快，大规模城市改造和居民拆迁，也成为住宅需求扩大的重要因素；由于传统生活方式的改变与城市化的影响，城镇家庭中的人口越来越少，第六次全国人口普查（2010 年）显示，我国城市平均家庭户规模为 2.71 人，比第五次人口普查（2000 年）的 3.03 人下降了 0.32 人，城市家庭的小型化也在一定程度上刺激了人们对商品住宅的需求。

统计数据显示，我国城镇人口已由1998年的4.16亿人增长到了2015年的7.71亿人，城镇人口比重也由33.35%上升到了56.10%（发展趋势见图3-2）。人口加快向城市地区集中，造成了城市土地需求不断扩大，带动了城市商品住宅需求增加和价格上涨；另一方面，公共设施的建设又从成本方面推动住宅价格上升。在城市化进程持续推进，城镇人口规模不断扩大和家庭人口不断减少等背景之下，市场参与者必然会形成未来需求不断增加、房价上涨的预期。

此外，人口老龄化对住宅产业的影响在于它会降低全社会购房支出的比例，即意味着全社会对商品住宅的需求将被老年养护支出所“挤出”，因此，老龄化问题的日益显现会在一定程度上对未来住宅市场的乐观预期产生抑止作用。

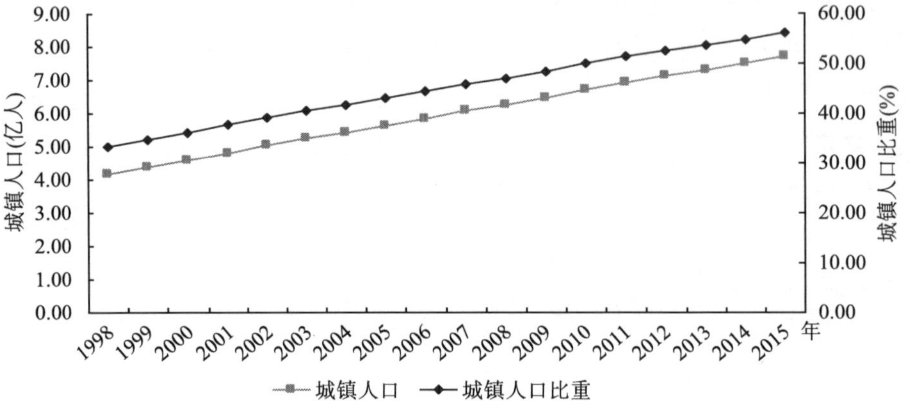


**图3-2 全国城镇人口数量及比重趋势图（1998~2015年）**①

（2）社会安定程度与历史文化

与动乱的社会相比，人们更愿意在稳定的政局和良好的社会秩序下进行住宅商品的投资、消费活动，也更容易形成乐观的市场预期。而整个社会的历史发展、意识形态、文化传统、社会习俗等，会影响居民对住宅商品的投资与消费活动，也会影响居民对生活现状的态度，进而影响市场预期的形成。例如，传统儒家学说的中庸思想会在一定程度上弱化住宅市场的乐观预期；传统思想中的“以家为本”“居者有其屋”等观念，认为拥有属于自己的住房家才完整，人才踏实，无疑会在一定程度上影响商品住宅需求，也会促进市场乐观预期的形成。

① 统计数据来源于《中国统计年鉴》（1999~2016年）。

(3) 社会共同的价值观

社会共同的价值观是维持社会稳定和形成共同行为标准的基础，因而也是人们预期行为的内在依据。例如，法律制度就需要很高的价值认同。法律制度的出发点是一个经济社会成员共同认可的一些十分基本的价值观，在既有法律制度的约束下，由于对惩罚尺度的了解，人们可以预见其他行为人的合理的行为空间。而市场制度和大量的市场规则也是行为人基本价值观念的体现，在这种制度约束下，行为人对未来事件的预期就有了基本的依据。例如，国家在住房宏观调控中，会制定相应的市场制度，甚至动用法律手段来对市场参与者的行为进行约束。正是由于人们持有遵循制度、遵守法律的共同价值观，市场参与者的乐观预期才会在一定程度上得到遏制。

### 3.2.4 区域因素

以上分析的商品住宅市场预期的影响因素，都属于一般因素，即影响预期的一般、普遍的因素，它们会对整个住宅市场产生全面影响。以下将分析影响预期的区域因素、个别因素以及市场参与者的特征因素，它们对市场预期的形成具有局部性或特殊性的影响。

(1) 城市规划

城市规划与房地产开发两者之间是相互联系的，且通过多种方式、机制互相作用。城市的性质、职能与规模、城市土地配置的合理程度、用地功能布局及城市基础设施的发展水平，以及城市建设总体容量控制标准从总体层面上决定了城市地价的高低，也对区域内的住宅供需活动产生长远的影响。城市规划是商品住宅开发的重要依据，也是市场参与者形成预期的依据之一，即城市规划的出台与执行会对住宅市场的预期产生影响。

①城市规划对预期的正面影响。城市规划纲要所确定的城市发展速度、城镇居民收入、新发展区的选择、土地需求量预测、土地供给的数量及分布、基础设施投资区位、土地开发程序、分阶段土地投放量的安排、生态环境建设等，都会影响城市的住宅市场预期。

例如，太原市“十二五”规划纲要中明确指出，要建设“资源节约型、环境友好型”社会，要“把太原建设成为一流的省会城市，努力成为具有国际影响力的区域性现代化大都市”①。这不仅意味着太原市在未来具有良好的发展前景，而且说明未来太原的城市规模将继续扩大，城镇人口继续增加，这些都会刺激住宅商品的消费与投资活动，使市场参与者形成乐观预期。太原市“十三五”规划纲要中则指出，要‘加快建设汾河南延三期等城市公园景观，与城郊森林交相辉映，凸显“三面环山、一水中分”的山水城市大格局’② 等等，让人们看到了城市生态环境改善的蓝图，这无疑会增强人们在太原进行住房投资与消费的意愿，促进住宅市场的活跃和房价上涨预期的形成。

城市总体规划决定了城市的性质、城市用地规模和主导职能，对城市的地价水平有重要影响；同时，还决定了城市在一定时期内的发展规模以及人口增长速度，这会引导商品住宅开发的强度、方向与规模。控制性详细规划一般都会给出土地的规定用途、面积、容积率、边界范围、建筑物高度等限制。如果这些限制有利于土地的健康、协调利用，有利于环境的改善，有利于绿化和提供充足的地面活动空间，那么这些规划会在无形中提高土地价格，进而促进该区域附着在土地之上的住宅价格上涨预期的形成。此外，城市规划还可以通过对配套设施的控制来改善城市经济发展的软硬件环境，使城市发展的未来溢价增加，从而影响住宅市场预期的形成。

②城市规划对预期的负面影响。如果城市规划制定者仅考虑经济效益，忽视对周围的环境、历史文化乃至整个城市的景观特色的保护，那么城市建设行为可能会给区域住宅市场预期带来负面影响。例如，城市规划不当，造成建设中出现水土流失、地下水枯竭、地面下沉等后果；规划部门对于建筑密度、建设高度、容积率等指标的忽视，造成光污染、城市景观特色难以为继等后果。这些不科学的规划，无视自然规律的开发都会使市场参与者对区域内的住宅品质失去信心，进而产生悲观预期。

（2）生态环境

生态环境是指影响人类生存与发展的水资源、土地资源、生物资源以及气候资源数量与质量的总称，是关系到社会和经济持续发展的复合生态系统。在生态环境的众要素中，水资源因素与气候因素对城市商品住宅市场预期有较大的影响。

---

① 《太原市国民经济和社会发展第十二个五年（2011 年～2015 年）规划纲要》

② 《太原市国民经济和社会发展第十三个五年（2016 年～2020 年）规划纲要》

如果某区域内江、河、湖、海等水资源丰富，一方面意味着生活饮水的质量与数量的保证，另一方面空气湿润、植被丰富也有利于居民生活健康。此外，围绕水资源形成的景观也会给居住者带来美的享受。气候因素主要包括日照、风向、风速、温度、湿度、降水量、灾害性气候等。对于居民来说，这些因素直接关系到环境的舒适程度和身体健康。

可见，如果某一区域未来生态环境会得到改善，水资源日益丰富，气候好转，都会增加该区域住宅市场的活跃程度，使得市场参与者形成该区域住宅市场活跃、价格上涨的预期。

### 3.2.5 个别因素

对商品住宅市场预期产生影响的个别因素主要包括某一住宅所处地区的繁华程度、基础设施完善程度、环境因素、交通因素、土地因素等。这些因素的动态变化会影响住宅个别价格预期，也是同一区域内出现预期差异的依据。

繁华程度包括：商场、超市、餐饮、住宿、娱乐、银行等的距离与数量；基础设施主要包括：生活设施上是否实现道路、供电、供水、供热、供气、排水、污水处理、网络、通信（讯）、土地平整的“九通一平”，幼儿园、小学、中学、大中专院校、医院、派出所、停车场等公共设施是否完善，公园、体育场馆、图书馆等文体设施是否完善等等；环境因素包括：绿化、水污染、噪声污染、电磁辐射污染等的程度；交通因素包括：公交、轻轨、地铁等公交便捷程度，飞机、火车、长途汽车、高速公路、港口等对外交通设施的便捷程度；土地因素包括：地理位置、地形地势、地质、水文等。

上述个别因素如果在未来越有利于居民生活便捷、健康、和谐，则人们可能会形成该住宅价格上涨的预期；如果这些因素在未来发生恶化，则人们会对该住宅形成悲观预期。

### 3.2.6 市场参与者的特征因素

市场参与者的特征因素，例如风险偏好、知识积累、信息处理等特征的差异，都会对预期的形成产生重要影响。即使在经济、社会与政策等因素相同的条件下，人们形成的预期也存在差异。

（1）风险偏好

市场参与者对待风险的态度是不同的，有风险爱好者、风险中立者与风险厌恶者之分。在住宅市场活跃、价格持续上涨时，风险爱好者更愿意预期市场发展趋势不变，可能会加大对商品住宅的投资、消费活动，承担较大的风险来获取更多的预期收益；而风险厌恶者，则宁愿获取较小的收益也不愿意承担巨大的风险，他们的存在对市场中的乐观预期有一定的缓和作用。

（2）知识积累

个人的知识结构是市场参与者正确预期的基础。由于住宅市场的相关知识在行为人之间是分立的，正是这些分立的知识，使每个人拥有特定的知识优势，基于这些知识的决策只能由个人或由其参与才能做出。因此，市场参与者对于房价、投资回报等变量的预期和这些预期的正确性便存在差异性。

除了个人知识的分立性，行为人具有的默认知识对预期也会产生影响。默认知识指由行为人自身掌握但难以交流的，是在实践中积累起来而转化为自身下意识的行为基础。默认知识是不同的市场参与者自身的专有知识，这也说明了市场参与者的预期会受到默认知识的影响而不可能完全一致。

（3）信息处理

市场参与者在形成预期的过程中，除了要受到知识的约束外，还要受到信息资源的影响。对于每个市场参与者来说，商品住宅市场的相关信息是不完全的，预期的准确性，取决于信息获取的多少。素质良好，知识结构完善的市场参与者，可以及时准确地获取足够信息，则可以形成较为正确的预期，并能最大程度地降低风险。对于知识和经验都匮乏的参与人来说，获取信息的过程更要受到时间的制约和信息成本的制约，不利于正确预期的形成。

在商品住宅市场预期形成的过程中，相关预期主体的行为是行为人做出正确预期和采取相应策略的依据，它是一种综合了其他行为人各方面信息的特定信息。在现实经济生活中，住宅市场预期者并不能清楚地获知其他行为人的一切信息，这就产生了信息的非对称问题。例如，不同预期主体的行为是有先后之分的。先行动者无法得知后行动者的行为信息，而后行动者则可以把先行动者的行为作为已知信息，这就形成了信息的不对称。由于信息的不对称，市场参与者获取的信息有限，影响其预期的正确性，这会使部分参与者退出市场；其他留在市场中的参与者，因为要承担较高的风险，可能会发生投机行为泛滥等现象；拥有信息优势的参与者，在不具有承诺的前提下，随时可能做出损害他人的行为决策，带来道德风险问题。

## 3.3 住宅市场预期的形成机理

第3.2节中对影响商品住宅市场预期的诸多因素进行了归纳梳理，从分析过程和结论中可知，预期作为住宅市场运行中的微观变量，与整个经济、社会、政策，以及区域等等的运行之间具有不可分割的联系，是影响商品住宅市场运行的一个极为重要的因素，因此它是房地产学者和宏观决策者应充分重视的变量。然而，过去的研究者和决策者对预期并没有给予足够的关注，对于预期的形成机理也缺乏应有的思考。

### 3.3.1 预期形成的条件

住宅市场的预期并不是脱离主客观条件而凭空产生的，而是在满足一系列条件后才可能形成的，这些条件主要有：

（1）主观条件

商品住宅市场参与者都有自己的经济利益和追求、保护经济利益的动机。如果人们没有追求经济利益的动机，也就没有必要去关心未来的经济利益，更没有必要形成预期。对于自住者而言，其经济利益动机就是能以较低的所有权成本获取住房；对于投资（机）者而言，其经济利益动机就是未来能随着房价和租金的上涨获取更多的投资（机）收益；对于房地产企业而言，其经济利益动机就是利润的最大化等等。正是因为这些利益和动机的存在，市场参与者才会关注住宅市场未来的走势，才会对自己关心的经济指标形成预期。

此外，市场参与者是可以对客观经济条件的变化产生察觉的。这也是重要的主观条件，因为人们形成预期是在直观感觉经济环境的变化后形成的，而不是凭空想象出来的。

（2）客观条件

住宅市场预期的形成是以市场参与者占有和使用了反映客观经济现实的信息为前提的。预期的形成过程就是人们对住房市场的客观信息收集、分析和利用并以此形成判断、推理和不断修正的过程。没有必要的客观信息为依据，预期就无法形成。此外，影响市场参与者未来经济利益的因素具有不确定性，也是重要的客观条件。如果未来影响市场参与者经济利益的因素是确定的、可知的，那么市场参与者也就没有必要形成预期了。

### 3.3.2 预期形成的途径

根据预期影响因素的梳理和人们使用的信息的不同，笔者将市场参与者预期形成的途径归纳为两条：一是预期形成的直接途径，二是预期形成的间接途径。

（1）直接形成途径

1978 年至今，我国居民经历了大幅的经济周期①与房地产周期②；按照政策导向，政府对房地产市场的宏观调控也可以划分为多个阶段。尽管宏观经济与住宅市场存在起伏涨落，但是改革开放以来我国国民经济稳步增长，居民收入分配制度日臻完善，宏观调控体系逐步健全，市场价格机制开始发挥基础性作用，居民居住条件也有了极大改善。住宅市场参与者在这一过程中无论对宏观经济形势、社会发展趋势、城市规划与发展，还是政府调控政策的出台与执行都有了一定的认识，对住宅市场的发展走势也有一定的信息处理与判断能力。此外，目前各级政府正在努力完善信息公开制度与提高政策的透明度，公众已具备了一定程度的预期的经验条件与信息条件。因此，市场参与者在自身经历、可借鉴的他人经历、大众传媒等信息的学习下，会直接形成一定的预期结论。

例如，2012 年 3 月 28 日至 29 日，经国家住建部组织有关专家评审，《太原市城市轨道交通建设规划》获得通过。其中，地铁 2 号线由北至南，贯穿整个太原市，并且站点设置与重要的交通线路相衔接，交通流量大。2016 年 3 月 11 日，地铁 2 号线一期工程正式全线开工建设，预计 2020 年 9 月 30 日建成通车。尽管目前太原市地铁尚处于开工初期，但是北京、广州等已有地铁城市的经验告诉我

① 对于我国经济周期的划分，国内学者还没有统一的意见。但是，众多研究显示，1978 年以来我国居民至少经历过 1 个经济周期。例如，张学功、李楠楠（2017）的研究表明 1992～2015 年间国内经济周期波动经历了 3 个阶段；唐晓彬、董莉、向蓉美（2011）等的研究表明 1978 年～2008 年间国内历了 5 轮经济周期；刘金全、郑挺国（2008）的研究显示 1991～2003 年间国内经济增长呈现了一个完整的周期波动；苏汝劼（2006）的研究表明 1978～2004 年间国内经历了 5 轮经济周期等。

② 蔡明超、黄徐星、赵戴怡（2011）的研究显示，1995～2010 年间我国的房地产市场经历了 2 轮周期：1995～2005 年、2006～2010 年；司颖华（2014）的研究显示，1998 年以来我国房地产市场经历了 4 个完整的短周期和 2 个阶段。

们：现代社会生活节奏较快，居民在选择住宅时，对交通条件的重视程度越来越高；而地铁这种轨道交通具有明显的外部效益，能给沿线的住宅带来明显的增值效益。同时，太原市居民已经积累了长风街、南中环街等街道的建设对沿线各类房地产价格带动的经验。自身经验和对别人经验的借鉴，太原市居民自然而然地会形成地铁沿线住宅需求增加、价格上涨的预期。

同理，在城市化进程继续推进，城市人口不断膨胀，城镇居民收入水平不断提高的经济社会发展趋势下，市场参与者会借鉴国内外大量经验并直接形成乐观的市场预期。

（2）间接形成途径

预期的间接形成途径是相对于直接途径而言的，是指预期来源因素发生以后，市场参与者在各种信息的收集与学习后并没有直接形成预期，而是以来源因素引起的现实供求关系的变化为依据，间接形成预期的途径。

供给与需求是决定商品住宅价格的最基本的因素。如果预期的来源因素已经对住宅市场的供给与需求造成影响，市场参与者可以根据供需关系的变化，间接地形成房价预期。例如，如果政府针对住宅市场出台新政策，由于缺乏政策执行结果的相关经验，市场参与者短时间内无法形成政策对住宅市场影响结果的预期，需通过对市场供需关系变化的观察才能做出对未来价格走势的判断，这种情形就属于预期间接形成途径。

事实上，现实生活中预期形成的直接途径和间接途径之间可能并没有清晰的界限，很多因素会促使市场参与者直接形成某种预期，同时又会通过作用于市场供需间接地使市场参与者对预期进行修正。市场参与者通过两条途径的反复作用，才形成源于某因素的预期，在这种情形下直接、间接两条途径是相互影响不可分割的。

## 3.4 住宅市场预期的扩散分析

### 3.4.1 预期扩散研究的必要性

由前述分析可知，预期是在宏观经济、调控政策、社会发展、区域特征等因素的影响下，通过直接或间接途径在市场参与者中形成的。然而，预期并不是某个人或某类人的专有行为。个体预期形成后，会通过有意或无意的交流和传播，在市场的不同个体之间传递，由个体产生的独特的心理行为变成群体的心理行为，即形成绝对优势的主流预期即社会预期。在社会预期的影响下，相当数量的经济行为主体的行为方式和行为目标趋于一致，所形成的合力会对经济运行产生重大影响。例如，某城市某一天下雨，有些人到一家银行的廊檐下避雨，看到的人则误以为人们是在排队取款。消息一传十，十传百，很快传到股票交易所。股民以为这家银行发生了问题，于是持有这家银行股票的人争相抛售，引起该银行股价暴跌。同样，住房市场的个体预期一旦扩散形成社会预期，也会对整个住宅市场的运行和政府的住房宏观调控效果产生重大甚至是决定性的影响。

然而，预期对住房市场的影响是具有时效性的，即预期的效用依赖于时间因素。这是政府可以调节市场预期的前提和基础。如果住房市场参与者形成合理的预期，它对住房市场运行的积极作用与所经过的时间成反比。合理的预期在形成初期往往会受到人们的重视，随着时间的推移预期的价值会发生衰减甚至消失。因此，合理的个体预期一经产生，就应该引导它尽快扩散，形成社会预期，减少不必要的滞留时间，及时发挥它对市场参与者行为的影响与作用。相反，如果个体形成的预期是消极的、不合理的，则政府应采取措施减缓其扩散速度，即防止预期恶化。

综上可见，研究预期扩散，包括预期以何种模式在市场参与者中间扩散，哪些因素是影响预期扩散快慢的关键因素，预期扩散过程又分为哪些阶段等内容对于政府的宏观调控是十分必要的，对于购房者和房地产企业的决策也是十分重要的。

预期作为一种特殊信息，它在整个住宅市场中的扩散不是一个一蹴而就的过程，而是一个从点到面、从局部到整体的动态演变过程，同时也是一个涉及各类经济主体之间交互作用的复杂过程。市场参与者处于一种观望别人决策同时又被别人观望的处境，这就导致住宅市场预期的扩散过程中存在复杂的扩散模式。以下借鉴了创新扩散的理论与方法，对商品住宅市场参与者的预期扩散进行了分析。

### 3.4.2 采用创新扩散研究方法的原因

(1) 现有研究的不足

梳理现有研究成果，Bywaters 和 Thomas (2009) 基于有限理性与市场主体间的内在相互影响构建了一种非线性的、S形扩散路径的价格预期。他们认为房地产市场上的各种主体在价格预期的形成过程中发挥着不同的作用，并给出由最初的一种主体预期如何向别的主体扩散的方程，并用 Logistic 模型加以描述。该研究结合现实设计了价格预期的扩散路径，但只是简单地以预期信息的损失来建立非线性模型，忽略了预期扩散时初始状态、扩散率、扩散途径等因素的影响。

Hong 和 Stein（1999）从市场参与者相互作用的角度提出了资产市场中反应不足、动量交易和过度反应的统一理论模型（简称 HS 模型）。在该模型中，为了表示新信息在消息观察者群体中逐步扩散过程，把消息观察者分成 $z$ 个群体，类似地，假定关于第 $j+1$ 期股息的新信息 $\varepsilon_j$ 可分解成 $z$ 个相互独立的子新信息量，有 $\varepsilon_j = \varepsilon_{j1} + \varepsilon_{j2} + \cdots + \varepsilon_{jz}$，其中：$\varepsilon_{jk} \sim N(0, \sigma^2/z)$，$k = 1, 2, \cdots, z$。

新息 $\varepsilon_{t+z-1}$ 在 $t$ 时开始扩散的过程如下：

在 $t$ 时，各个消息观察者子群体 $1, 2, \cdots, z-1, z$ 分别观测到 $\varepsilon^1_{t+z-1}$，$\varepsilon^2_{t+z-1}$，$\cdots, \varepsilon^{z-1}_{t+z-1}, \varepsilon^z_{t+z-1}$，$\varepsilon_{t+z-1}$ 的任一子量都被 $\frac{1}{z}$ 个总体观测到；

在 $t+1$ 时，各个消息观察者子群体 $1, 2, \cdots, z-1, z$ 分别观测到 $\varepsilon^2_{t+z-1}$，$\varepsilon^3_{t+z-1}, \cdots, \varepsilon^z_{t+z-1}, \varepsilon^1_{t+z-1}$，$\varepsilon_{t+z-1}$ 的任一子量被 $\frac{2}{z}$ 个总体观测到；

到 $t+z-1$ 时，各个消息观察者子群体 $1, 2, \cdots, z-1, z$ 分别观测到 $\varepsilon^z_{t+z-1}$，$\varepsilon^1_{t+z-1}$，$\cdots, \varepsilon^{z-2}_{t+z-1}, \varepsilon^{z-1}_{t+z-1}$，每个子群体都已经观测到 $\varepsilon_{t+z-1}$ 的每一个子量，新息 $\varepsilon_{t+z-1}$ 已经完全公开。这意味着新信息在观察群体中得到充分扩散传播，各个消息观察者获取新信息的机会均等。

上述股息新信息的扩散，考虑到了信息扩散率 $z$ 的影响，但是扩散人数是阶跃型函数，这种假设与实际差异较大。此外，并没有考虑扩散途径的影响。

（2）创新扩散理论与预期

美国新墨西哥大学 Rogers（1962）考察了创新扩散的进程和各种影响因素，总结出创新事物在一个社会系统中扩散的基本规律，提出了著名的创新扩散 S－曲线理论。他指出创新扩散指一项创新随时间通过某种渠道被社会系统成员所接受的过程。宏观的扩散过程由创新、传播渠道、时间、社会系统四个关键元素组成。根据采纳新技术与新产品通常要经历了解、兴趣、评估、试验、采纳的先后顺序，将潜在采纳者根据其行为表现分为五大类：创新者、早期采纳者、早期多数、后期多数和滞后者。他认为创新扩散总是借助一定的社会网络进行推广的，最佳途径是将信息技术和人际传播结合起来加以应用。

以下对创新与预期进行了对比，显示出市场参与者预期的扩散是符合创新扩散理论的：

①预期具有创新性。Rogers 指出创新是一种被个人或其他采纳单位视为新颖的观念、时间或事物。客观事物在不停地发展变化，反映事物变化的预期也处于不停的变化之中。随着新信息的出现、经济活动不确定性的发生和风险的来临，原有的预期不能再客观地反映经济变量及其发展规律，从而失去应有的价值，称为“预期老化”。这就需要不断地收集和补充新信息，产生新的预期。新预期具有相对优越性，因此不能以时过境迁的预期作为判断、决策的依据，否则难以保证决策的正确性。“预期总是在变动之中，当过去的预期还远远没有发挥它的影响以前，新的预期又会加在过去的之上。”新预期的不断形成，正是一种创新的过程。

②同样经历 5 个阶段：受众个体先获知预期新信息（了解），为了做出商品住宅的消费、投资决策对它发生兴趣（兴趣），根据自身的购买能力和风险承受能力考虑是否采纳该预期信息（评估），观察市场行情与他人的行为（试验），并最终决定消费投资的时间与数量（采纳）。

③采纳者同样可分为 5 类：由于受收入水平，住宅不动产拥有量，以往的投资消费经验等因素的影响，可以将市场参与者按照对新预期采纳的时间与主动性分为 5 类：革新者、早期采纳者、早期追随者、晚期追随者和滞后者。一般来说，收入水平越高，投资经验越丰富，风险承受能力越强的潜在采纳者对于新预期的采纳时间可能更早；而购买能力低下又缺乏投资消费经验的潜在采纳者对于新预期接受的主动性很小，时间相对也晚。

④同样有 4 个关键元素。市场某个个体（或组织）根据当期所掌握的新信息形成未来 1 期市场预期——预期的创新；个体（或组织）通过口头交流或者广告、电视等媒体进行预期的传播，或者同时受两种途径的影响——传播渠道；随着时间的推移，预期在市场中扩大、散开——时间；住宅市场供需双方相互联系构成一个经济系统——社会系统。

由于预期与创新两者之间的相似性，笔者认为可以尝试借助创新扩散理论与方法对预期在住宅市场中的扩散进行研究。以下将分别考虑两种传播渠道下的情形：只有口头交流等内部影响的渠道；同时存在口头交流与大众传媒影响的渠道。

（3）现有的创新扩散模型与本书的选择

西方学者在长期的研究中建立了多个创新扩散模型，用来预测新产品及新技术的扩散。较早的扩散模型分别有 Fourt 和 Woodlock（1960）与 Mansfield（1961）所提出的模型，其中 Fourt 和 Woodlock（1960）假设扩散过程中，潜在采纳者仅受到大众媒体的影响，而 Mansfield（1961）指出潜在采纳者仅受到人际交流的影响。

随着人们对现实世界认知能力的提升，Bass（1969）将外部影响模型和内部影响模型组合在一起，假设新产品的潜在采纳者会受到两种传播方式的影响，提出了著名的耐用品一次购买扩散模型。因此，Bass 模型也称为混合影响模型。Bass 模型中如果令 $q=0$，则得到只受外部影响而不受已采纳者影响的 Fourt—Woodlock 模型，该模型将创新扩散完全归因于系统的外部因素，而没有考虑系统中已采纳者对未采纳者的影响；如果令 $p=0$，则得到不受外部影响的 Mansfield 模型。该模型假定技术创新在任意时刻 $t$ 的扩散速度与该时刻系统中已经采纳创新的人数以及尚未采纳创新的人数成正比。这意味着创新扩散完全是由潜在市场内部的信息传播而推动的，系统外部的因素对于技术创新过程没有影响。由于该模型描述的创新扩散过程与传染病的传播过程非常类似，也被称为标准传染病模型。

Bass 模型确定了扩散理论的研究方向，即把扩散模型作为扩散理论研究的重点，而且也奠定了扩散理论研究的基础。Bass 模型是建立在一系列重要假设前提下对技术创新扩散的抽象描述，国内外众多学者利用该模型及其扩展模型，围绕技术创新扩散进行了深入研究，例如：Norton 和 Bass（1987），Mahajan、Muller 和 Bass（1990），Jain、Mahajan 和 Muller（1991），孟庆春、丁雪（2009），张京伟、崔文田、林军等（2010），陈国宏、王丽丽、蔡猷花（2010），燕夏敏、林军、崔文田等（2011）。

鉴于 Bass 模型在众多技术创新扩散模型中具有里程碑的意义，本书选取该模型进行预期扩散研究，探寻了同时存在内、外部影响的情形下预期扩散的规律。此外，由于商品住宅消费中"羊群效应"的存在，住宅市场参与者往往受内部影响的程度更大，故本书还借鉴传染病模型对仅存在内部影响情形下预期的扩散过程进行了分析。

### 3.4.3 仅存在内部影响情形下预期的扩散

预期在市场参与者之间可能的扩散过程为：首先，某个个体通过直接或间接途径形成预期，或者通过人际交流获知预期新信息；其次，将该预期信息告之其他个体；最后通过自身消化、或者与他人讨论和经人指点后，逐步认同这个新观点。换言之，在预期扩散的过程中，认知与认同之间存在一个时间上的滞后——潜伏期。由前述分析可知，传染病模型是研究信息传播、创新扩散的重要模型，该部分将基于有限理性假设，在改进的单一群体的传染病模型基础上，建立只存在内部影响的预期扩散模型，刻画预期在市场参与者间的传导规律，并通过系统仿真识别影响预期扩散的关键参数。

（1）单一群体传染病传播模型

单一群体模型采用宏观视角建模，关注整个人群状态的变化，一般采用（偏）微分方程描述。最流行的单一群体模型是仓室模型，所有处于相同状态的人构成一个仓室，随着状态的变化，人员在仓室之间移动。

SIR 模型是由 Kermack 等（1927）提出的。该模型假设人群规模为 $N$，分为易感者、感染者、移除者，人数分别用 $S(t)$、$I(t)$、$R(t)$表示。对应的各部分人群占总体的比例为 $s(t)$、$i(t)$、$r(t)$。设个人单位时间内与其他人的平均有效接触（足以导致传播的接触）次数为 $\beta$，单位时间内治愈人数为 $\gamma$，则可以建立 SIR 模型：

$$\begin{aligned}\frac{dS}{dt}&=-\beta IS\\ \frac{dI}{dt}&=\beta IS-\gamma I\\ \frac{dR}{dt}&=\gamma I\end{aligned}\tag{3.1}$$

其中，满足 $S(t)+I(t)+R(t)=N$。

SIR 模型适用于康复后获得终生免疫的传染病。由于该模型中设有疾病移除者，即治愈者类型，但是在商品住宅市场中，市场主体往往无法具备对预期信息的免疫，因此建模时假设市场上没有预期信息免疫者，即所有市场参与者的行为都会受到预期信息的影响。

（2）内部影响下预期扩散模型的构建

“时滞”是预期扩散过程中的一个基本因素，它可以反映市场参与者对预期的认知到认同的过程，因此使用带有“时滞”的传染病模型更贴近预期在住宅市场扩散的实际情况。该部分将对经典的 SIR 模型进行改进，并引入反映市场特征的预期认同滞后因子，建立内部影响下预期扩散模型。

①假设条件。

a. 假设预期在市场参与者之间传导时，不存在宣传、推广、大众传媒等外部影响，而是通过参与者之间的口头交流、讨论等方式进行传播。

b. 预期的认知与认同之间存在时滞。

c. 商品住宅市场中存在已接受到预期的认知者和尚未接受到预期的未认识者。在时刻 $t$，这两类人群占该类主体总人数的比例分别为 $R(t)$ 和 $U(t)$。

d. 市场参与者总人数是 $N$。

e. 每个预期信息认知者在单位时间有效传播到的平均人数是常数 $\lambda$（$\lambda$ 即单位时间传播率）。当认知者将预期信息有效传播到未认知者时，会使后者转化成认知者。

f. 初始时刻，预期认知者的人数比例为 $R_0$，即 $R(0)=R_0$。

②认知者比例模型。根据假设条件，在 $t$ 时刻，预期认知者的总数目为 $NR(t)$，而每个认知者在单位时间内可使 $\lambda U(t)$ 个未认知者变成认知者。因此，在 $t$ 时刻，单位时间内共有 $NR(t)\lambda U(t)$ 个未认知者被传播，即 $NR(t)\lambda U(t)$ 就是认知者总数目 $NR(t)$ 的增加率，有：

$$\frac{dNR(t)}{dt}=NR(t)\lambda U(t) \tag{3.2}$$

又有：$R(t)+U(t)=1$ （3.3）

根据式（3.2）、（3.3），可解出时刻 $t$ 时预期认知者比例模型（3.4），过程如下：

$$\frac{dR(t)}{dt}=R(t)\lambda[1-R(t)]$$

$$\frac{dR(t)}{\lambda R(t)[1-R(t)]}=dt$$

$$\frac{1}{\lambda}\left[\frac{1}{R(t)}-\frac{1}{R(t)-1}\right]dR(t)=dt$$

等式两边同时求不定积分：

$$\frac{1}{\lambda}\int\frac{1}{R(t)}dR(t)-\frac{1}{\lambda}\int\frac{1}{R(t)-1}dR(t)=\int dt$$

$$\frac{1}{\lambda}[\ln R(t)+C_1]-\frac{1}{\lambda}\ln[R(t)-1]-C_2=t+C_3$$

$$\ln R(t)-\ln[R(t)-1]=\lambda t+C_4$$

$$\ln\frac{R(t)}{R(t)-1}=\lambda t+C_4$$

两边同时求以 $e$ 为底的指数，有：

$$\frac{R(t)}{R(t)-1}=e^{\lambda t}\cdot e^{C_4}=C_5e^{\lambda t}$$

$$R(t)=C_5e^{\lambda t}[R(t)-1]$$

$$R(t)=\frac{C_5e^{\lambda t}}{C_5e^{\lambda t}-1}$$

由条件 $R(0)=R_0$，可得：

$$C_5=\frac{R_0}{R_0-1}$$

将 $C_5$ 代入 $R(t)$ 表达式，可得：

$$R(t)=\frac{R_0e^{\lambda t}}{R_0e^{\lambda t}-R_0+1}=\frac{1}{1+e^{-\lambda t}(\frac{1}{R_0}-1)} \tag{3.4}$$

③认同者比例模型。在预期新信息的扩散传导过程中，人们从认知该信息到认同该信息存在一个逐步发展的过程，我们在模型中定义一个滞后因子 $I(t)$，表征认知者中认同者的占比，即认同者比例 $A(t)$ 是认知者比例 $R(t)$ 与 $I(t)$ 的乘积，有：

$$A(t)=R(t)\times I(t) \tag{3.5}$$

现实中，商品住宅市场不同类型的参与人群具有不同的 $I(t)$。但是，无论哪类参与者，最终所有的认知者都会变为认同者，即 $t\to\infty$ 时，$I(t)\to 1$，$A(t)\to R(t)$。因此，以下将假定商品住宅市场中存在唯一的预期滞后因子 $I(t)$。

假设滞后因子与时间 $t$ 有关：随着 $t$ 增大，$I(t)$ 值趋近 1；当 $t\to\infty$ 时，$A(t)\to 1$。此外，滞后因子还与预期的认同难度系数 $x$ 有关：$x$ 值越小，则从认知状态发展到认同状态难度越小，$I(t)$ 值越接近于 1。同时考虑这两个因素，假定：

$$I(t)=\frac{t}{t+x} \tag{3.6}$$

因此，在时刻 $t$，预期信息认同者比例模型为：

$$A(t)=\frac{R_0e^{\lambda t}t}{(R_0e^{\lambda t}-R_0+1)(t+x)} \tag{3.7}$$

（3）系统仿真与结果分析

内部影响下预期扩散模型建立后，运用 Matlab R2010b 软件进行仿真，模拟预期信息的扩散与各参数之间的关系，以期找出影响预期信息扩散的关键要素。取 $t$ 的初始值为 0，仿真周期为 20 个单位时间。

①认知者人数比例 $R$（$t$）与单位时间传播率 $\lambda$ 的关系。初始时刻，给定预期信息认知者的人数比例 $R_0$ 为 0.01；不同的传播率对市场主体认知预期信息的影响见图 3－3（曲线 R1、R2 的单位时间传播率分别为 0.5 和 1.2）。

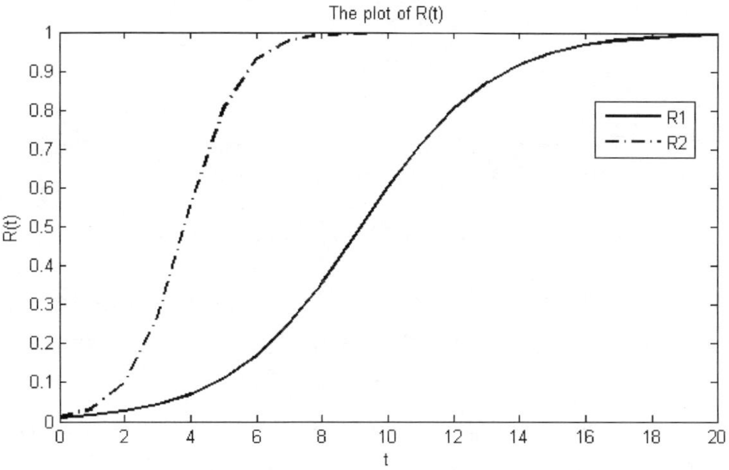


**图 3－3　预期认知者比例时间趋势图（λ 不同）**

由图 3－3 可知：a. 曲线 R1 与 R2 的变化趋势基本一致。无论单位时间传播率 $\lambda$ 取何值，认知者人数比例 $R$（$t$）由 $R_0=0.01$ 开始随时间 $t$ 逐渐上升，最终趋近于 1。b. 预期认知者比例 $R$（$t$）的变化，受到 $\lambda$ 取值的直接影响。$\lambda$ 值越大，$R$（$t$）上升越快，曲线越陡，认知者人数比例趋近于 1 所需的时间越短。由图 3－3 知，曲线 R1 趋近于 1 的时间大概为 20 期；而曲线 R2 趋近于 1 的时间大概为 8.5 期。即，$\lambda$ 值越大，预期信息扩散越快，预期信息饱和所需时间越短。

②认知者人数比例 $R$（$t$）与初始时刻认知者比例 $R_0$ 的关系。每个预期信息认知者在单位时间有效传播到的平均人数 $\lambda$ 取 0.5，则初始时刻预期信息认知者的比例 $R_0$ 对预期信息扩散的影响见图 3－4（曲线 R3、R4 的 $R_0$ 分别为 0.01 和 0.1）。

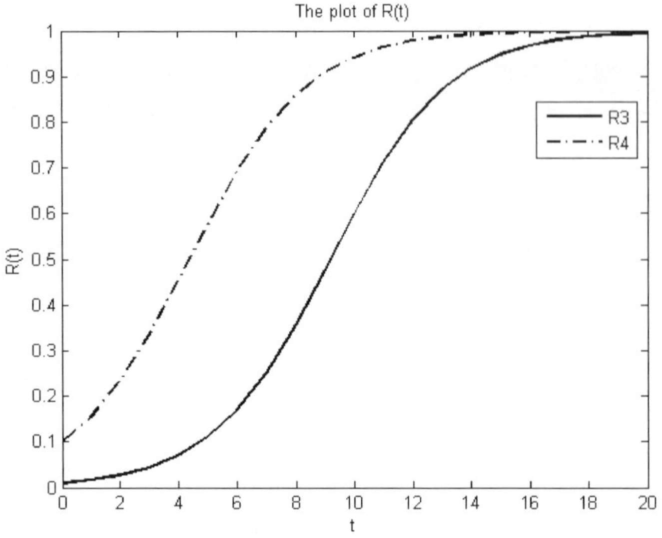


**图 3－4　预期认知者比例时间趋势图（$R_0$ 不同）**

由图 3－4 可知：a. 曲线 R3 与 R4 的变化趋势基本一致。无论 $R_0$ 取值大小，认知者人数比例 $R$（$t$）由 $R_0$ 开始随时间 $t$ 逐渐上升，最终趋近于 1。b. 初始认知者比例 $R_0$ 对 $R$（$t$）的变化速率有影响。在短期内，曲线 R3 的斜率明显小于曲线 R4；随着时间的推移，两者斜率逐渐趋同；随着认知者人数的饱和，曲线 R3 的斜率逐渐又大于曲线 R4。即：若初始时刻预期信息认知者人数比例较大，则一开始预期信息的扩散就会很快，这段时间是预期管理者需要高度重视的关键时间段；但随着预期信息的饱和，预期扩散速度会逐渐放缓，甚至低于初始比例较小的情形。

③认知者人数比例 $R$（$t$）与认同者人数比例 $A$（$t$）的关系。由式（3.5）可知，$A$（$t$）是 $R$（$t$）与滞后指数 $I$（$t$）的函数，且有 $t \to \infty$ 时，$A$（$t$）$\to$ $R$（$t$）。通过系统仿真，可使两者的关系显化，见图 3－5（不失一般性地取 $R_0 = 0.01$，$\lambda = 0.5$，$x = 0.5$，仿真周期为 30 个时间单位）。

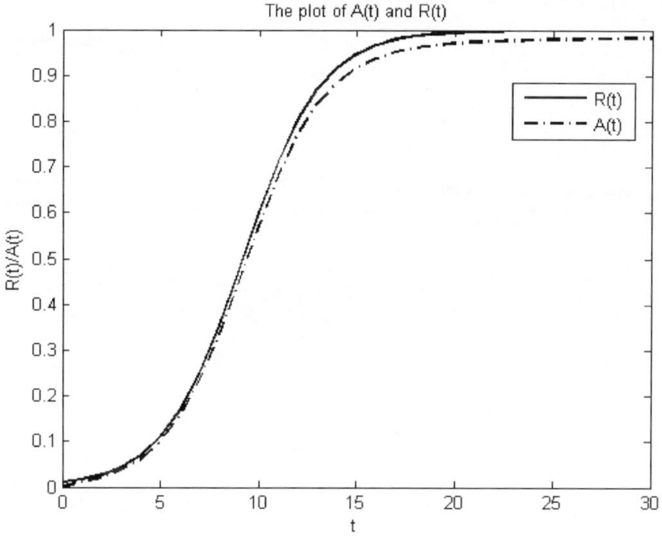


**图 3－5　预期认知者与认同者比例时间趋势图**

由图 3－5 可知，曲线 $A$（$t$）与 $R$（$t$）二者之间存在差距，但变化趋势基本一致；随着时间的推移，$A$（$t$）与 $R$（$t$）间的差距出现由小逐渐变大，又逐渐变小，最终逐渐消失的特征。即，预期在市场主体内部的潜伏期（由认知到认同的时间差）会随时间推移由短到长，再到短，最后消失。

④认同者人数比例 $A$（$t$）与单位时间传播率 $\lambda$ 的关系。由于认知者在初始时刻比例 $R_0$ 与预期认同难度系数 $x$ 的取值不影响该部分的讨论结果，故不失一般性地取 $R_0=0.01$，$x=0.5$。每个预期信息认知者在单位时间有效传播到的平均人数 $\lambda$ 对市场主体认同预期信息速度的影响见图 3－6（曲线 A1、A2 的单位时间传播率分别为 0.5、1.2）。

由图 3－6 可知：a. 曲线 A1 与 A2 的变化趋势基本一致。无论单位时间传播率 $\lambda$ 取何值，认同者人数比例 $A$（$t$）由 0 开始随时间 $t$ 逐渐上升，最终趋近于 1；b. 预期认同者比例 $A$（$t$）的变化，受到 $\lambda$ 取值的直接影响。$\lambda$ 值越大，$A$（$t$）上升越快，曲线越陡，认同者人数比例趋近于 1 所需的时间越短。即，$\lambda$ 值越大，预期信息扩散并被认同的速度越快，预期信息饱和所需时间越短。

⑤认同者人数比例 $A$（$t$）与初始时刻认知者比例 $R_0$ 的关系。由于认知者在单位时间传播率 $\lambda$ 与预期认同难度系数 $x$ 的取值不影响该部分的讨论结果，故不失一般性地取 $\lambda=0.5$，$x=0.5$；初始时刻预期信息认知者的比例 $R_0$ 对预期信息

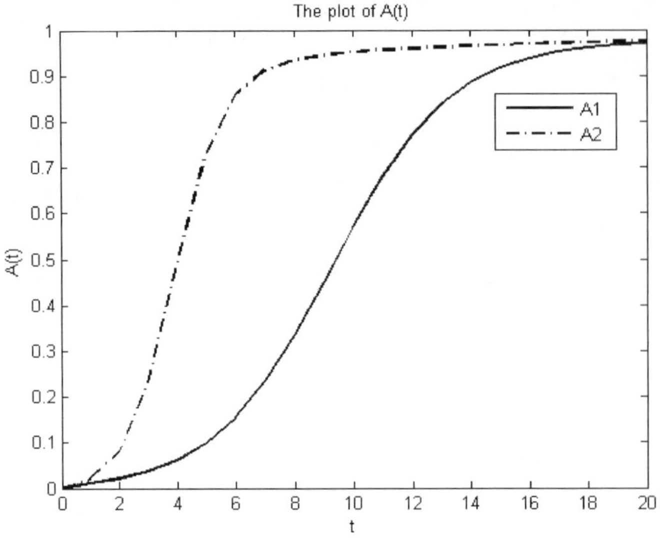


**图 3-6 预期认同者比例时间趋势图（$\lambda$ 不同）**

扩散过程中被认同的速度的影响见图 3-7（曲线 A3、A4 的 $R_0$ 分别为 0.01、0.1，仿真周期为 20 个时间单位）。

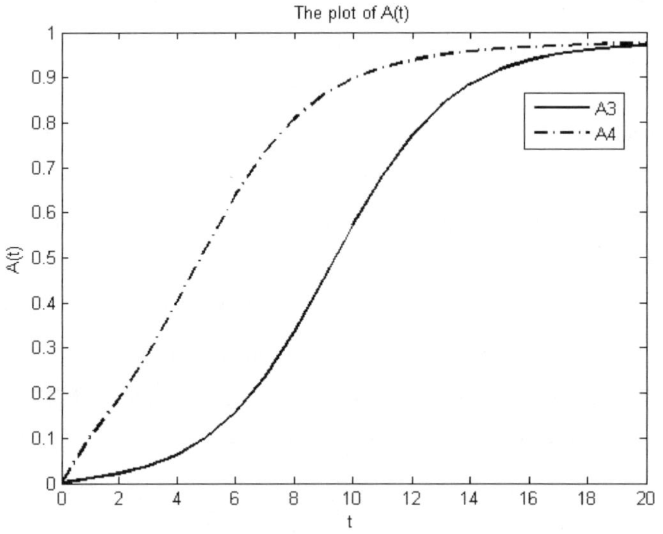


**图 3-7 预期认同者比例时间趋势图（$R_0$ 不同）**

由图 3－7 可知：a. 曲线 A3 与 A4 的变化趋势基本一致。无论 $R_0$ 取值大小，认同者人数比例 $A(t)$ 由 0 开始随时间 $t$ 逐渐上升，最终趋近于 1。b. 初始认知者比例 $R_0$ 对 $A(t)$ 的变化速率有影响。在短期内，曲线 A3 的斜率明显小于曲线 A4；随着时间的推移，二者斜率逐渐趋同；随着认同者人数的饱和，曲线 A3 的斜率逐渐又大于曲线 A4。即：若初始时刻预期信息认知者人数比例较大，则一开始预期信息的认同速度就会很快，这段时间是预期管理者需要高度重视的关键时间段；但随着预期信息的饱和，预期认同速度会逐渐放缓，甚至低于初始比例较小的情形。

⑥认同者人数比例 $A(t)$ 与信息厌恶系数 $x$ 间的关系。为使 $A(t)$ 与 $x$ 的关系显化，不失一般性地取 $R_0=0.01$，$\lambda=0.5$，仿真周期为 20 个时间单位。预期信息认同难度系数对预期信息扩散的影响见图 3－8（曲线 A5、A6 的 $x$ 取值分别为 0.5、1.5）。

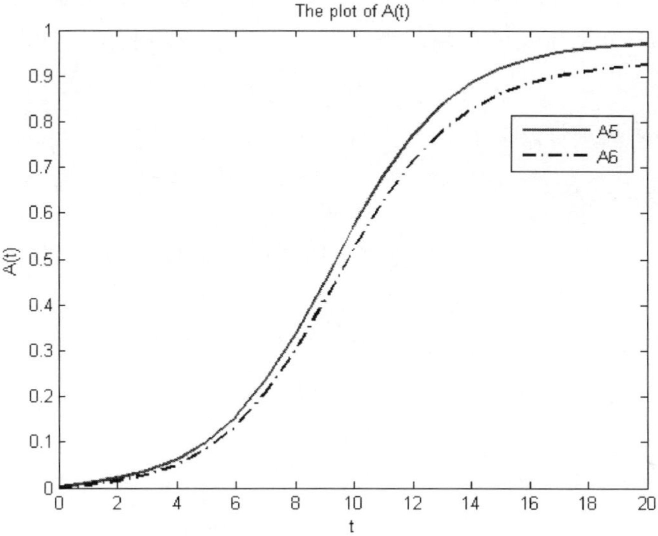


**图 3－8　预期认同者比例时间趋势图（$x$ 不同）**

由图 3－8 可知，$x$ 值相对较小的曲线 A5 比曲线 A6 上升更快。即，$x$ 值越小，从认知状态发展到认同状态难度越小，预期信息被认同的速度越快。

### 3.4.4 同时存在内外部影响情形下预期的扩散

该部分将基于有限理性假设及住宅市场参与者间的相互影响进行分析，借鉴BASS模型的建模思路，把预期的扩散过程看作是新产品、新技术的扩散过程，构建同时存在内、外部影响下的预期扩散模型来探讨预期的扩散规律，并通过系统仿真分析影响预期信息扩散的关键参数，为房地产管理部门预测、管理公众预期的传播提供决策支持。

（1）Bass 模型简介

Bass 模型是研究新产品或新技术在生命周期中扩散机制的重要模型，由 Bass（1969）提出。他假设新产品的潜在采用者会受到 2 种传播方式的影响：一是潜在采用者会受到大众媒体的影响，又称为外部影响（External Influence），此类的采用者称为创新者（Innovator）；二是潜在采用者会受到人际传播或口头传播的影响，又称为内部影响（Internal Influence），此类的采用者称为模仿者（Imitator），通过对 11 个耐用品的市场扩散研究，提出了耐用品的一次购买模型，简称 Bass 模型。

Bass 模型的基本形式为：

$$\frac{f(t)}{1-F(t)}=p=qF(t) \tag{3.8}$$

其中，$f(t)$ 是在第 $t$ 时刻新技术采用者的采用速度（非累计采用者比例）；$F(t)$ 为在第 $t$ 时刻累积采用者占全部采用者的比率；令 $mf(t)=n(t)$，$F(0)=0$，其中 $m$ 表示潜在的采纳者总数（即市场的最大潜力），则累积采纳者人数为 $N(t)=mF(t)$，可得 Bass 模型的累积采用者 S 型曲线 $N(t)$：

$$N(t)=m\times\frac{1-e^{-(p+q)t}}{1+\frac{q}{p}e^{-(p+q)t}} \tag{3.9}$$

其中，$p$ 为创新系数，$q$ 为模仿系数。

（2）内外部影响下预期扩散模型构建

①假设条件。

a. 假设预期在市场参与者间扩散时，既存在宣传、推广、大众传媒等外部影响，又存在参与者之间的口头交流、讨论等内部影响。

b. 预期的扩散只存在两个过程：采用与不采用。

c. 一部分市场参与者通过广播、电视、广告等宣传手段获取预期信息，称为媒介信息预期者；另一部分是通过口口相传的形式获取到预期信息，称为口头信息预期者；前一类预期者人数为 $N_1$（$t$），后一类预期者人数是 $N_2$（$t$），两类预期者总数是 $M$（$t$）。

d. 市场参与者总人数是 $N$，则潜在预期被接受者人数是 $N-N_1(t)-N_2(t)$。

e. 潜在受影响人群通过媒体等外部影响而获取预期信息，则称这种可能性为外部影响系数，记为 $p$；潜在受影响人群通过口口相传而了解预期信息，则称这种可能性为内部影响系数，记为 $q$。

f. 以口头传播形式获取预期信息的人群中，一部分人接收到的预期信息与大众媒体宣传的信息内容一致，概率为 $\alpha$（称为预期一致率）；另一部分人群接收到的预期信息与大众媒体发布的信息存在一定的差异，概率为 $\beta$；$\alpha+\beta=1$。

g. 在初始时刻，有 $N_1(0)=N_2(0)=M(0)=0$。

②预期扩散人群数量推导。

在时刻 $t$，媒介信息预期者人数为：

$$\frac{dN_1(t)}{dt}=p(N-N_1(t)-N_2(t))+\alpha q(N-N_1(t)-N_2(t))\frac{N_1(t)+N_2(t)}{N} \tag{3.10}$$

在时刻 $t$，口头信息预期者人数为：

$$\frac{dN_2(t)}{dt}=\beta q(N-N_1(t)-N_2(t))\frac{N_1(t)+N_2(t)}{N} \tag{3.11}$$

在时刻 $t$，接收到预期扩散的总人数为：

$$\begin{aligned}\frac{dM(t)}{dt}&=\frac{dN_1(t)}{dt}+\frac{dN_2(t)}{dt}\\&=p(N-N_1(t)-N_2(t))+\alpha q(N-N_1(t)-N_2(t))\frac{N_1(t)+N_2(t)}{N}+\beta q\\&\quad(N-N_1(t)-N_2(t))\end{aligned} \tag{3.12}$$

化简式（3.12），有：

$$\begin{aligned}\frac{dM(t)}{dt}&=(N-N_1(t)\quad N_2(t))(p+\alpha q\frac{N_1(t)+N_2(t)}{N}+\beta q\frac{N_1(t)+N_2(t)}{N})\\&=(N-N_1(t)-N_2(t))(p+(\alpha+\beta)q\frac{N_1(t)+N_2(t)}{N})\end{aligned}$$

$$= (N - M(t))(p + q\frac{M(t)}{N}) \tag{3.13}$$

根据假设 7，可以推导出 $t$ 时刻的预期扩散人群 S 形曲线（3.14），过程如下：

$$\frac{dM(t)}{[N - M(t)][p + \frac{q}{N}M(t)]} = dt$$

$$\frac{1}{\frac{Np}{q} + N} \cdot \left[\frac{1}{N - M(t)} + \frac{1}{\frac{Np}{q} + M(t)}\right]dM(t) = \frac{q}{N}dt$$

$$\left[\frac{1}{N - M(t)} + \frac{1}{\frac{Np}{q} + M(t)}\right]dM(t) = \frac{q}{N}(\frac{Np}{q} + N)dt$$

等式两边同时求不定积分：

$$\int \frac{1}{\frac{Np}{q} + M(t)}dM(t) - \int \frac{1}{M(t) - N}dM(t) = (p + q)\int dt$$

$$\ln\left[\frac{Np}{q} + M(t)\right] + C_1 - \ln[M(t) - N] - C_2 = (p + q)(t + C_3)$$

$$\ln\left[\frac{\frac{Np}{q} + M(t)}{M(t) - N}\right] = (p + q)t + C_4$$

等式两边求以 $e$ 为底的指数，有：

$$e^{\ln\left[\frac{M(t)q + Np}{M(t)q - Nq}\right]} = e^{(p+q)t + C_4}$$

$$\frac{M(t)q + Np}{M(t)q - Nq} = e^{(p+q)t} \cdot e^{C_4}$$

由条件 $M(0) = 0$，有 $e^{C_4} = -\frac{p}{q}$，代入上式：

$$\frac{M(t)q + Np}{M(t) - N} = -pe^{(p+q)t}$$

$$M(t)[q + pe^{(p+q)t}] = Np[e^{(p+q)t} - 1]$$

$$M(t) = N \cdot \frac{e^{(p+q)t} - 1}{\frac{q}{p} + e^{(p+q)t}} = N \cdot \frac{1 - e^{-(p+q)t}}{1 + \frac{q}{p}e^{-(p+q)t}} \tag{3.14}$$

（3）系统仿真与结果分析

内外部影响下预期扩散模型建立后，运用 Matlab R2010b 软件进行系统仿真，模拟预期信息的扩散与各参数之间的关系，以期找出影响扩散的关键要素。取 $t$ 的初始值为 0，仿真周期为 20 个单位时间，市场主体总人数 $N=100$。

①预期扩散人数与外部影响系数的关系。不失一般性地令内部影响系数 $q=0.2$，则外部影响系数 $p$ 对预期信息扩散的影响见图 3－9（曲线 M1、M2 的 $p$ 取值分别为 0.3、0.8）。

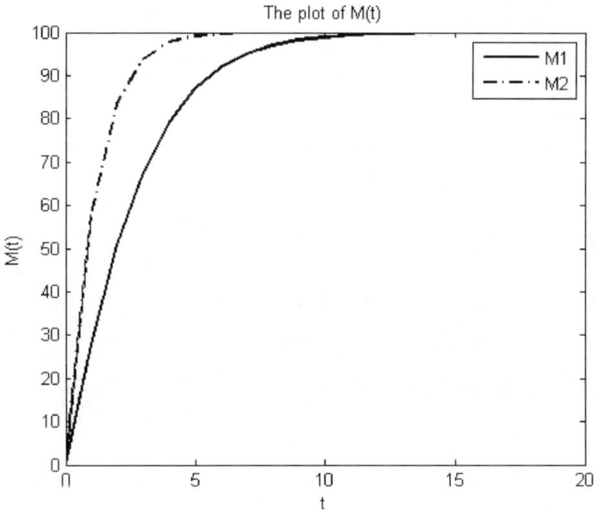


**图 3－9　预期扩散人数时间趋势图（*p* 不同）**

由图 3－9 可知：a. 曲线 M1 与 M2 的变化趋势基本一致。无论外部影响系数 $p$ 取何值，预期扩散人数 $M$（$t$）由 $M(0)=0$ 开始随时间 $t$ 逐渐上升，最终趋近于样本总量 100。b. 预期扩散人数 $M$（$t$）的变化，受到 $p$ 取值的直接影响。$p$ 值越大，$M$（$t$）上升越快，曲线越陡，预期扩散人数趋近于样本总量 100 所需的时间越短。由图 3－9 知，曲线 M1 趋近于 100 的时间大概为 13 期；而曲线 M2 趋近于 100 的时间大概为 6.5 期。即，市场参与者通过广播、电视、网络等能获取预期信息的可能性越大，则预期信息扩散越快，预期信息饱和所需时间越短。

②预期扩散人数与内部影响系数的关系。给定外部影响系数 $p=0.2$，则内部影响系数 $q$ 对预期信息扩散的影响见图 3－10（曲线 M3、M4 的 $q$ 取值分别为 0.3、0.8）。

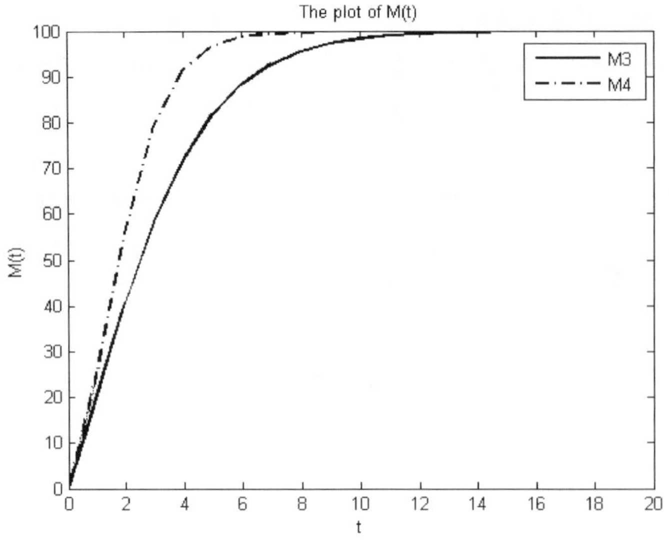


**图 3－10　预期扩散人数时间趋势图（*q* 不同）**

由图 3－10 可知：a. 曲线 M3 与 M4 的变化趋势基本一致。无论内部影响系数 $q$ 取何值，预期扩散人数 $M(t)$ 由 $M(0)=0$ 开始随时间 $t$ 逐渐上升，最终趋近于样本总量 100。b. 预期扩散人数 $M(t)$ 的变化，受到 $q$ 取值的直接影响。$q$ 值越大，$M(t)$ 上升越快，曲线越陡，预期扩散人数趋近于样本总量 100 所需的时间越短。由图 3－10 知，曲线 M3 趋近于 100 的时间大概为 14 期；而曲线 M4 趋近于 100 的时间大概为 8 期。即，市场参与者通过口头交流、讨论能获取预期信息的可能性越大，则预期信息扩散越快，预期信息饱和所需时间越短。

③预期扩散人数与内外部影响系数的关系。由前述分析可知，$p$、$q$ 单独变化时对 $M(t)$ 有重要影响。但是 $p$ 与 $q$ 哪个参数对预期扩散影响更大，还有待进一步比较分析。内、外部影响系数的差异对预期信息扩散的影响见图 3－11（曲线 M5 有 $p=0.3, q=0.3$；曲线 M6 有 $p=0.8, q=0.3$；曲线 M7 有 $p=0.3, q=0.8$）。

比较图 3－11 中的曲线 M6、M7 发现，与 M5 相比，当 $p$、$q$ 取值增量相同时，M6 曲线比 M7 曲线上升的更快，预期人数达到样本总量的时间更短。即，当 $p$ 和 $q$ 取值相同时，外部影响系数 $p$ 对 $M(t)$ 的影响更大，市场参与者的预期更容易被大众媒体所左右，管理者应更加重视外部影响对预期扩散的作用。

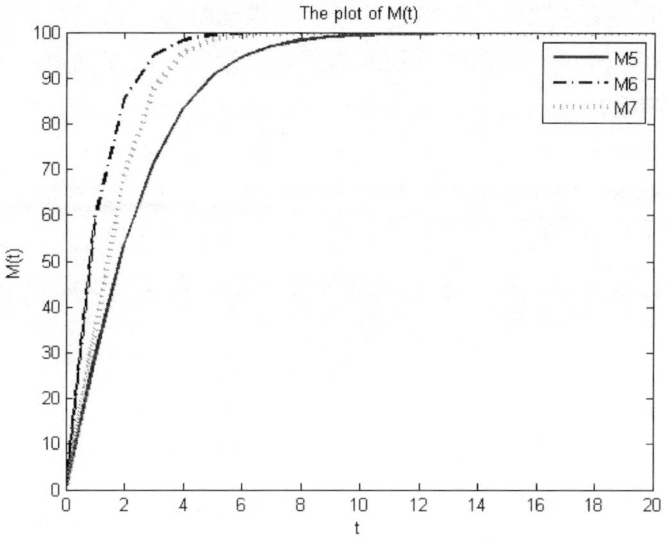


**图 3-11　预期扩散人数时间趋势图（$p$、$q$ 比较）**

## 3.5　本章小结

本章对商品住宅市场预期的形成与扩散机理进行了系统性分析。通过对市场参与者预期形成的诱因、预期形成的条件、预期形成的途径三方面的归纳，理清了商品住宅市场预期的形成机理；首次将创新扩散的理论与方法引入了住宅市场预期研究，对住宅市场预期的扩散过程进行建模与仿真分析，揭示了预期扩散的规律和关键影响因素。研究结论有助于管理者和市场参与者深入认识预期的形成机理，为预期管理和预期培养活动提供了可供借鉴的依据。

主要研究结论有：第一，在经济、政策、社会、区域、个别、市场参与者特征因素等预期诱因的影响下，如果商品住宅市场预期形成的主、客观条件具备，则预期可以通过直接途径或间接途径形成。第二，内部影响条件下预期的扩散模型仿真研究表明：当其他条件不变时，预期单位时间传播率 $\lambda$ 的值越大，预期信息扩散（被认知）越快，被认同的速度也越快；若初始时刻预期信息认知者人数比例较大，则一开始预期信息的扩散和认同就会很快；但随着预期信息的饱和，预期扩散和认同速度会逐渐放缓，甚至低于初始比例较小的情形；预期在市场参与者身上的潜伏期会随时间推移经历短→长→短→消失的过程；预期认同难

度系数 $x$ 值越小，从认知状态发展到认同状态难度越小，预期信息被认同的速度越快。第三，内、外部影响条件下预期的扩散模型仿真研究表明：当其他条件不变时，外部影响系数 $p$ 值越大，即市场参与者通过广播、电视、网络等能获取预期信息的可能性越大，则预期信息扩散越快；内部影响系数 $q$ 值越大，即市场参与者通过口头交流、讨论能获取预期信息的可能性越大，则预期信息扩散越快；内、外部影响系数相比较，外部影响系数 $p$ 对预期扩散的影响更大，即市场参与者的预期更容易被大众媒体所左右，管理者应更加重视外部影响对预期扩散的作用。

# 4 预期对商品住宅价格影响的建模分析[①]

## 4.1 预期与住宅价格的互动关系

市场参与者根据相关信息对未来价格走势做出某种预期，并根据预期做出行为决策，将会导致住宅市场供、需结构的变化，从而引起下一期住宅价格的波动。而住宅价格波动的新信息又会促使市场参与者调整其预期，进而影响其行为决策，并导致新的价格波动，如此循环往复。

### 4.1.1 预期对住宅价格的影响

(1) 需求途径

购房者如果预期未来住宅价格走高，则会增加现期的购买与囤积，以避免未来支付更高的购买成本或能以更高的价格抛出赚取利润。即使交易行为已超出原有预算，尽快购买也是更合理的选择。购房者这种行为直接的结果就是市场中的

① 本章4.1节的主要内容是在李斌完成的山西省软科学研究项目"快速城市化背景下公众预期对山西省房地产业的影响研究"（2014041025－2）研究报告基础上所形成的。本章4.2节、4.3节的主要内容是在李斌、张所地、武斌合著论文《市场预期对房价的作用研究——基于DSSW模型和动态面板数据模型的分析》基础上形成的，该文发表于《软科学》2015年第29卷12期，第121～125页。

购房需求大量释放，需求总量不断增加。需求的增加造成了市场进一步“繁荣”的表象，而供给在短期内是基本不变的，供给相对稳定的条件下会引起住宅价格的上涨。房价上涨的预期得到证实，则会导致购房者形成进一步涨价的预期，由此产生一系列的正反馈作用，使得住宅价格不断上涨。这一过程在图 4－1（a）中表现为，涨价预期促使市场需求增加，使得需求曲线由 $D_0$变化到 $D_1$；当供给不变时，均衡价格由 $P_0$上升到 $P_1$；价格上涨使市场参与者进一步形成涨价预期，促使需求进一步增加，需求曲线由 $D_1$变化到 $D_2$；供给不变时，均衡价格由 $P_1$上升到 $P_2$。

相反，如果购房者预期未来住宅价格下跌，则会减少现期的购买，以避免当期支付更高的购买成本。购房者这种行为直接的结果就是市场参与者迅速减少，交易量下滑，出现大量滞销、闲置住宅，市场中的购房需求萎缩。需求的减少造成了市场进一步“萧条”的表象，而供给在短期内是基本不变的，住宅价格开始下降。房价下降的预期得到证实，则会导致购房者形成进一步下降的预期，由此产生一系列的负反馈作用，使得住宅价格不断降低。这一过程在图 4－1（b）中表现为，降价预期促使市场需求减少，使得需求曲线由 $D_0$变化到 $D_1$；当供给不变时，均衡价格由 $P_0$下降到 $P_1$；价格下降使市场参与者进一步形成降价预期，促使需求进一步减少，需求曲线由 $D_1$变化到 $D_2$；供给不变时，均衡价格由 $P_1$下降到 $P_2$。

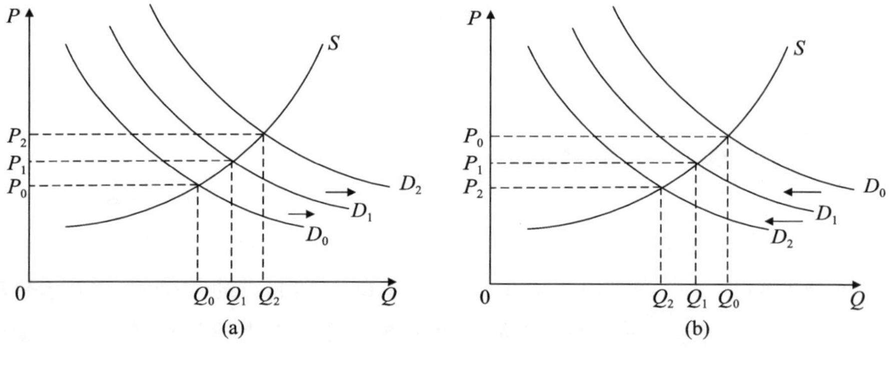


**图 4－1　预期对住宅价格的影响（需求途径）**

（2）供给途径

房地产企业如果对市场走势看好，预期住宅价格将要上升，则会囤积手中的房地产，等待价格上涨时出售以赚取更多的利润，这种“惜售”行为减少了当期商品住宅的供给，当需求不变时，对当期住宅价格有正向影响。房地产企业在房价上涨预期下，也可能会在土地拍卖市场上高价拿地，造成地王不断出现，进而推动未来地王房价及周边房价上升。房地产企业在乐观预期下，往往加大住宅商品的投资开发力度，造成未来的供给增加，在其他条件不变时，未来住宅价格下降；然而，现实中房地产企业可能会在价格上涨时“捂盘惜售”，以降低市场上可见的供给量，因此加大开发力度，未来的供给可能不增反减，造成价格上升。可见，现实中房地产企业的供给决策模式比购房者要复杂。房地产企业的预期会对当期和未来的房价都产生影响，其中，对于未来房价的影响的方向是不确定的。

相反，如果房地产企业对市场持悲观预期，预期住宅价格将要下跌，则会增加本期的抛售，避免将来价格下跌带来收益上的损失。同理，投资（机）者也会在悲观预期下增加住宅商品的抛售。这种抛售行为加大了当期商品住宅的供给，在需求不变的条件下对当期住宅价格产生负向影响。此外，房地产企业在悲观预期下，可能会降低住宅商品的开发力度，造成未来供给减少，在需求不变的条件下拉高房价。悲观预期下开发热情下降，房地产企业对土地的需求可能下降，土地供给稳定的条件下造成土地价格下降，进而对未来房价产生负向影响。可见，房地产企业的悲观预期会对当期住宅价格产生负向影响，但对未来价格影响的方向不能确定。

（3）供、需同时作用

如果购房者与房地产企业对未来均有房价上涨的预期，则将导致现期市场需求的增加和供给减少同时发生，加剧了现期房价的上升，见图 4 – 2（a）。如果购房者与房地产企业对未来均有房价下降的预期，则将导致现期市场需求的减少和供给增加同时发生，加剧了现期房价的下跌，见图 4 – 2（b）。可见，供需双方一致的预期通过作用于住宅市场需求和供给，使得现期房价的变化与预期房价的变化是同方向的。即，预期房价上升，则房价会上升；预期房价下降，房价就会下降。这也就是 Azariadis（1981）提出的“自我实现的预期效应”，即随着关于未来期的预期价格的上升，现实价格真的会上升，反之亦然。

如果购房者与房地产企业对未来的房价预期不一致，例如，购房者持有房价上涨预期，而开发商持有房价下跌预期，则一方面市场需求增加，另一方面市场

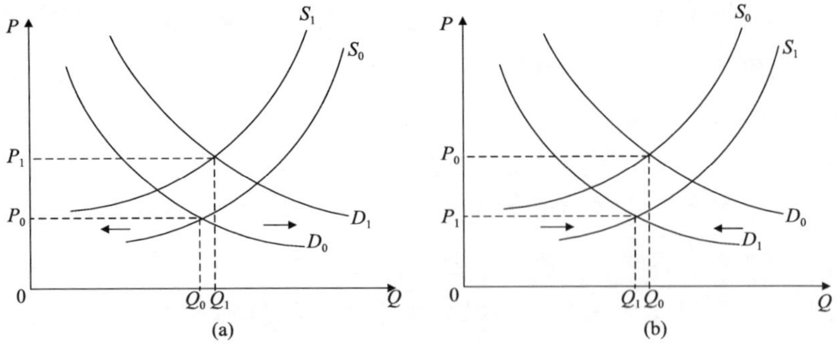


**图 4－2　一致预期对住宅价格的影响（供需同时传导）**

供给也增加。在这种情形下，供给曲线 $S_0$ 向右移至 $S_1$，需求曲线 $D_0$ 向右移至 $D_1$（见图 4－3）。供、需曲线同时移动后，旧的均衡价格 $P_0$ 与新的均衡价格 $P_1$ 相比，可能会有三种关系：价格不变，见图 4－3（a）；价格上升，见图 4－3（b）；价格下降，见图 4－3（c）。

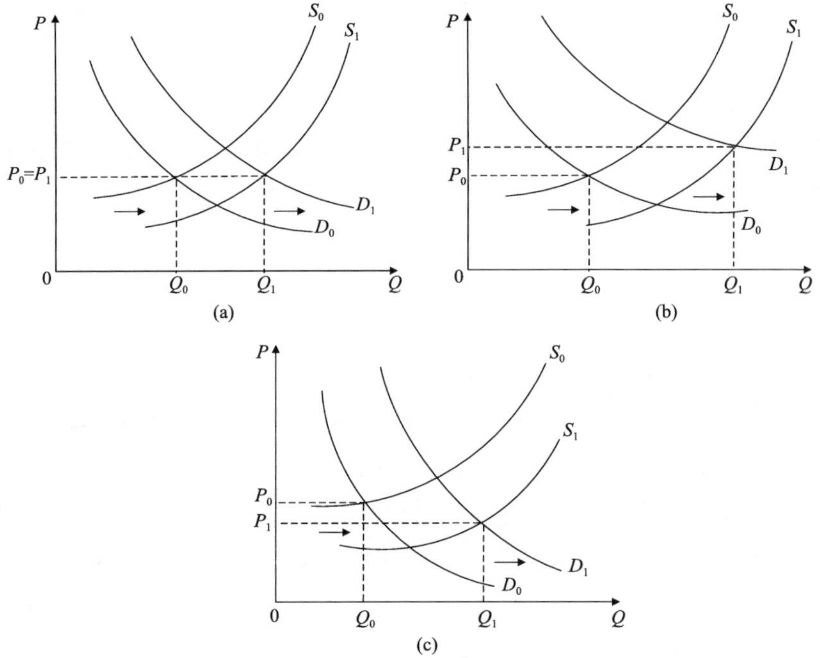


**图 4－3　相异预期对住宅价格的影响（供需同时传导）**

其他条件不变，且购房者持有房价上涨预期，而房地产企业持有房价下跌预期时，当期房价究竟如何变化，取决于供需曲线的斜率与移动的距离，即取决于需求价格弹性、供给价格弹性与供需双方的预期程度。

### 4.1.2 住宅价格对预期的影响

（1）住宅价格对预期的强化

当商品住宅价格持续上涨时，非理性的市场参与者将历史价格波动作为预期形成的重要依据，即形成房价上涨的预期。涨价预期之下，购房者增加现期的购买与囤积，而由于土地供给缺乏弹性和住宅建设的周期性，商品住宅供给在短期内是基本不变的。供给稳定条件下需求增加，市场表现活跃，则市场参与者房价上涨的预期会得到强化。

当商品住宅价格持续下降时，非理性的市场参与者将历史价格波动作为预期形成的重要依据，即形成房价下降的预期。降价预期之下，购房者减少现期的购买，供给相对稳定条件下需求量减少，市场萧条，则市场参与者房价下降的预期得到强化。

（2）住宅价格对预期的反转

当商品住宅价格持续过快上涨时，自住者的支付能力受到过高房价的影响而被迫退出市场，转而持币待购，住宅市场的有效需求减少；房地产企业经过一段时间的涨价，新增住宅建成，供给得到正向调整；房价过热时，投资（机）者对于政府出台的调控政策较为敏感，如果受到利空消息或事件的影响，则将及时抛出商品住宅。在市场需求减少，成交量下降，供给增加的情形下，市场参与者调整预期收益，对未来转持降价预期。反之亦然。

综上所述，预期与住宅价格之间相互影响、关系复杂，既有相互促进的部分，又存在相互制约的部分。两者的互动关系如图 4－4 所示。

## 4.2 考虑异质预期的商品住宅价格模型构建

国内外学者在建立考虑预期的房价模型时，主要有两种思路．分别在存量—流量模型和住宅服务流量模型或改进模型的基础上，考虑预期对房价的影响。然而，通过文献的梳理，我们发现前者缺乏微观基础，后者对于租金、住房使用成

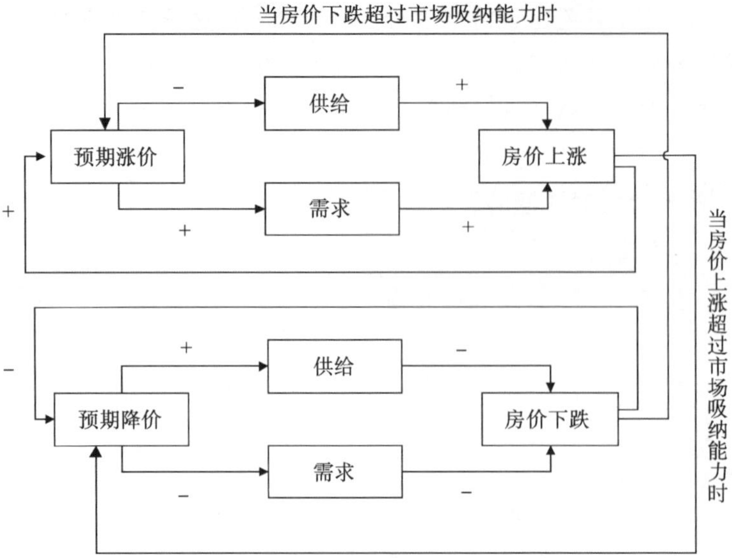


**图 4－4　预期与商品住宅价格互动关系图**

本等指标的量化只能近似处理，且两者均忽视了住宅市场预期的异质性，即忽视了市场参与者的心理与行为机制的异质性。现实中预期的房价效应是市场中众多参与者决策的综合作用结果，这些微观主体的决策行为既相互依赖又相互影响。它们的基本特征及行为机制必然对预期的房价效应产生重要影响。不同的市场参与者在信息的收集、处理、分析能力上往往都有差异，投资、消费的经验有差异，对于房地产专业知识的掌握程度有差异，所处的经济环境、个体偏好、价值感受等也有差异。这些差异的存在意味着市场参与者的预期模式不可能是单一的理性预期或者某种非理性预期。因此，在住宅市场参与者异质性基础上，构建考虑异质性预期的模型才可能更好地描述商品住宅市场这一复杂系统和揭示规律。

De Long、Shleifer、Summers 等（1990）建立了证券市场中理性交易者和噪声交易者同时存在的噪声交易模型（DSSW 模型）。张乐、李好好（2008），刘毅、李景华（2012）等学者已经将 DSSW 模型或改进模型应用于国内金融市场得到了有益结论。鉴于 DSSW 模型的成功应用和将异质主体同时纳入所建模型的特点，本章尝试将这种研究方法引入商品住宅市场。但是，DSSW 模型是针对证券市场建立的，其中的一些设定并不适用于住宅市场，如假设资产市场总供给为 0，市场中只有理性套利者与噪声交易者等等。因此，本书根据国内商品住宅市场的现实特点，对原有证券市场上理性套利者、噪声交易者的行为机制进行了修正，并引入了基本面分析者与动量交易者，同时增加了市场参与者在年轻时期除了购买房地产外，还可以进行储蓄的行为特征，采用跨期决策方法构建了4类异质主体预期的商品住宅均衡价格模型。此外，通过数值模拟研究，探讨了4类异质主体重要行为参数对住宅价格的叠加影响，研究市场参与者如何从一生效用最优的角度来分配每期的住宅投资和消费。将传统证券市场的DSSW模型移植到商品住宅市场领域，既克服了现有成果忽视市场参与者预期异质性的缺陷，又扩大了原模型的适用范围。

均衡价格模型建立后，如果不考虑预期异质性，则可以将该模型转化为一般的考虑预期的住宅均衡价格模型。但由于建立过程中引入了更符合经验事实的微观基础，而又不脱离传统的宏观基本面分析方法，从而对现实房价的波动具有更强的解释能力。如果考虑预期异质性，则运用模拟仿真方法，通过对四类市场参与者重要行为参数的仿真与灵敏度分析，探讨异质主体对住宅均衡价格的单独影响及叠加影响。

### 4.2.1 噪声交易模型（DSSW模型）

在DSSW模型中，存在两类投资者：一类为理性交易者，一类为噪声交易者。噪声交易者错误地认为他们拥有风险资产未来价格的特殊信息。该研究证明了噪声交易者是能够在与理性交易者的博弈中生存下来的。而且，由于噪声交易者制造了更大的市场风险，他们将有可能获得比理性投资者更高的风险收益。

在DSSW模型中，考虑一个两期的纯粹交换经济的迭代模型，该模型是指在每一时期，经济中都会产生新一代的交易者，而所有交易者都只存在两期。交易者被分为两类，一类是理性交易者 $a$，其比例为 $1-\mu$；另一类则是噪声交易者 $n$，其比例为 $\mu$。同类的交易者都是无差别的。假设经济中有两种支付相同收益的资产，一种是无风险资产 $s$，如无风险债券，每期支付固定的利息收益 $r$，其供给有完全的弹性，如果以每期的消费作为价值尺度来计算的话，无风险资产的价格设定为1；另一种是有风险资产 $u$，如股票，它同 $s$ 一样也支付固定的收益 $r$，不同的是 $u$ 的供给并非是完全弹性的，存在噪声交易者时，其价格不可能等于未来红利的贴现值1。在时期 $t$，资产 u 的价格为 $P_t$。在附加一定的假定条件下，风险资产 $u$ 的价格可以表示为：

$$P_t = 1 + \frac{\mu(\rho_t - \rho^*)}{1+r} + \frac{\mu\rho^*}{r} - \frac{2\gamma\mu^2}{r(1+r)^2}\sigma_\rho^2 \tag{4.1}$$

其中，$\rho_t$ 为第 $t$ 期噪声交易者预期价格的错误估价值，$\rho^*$ 是 $\rho_t$ 的均值，它可以用于衡量噪声交易者的平均“看涨人气”或“看跌人气”，$\gamma$ 是交易者的绝对风险厌恶系数，$\sigma_\rho^2$ 为噪声交易者对每单位风险资产预期价格的错误估价的方差，可用于衡量噪声交易者额外的风险或非理性风险。式（4.1）右边的后三项都与噪声交易者的特征有关，它表示噪声交易者对风险资产 u 价格的影响，随着 $\rho_t$ 分布逐渐向 0 收敛，均衡价格 $P_t$ 也将收敛于基本价格 1 上。

式（4.1）后三项分别表示当噪声交易者的预期价格的错误估价值发生变化时引起的资产 u 价格的变动；噪声交易者错误估价的平均值不为 0 时，$P_t$ 对基本价值的偏离程度；除非对由噪声交易者看淡未来而引起的风险资产价格下跌所形成的风险得到补偿，否则理性的交易者将不会持有风险资产。

DSSW 模型是针对证券市场建立的，其中的一些设定并不适用于商品住宅市场，如市场中只有理性套利者与噪声交易者，资产市场总供给等于 0 等等。本章将对原假设条件、异质参与者的行为机制等进行修正与完善，使新模型更加符合商品住宅市场的特点。

### 4.2.2 假设条件

假设 1：假设商品住宅市场每一代参与者数量是固定的 N，商品住宅的供给是固定的 Q。

假设 2：假设市场上有四类参与者：包括理性套利者 R（Rational Arbitrageurs）、基本面分析者 F（Fundamental Analyzers）、信息观察者 I（Information Watchers）和动量交易者 M（Momentum Traders），且他们占市场参与者总人数的比例分别为 $\alpha_R$、$\alpha_F$、$\alpha_I$、$\alpha_M$。

现有研究成果往往按供、需均衡分析思路，将市场参与者按供给者、需求者、政府等类型进行划分来刻画市场参与者的心理与行为机制。但是，无论是供给者、需求者或是政府，内部不同的个体在信息的收集、处理、分析能力上往往都有差异，投资、消费的经验有差异，对于住宅商品专业知识的掌握程度有差异，所处的经济环境和个体偏好等也有差异。这些差异的存在意味着市场参与者的预期模式不可能是单一的理性预期或者某种非理性预期，如果能按照不同参与者的预期模式对市场主体进行重新分类，则能更好地反映不同市场参与者的心理与行为机制，与商品住宅市场的实际也更加相符。

假设 3：同类参与者无差别。

假设 4：时期 $t$，四类参与者中的每一个个体购买商品住宅的数量分别是 $\beta_R$、$\beta_F$、$\beta_I$、$\beta_M$。

假设 5：商品住宅的基本面价格为 $P^*$。

价格 $P^*$ 由宏观经济基本面决定。宏观经济基本面，一般指国内的经济形势与经济状况，如经济景气循环等。研究者在分析宏观经济基本面对房地产价格的解释和预测能力时，常用的指标包括 GDP、人口、收入、通货膨胀、建筑成本、失业率和利率等等。

假设 6：假设市场参与者只购买两种商品：商品住宅和其他消费品，且住宅对市场参与者没有效用。

假设 7：住宅维护成本和买卖的交易成本为零，不受流动性限制。

假设 8：市场参与者生命周期中不存在遗产馈赠。

假设 9：四类参与者都具有风险厌恶常数效用和相同的风险偏好参数。

### 4.2.3 模型构建

将市场参与者的生命周期简化为两个阶段：第 1 阶段，市场参与者是年轻一代，他们提供劳动，获得劳动报酬 $W$，购买商品住宅 $\beta$，并将剩余收入进行储蓄 $S$。此处假设市场参与者为了实现未来不确定性的消费，牺牲了当前的住房以外其他消费品的消费。第 2 阶段，市场主体是年老一代，他们将住宅资产卖给年轻一代，获得住宅价格升值收益，获取储蓄回报，并将所有财富全部用于住房服务以外的其他消费品的消费，数量为 $C$。

根据以上条件可知，市场参与者的终生效用函数为：

$$U(C) \tag{4.2}$$

若在年轻阶段，市场参与者获得劳动报酬 $W_i$，以单价 $P_t$ 购买商品住宅 $\beta_i$，并实现储蓄 $S_i$，利率为 $r_t$。则其预算约束方程为：

$$W_i = P_t\beta_i + S_i \tag{4.3}$$

其中，$i = \{R, F, I, M\}$。

若在年老阶段，市场参与者以单价 $P^e_{i,t+1}$ 将住宅资产卖给年轻一代，则其消费约束方程为：

$$C_i = S_i(1+r_t) + P^e_{i,t+1}\beta_i \tag{4.4}$$

其中，$i=\{R,F,I,M\}$；$P^e_{i,t+1}$表示第 $i$ 类参与者在 $t$ 时期形成的 $t+1$ 时期的房价预期。

此时，市场参与者的跨期最优决策问题就是决定购买商品住宅的数量 $\beta_i$，实现效用 $U(C)$最大化，即：

$$\max_{\beta_i} U(C_i) \tag{4.5}$$

假设各类市场参与者的效用函数可以用均值—方差模型表示：

$$U(C_i) = E(C_i) - \gamma\delta^2_{C_i} \tag{4.6}$$

其中，$E(C_i)$表示消费效用的期望，$\delta^2_{C_i}$为消费效用的方差，$\gamma$ 是绝对风险厌恶系数，有：

$$\delta^2_{C_i} = E\,[\,C_i - E(C_i)\,]^2 \tag{4.7}$$

将式（4.3）、（4.4）、（4.6）代入（4.5），则市场参与者的跨期最优化问题可表示为效用的均值—方差最优化问题：

$$\begin{aligned}\max_{\beta_i} U(C_i) &= \max_{\beta_i}[\,E(C_i) - \gamma\delta^2_{C_i}] \\ &= \max_{\beta_i}\{E[\,W_i(1+r) + \beta_i[\,P^e_{i,t+1} - P_t(1+r)\,]\,] - \gamma\delta^2_{C_i}\}\end{aligned} \tag{4.8}$$

式（4.8）表明，市场参与者决策的依据是风险与收益的大小。在一定风险水平上，市场参与者期望效用最大；在一定的效用水平上，希望风险最小。根据式（4.8）可知，若要求解该最优决策问题，需要按各类参与者所获取的信息和行为特点，得到各类参与者关于 $t+1$ 时期的房价预期 $P^e_{i,t+1}$。

（1）异质主体购买量求解

①理性套利者 R。

$$P^e_{R,t+1} = E(P_{t+1} \mid I_t) = P_{t+1} + \mu_R \tag{4.9}$$

其中，$I_t$ 是理性套利者在 $t$ 时期所获得的信息集合，包括 $t$ 期及之前所有时期的内生和外生变量；$\mu_R$ 是正态白噪声，且有 $\mu_R \sim N(0,\delta^2_{\mu_R})$，表明理性套利者无平均认知偏差，$\delta^2_{\mu_R}$是理性预期方差。

式（4.9）表明，理性套利者根据当前掌握的信息集 $I_t$，进行价格预期，预期价格与真实价格间仅存在一个随机偏差。

将（4.9）代入（4.8），可得理性套利者跨期最优决策问题表达式：

$$\max_{\beta_R} U(C_R) = \max_{\beta_R}\{E\{W_R(1+r) + \beta_R[\,P_{t+1} + \mu_R - P_t(1+r)\,]\} - \gamma\delta^2_{C_R}\}$$

$$= \max_{\beta_R} \{ W_R(1+r) + \beta_R P_{t+1} - \beta_R P_t(1+r) - \gamma\beta_R^2\delta_{\mu_R}^2 \} \quad (4.10)$$

对理性套利者的效用函数求一阶偏导数，可得：

$$P_{t+1} - P_t(1+r) - 2\gamma\beta_R\delta_{\mu_R}^2 = 0 \quad (4.11)$$

即：$$\beta_R = \frac{P_{t+1} - P_t(1+r)}{2\gamma\delta_{\mu_R}^2} \quad (4.12)$$

②基本面分析者 F。

$$P_{F,t+1}^e = P_t + \lambda_F(P^* + \mu_F - P_t) \quad (4.13)$$

其中，$\lambda_F$ 是基本面分析者的预期调整系数，且有 $\lambda_F > 0$；$\mu_F$ 是正态白噪声，且有 $\mu_F \sim N(0, \delta_{\mu_F}^2)$，表明基本面分析者对于基本面价格信息无平均认知偏差，$\delta_{\mu_F}^2$是基本面分析者的预期方差。

式（4.13）表明基本面分析者根据以往的住宅价格对基本面价格的偏离 $P^* - P_t$来判断当期住宅价格的变化，他们认为以往偏离基本面水平的房价将在较长时间内回归基本面水平。

基本面分析者的跨期最优决策问题可以表示为：

$$\max_{\beta_F} U(C_F) = \max_{\beta_F} \{ E\{ W_F(1+r) + \beta_F[P_t + \lambda_F(P^* + \mu_F - P_t) - P_t(1+r)]\} - \gamma\delta_{C_F}^2 \}$$

$$= \max_{\beta_F} \{ W_F(1+r) + \beta_F[\lambda_F P^* - (\lambda_F + r)P_t] - \gamma\beta_F^2\lambda_F^2\delta_{\mu_F}^2 \} \quad (4.14)$$

对基本面分析者的效用函数求一阶偏导数，可得：

$$\lambda_F P^* - (\lambda_F + r)P_t - 2\gamma\beta_F\lambda_F^2\delta_{\mu_F}^2 = 0 \quad (4.15)$$

即：$$\beta_F = \frac{\lambda_F P^* - (\lambda_F + r)P_t}{2\gamma\lambda_F^2\delta_{\mu_F}^2} \quad (4.16)$$

③信息观察者 I。对于信息观察者来说，其信息来源主要有三个：一是政府通过电视、广播等媒介带来的官方信息；二是房地产企业的广告、宣传带来的非官方信息；三是口头传播等途径由其他市场参与者带来的非官方信息。本章假定信息观察者更倾向于相信政府发布的关于未来价格走势的官方信息，这类交易者所关注的是政府的态度，政府对于未来价格的判断等方面的信息。

政府中既有具备房地产专业知识的技术人员，又有掌握房价的历史数据信息和国家宏观经济基本面信息的统计人员，本身可以形成房价理性预期。但是，由于政府具有宏观管理的职责，其出台宏观调控政策的目的是让房价增速合理，房价处于一种与国家经济、社会发展状态相适应的水平。因此，政府形成房价预期时，往往会以国家经济基本面为基础，认为房价长期内应该回归于其基本面水平。鉴于此，本章将政府近似看成住宅市场的基本面分析者。当然，供给者与需求者中也可能存在基本面分析者，他们对于房价的预期与政府无差别。

该部分假设信息观察者所观察的是基本面分析者的预期价格信息，且他们观察到的是基本面分析者预期信息的一个子集。即：

$$\begin{aligned} P_{I,t+1}^{e} &= \varphi P_{F,t+1}^{e} \\ &= \varphi[P_t + \lambda_F(P^* + \mu_F - P_t)] \\ &= \varphi P_t + \varphi\lambda_F(P^* + \mu_F - P_t) \end{aligned} \tag{4.17}$$

其中，$\varphi$ 表示信息观察者能够观察到的信息量，且有 $0 \leqslant \varphi \leqslant 1$。

信息观察者的跨期最优决策问题可以表示为：

$$\begin{aligned} \max_{\beta_I} U(C_I) &= \max_{\beta_I}\{E\{W_I(1+r) + \beta_I\varphi[P_t + \lambda_F(P^* + \mu_F - P_t) - P_t(1+r)]\} - \\ &\quad \gamma\delta_{C_I}^2\} \\ &= \max_{\beta_I}\{W_I(1+r) + \beta_I\varphi[\lambda_F P^* - (\lambda_F + r)P_t] - \gamma\beta_I^2\varphi^2\lambda_F^2\delta_{\mu_F}^2\} \end{aligned} \tag{4.18}$$

其中，$\lambda_I = \varphi\lambda_F$ 为信息观察者的预期调整系数。

对信息观察者的效用函数求一阶偏导数，可得：

$$\varphi\lambda_F P^* - \varphi(\lambda_F + r)P_t - 2\gamma\beta_I\varphi^2\lambda_F^2\delta_{\mu_F}^2 = 0 \tag{4.19}$$

即：$$\beta_I = \frac{\lambda_F P^* - (\lambda_F + r)P_t}{2\gamma\varphi\lambda_F^2\delta_{\mu_F}^2} \tag{4.20}$$

④动量交易者 M。动量交易者完全依赖于历史价格波动进行价格预期。假设这类参与者的价格预期只能是历史价格的简单函数，且他们的策略包括惯性策略与反向策略。

$$P_{M,t+1}^{e} = P_t + \lambda_M(P_t - P_{t-k}) \tag{4.21}$$

其中，$\lambda_M$ 是动量交易者的预期调整系数。若 $\lambda_M > 0$，则动量交易者采用的是惯性策略，即在住宅价格上涨时买入，在价格下降时卖出；若 $\lambda_M < 0$，则动量交易者采用的是反向策略，即在住宅价格下降时买入，在价格上涨时卖出。

$P_{t-k}$是 $t-k$ 时期的住宅价格。由于 $k$ 的大小不影响讨论结果，为了简化处理，此处假设 $k=1$。将 $P_t - P_{t-1} = \Delta P_t$ 作为动量交易者形成 $t+1$ 时期房价预期的重要依据，即：

$$P_{M,t+1}^{e} = P_t + \lambda_M\Delta P_t \tag{4.22}$$

其中，$\Delta P_t \sim N(\Delta P, \delta_{\Delta P_t}^2)$，$\Delta P$ 表示商品住宅价格的平均动量。

动量交易者的跨期最优决策问题可以表示为：

$$\max_{\beta_M} U(C_M) = \max_{\beta_M} \{E\{W_M(1+r) + \beta_M[P_t + \lambda_M \Delta P_t - P_t(1+r)]\} - \gamma\delta_{C_M}^2\}$$
$$= \max_{\beta_M} \{W_M(1+r) + \beta_M(\lambda_M \Delta P - P_t r) - \gamma\beta_M^2 \lambda_M^2 \delta_{\Delta P_t}^2\} \quad (4.23)$$

对动量交易者的效用函数求一阶偏导数，可得：

$$\lambda_M \Delta P - P_t r - 2\gamma\beta_M \lambda_M^2 \delta_{\Delta P_t}^2 = 0 \quad (4.24)$$

即：$$\beta_M = \frac{\lambda_M \Delta P - P_t r}{2\gamma\lambda_M^2 \delta_{\Delta P_t}^2} \quad (4.25)$$

（2）均衡价格求解

根据住宅存量—流量理论，当期的住房价格能够迅速地做出调整，使得住宅需求等于现有存量。由于商品住宅市场中供给量为 $Q$，总人数为 $N$，四类参与者占总人数的比例为 $\alpha_R$、$\alpha_F$、$\alpha_I$、$\alpha_M$，每个个体分别购买住宅量为 $\beta_R$、$\beta_F$、$\beta_I$、$\beta_M$，则有：

$$N\alpha_R\beta_R + N\alpha_F\beta_F + N\alpha_I\beta_I + N\alpha_M\beta_M = Q \quad (4.26)$$

将式（4.12）、（4.16）、（4.20）、（4.25）代入式（4.26），有：

$$\alpha_R \cdot \frac{P_{t+1} - P_t(1+r)}{2\gamma\delta_{\mu_R}^2} + \alpha_F \cdot \frac{\lambda_F P^* - (\lambda_F + r)P_t}{2\gamma\lambda_F^2 \delta_{\mu_F}^2} + \alpha_I \cdot \frac{\lambda_F P^* - (\lambda_F + r)P_t}{2\gamma\varphi\lambda_F^2 \delta_{\mu_F}^2}$$
$$+ \alpha_M \cdot \frac{\lambda_M \Delta P - P_t r}{2\gamma\lambda_M^2 \delta_{\Delta P_t}^2} = \frac{Q}{N} \quad (4.27)$$

求解（4.27），可以得到 $P_t$ 表达式：

$$P_t = \Big(\alpha_R \lambda_F^2 \lambda_M^2 \delta_{\mu_F}^2 \delta_{\Delta P_t}^2 \varphi P_{t+1} + \alpha_F \lambda_M^2 \delta_{\mu_R}^2 \delta_{\Delta P_t}^2 \varphi \lambda_F P^* + \alpha_I \lambda_M^2 \delta_{\mu_R}^2 \delta_{\Delta P_t}^2 \lambda_F P^* + \alpha_M \lambda_F^2 \delta_{\mu_R}^2 \delta_{\mu_F}^2$$
$$\varphi \lambda_M \Delta P - 2\gamma Q \lambda_F^2 \lambda_M^2 \delta_{\mu_F}^2 \delta_{\mu_R}^2 \delta_{\Delta P_t}^2 \frac{1}{N}\varphi\Big) \Big/ \Big(\alpha_R \lambda_F^2 \lambda_M^2 \delta_{\mu_F}^2 \delta_{\Delta P_t}^2 \varphi(1+r) + \alpha_F \lambda_M^2 \delta_{\mu_R}^2 \delta_{\Delta P_t}^2 \varphi(\lambda_F + r)$$
$$+ \alpha_I \lambda_M^2 \delta_{\mu_R}^2 \delta_{\Delta P_t}^2 (\lambda_F + r) + \alpha_M \lambda_F^2 \delta_{\mu_R}^2 \delta_{\mu_F}^2 \varphi r\Big) \quad (4.28)$$

以上就是由理性套利者、基本面分析者、信息观察者、动量交易者四类参与者共同决定的商品住宅均衡价格模型。

## 4.3 预期视角下商品住宅价格模型分析

### 4.3.1 不考虑异质预期的分析

如果不考虑商品住宅价格预期机制的异质性，则式（4.28）可以转化为以下形式：

$$P_t = f(\lambda, \delta^2, \varphi, P_{t+1}, P^*, \Delta P, Q_t, N_t, r_t) \qquad (4.29)$$

因为预期调整系数 $\lambda$、预期方差 $\delta^2$、预期观测量 $\varphi$、价格 $P_{t+1}$、基本面价格 $P^*$、平均动量 $\Delta P$ 均来自于主体的价格预期 $P_{t+1}^e$，于是式（4.29）可以转化为：

$$P_t = f(P_{t+1}^e, Q_t, N_t, r_t) \qquad (4.30)$$

式（4.30）表明，第 $t$ 期商品住宅均衡价格 $P_t$ 由 $t+1$ 期的价格预期 $P_{t+1}^e$，第 $t$ 期的商品住宅供给 $Q_t$，总人口 $N_t$，利率 $r_t$ 等因素决定。

对于商品住宅价格模型（4.30）的实证研究，在第 5 章中进行。

### 4.3.2 考虑异质预期的分析

前文已得到异质主体共同决定的商品住宅价格均衡模型（4.28），由于表达式形式复杂，以下将通过运用 Matlab R2010b 软件进行系统模拟与仿真，探讨四类主体的重要行为参数对均衡价格 $P_t$ 的影响。

（1）四类市场参与者对商品住宅价格的单独影响

①理性套利者 $R$。根据均衡价格表达式（4.28），以下分析理性套利者所占总人数比例 $\alpha_R$ 与预期方差 $\delta_{\mu_R}^2$ 对住宅价格的影响。其他参数保持不变，且令：$\alpha_F:\alpha_I:\alpha_M = 1:1:1$，$\lambda_F = \lambda_M = 1$，$\delta_{\mu_F}^2 = \delta_{\Delta P_t}^2 = 1$，$P^* = 10$，$\varphi = 0.5$，$\Delta P = 2$，$P_{t+1} = 10$，$r = 0.1, \gamma = 1$，$\frac{Q}{N} = 1$。系统仿真结果见图 4－1。

图 4－1 中，$x$ 轴表示理性套利者所占市场参与者总数的比例 $\alpha_R$，$y$ 轴表示理性套利者的预期方差 $\delta_{\mu_R}^2$，$z$ 轴表示商品住宅均衡价格 $P$。由该图可以看出：a. 当理性套利者所占比例较小时，理性预期方差对住宅价格没有明显影响；当理性套利者在市场中比例逐渐增大，理性预期方差对住宅价格的影响逐渐增大，且存在使价格下降的负向影响。b. 当理性预期方差较小时，理性套利者所占比例对住宅价格存在一定的正向影响；当理性预期方差较大时，理性套利者所占比例对住

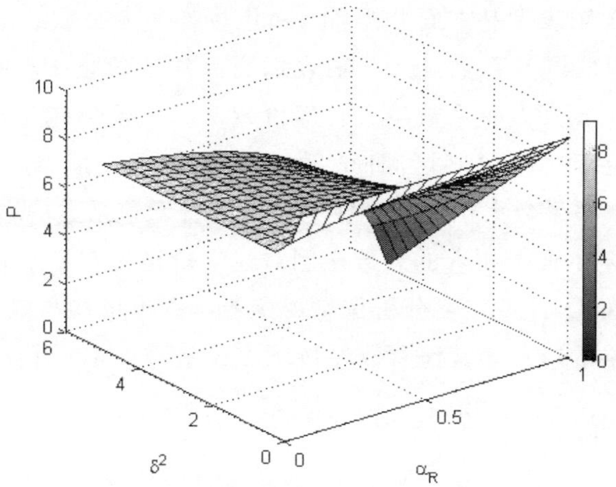


图4-1　理性套利者重要参数对商品住宅价格的影响

宅价格的影响逐渐增大，且存在使价格下降的负向影响。

②基本面分析者 $F$。此处主要分析基本面分析者所占总人数比例 $\alpha_F$ 与预期调整系数 $\lambda_F$ 对住宅价格的影响。其他参数保持不变，且令：$\alpha_R:\alpha_I:\alpha_M=1:1:1$，$\lambda_M=1$，$\delta^2_{\mu_R}=\delta^2_{\mu_F}=\delta^2_{\Delta P_t}=1$，$P^*=10$，$\varphi=0.5$，$\Delta P=2$，$P_{t+1}=10$，$r=0.1$，$\gamma=1$，$\frac{Q}{N}=1$。系统仿真结果见图4-2。

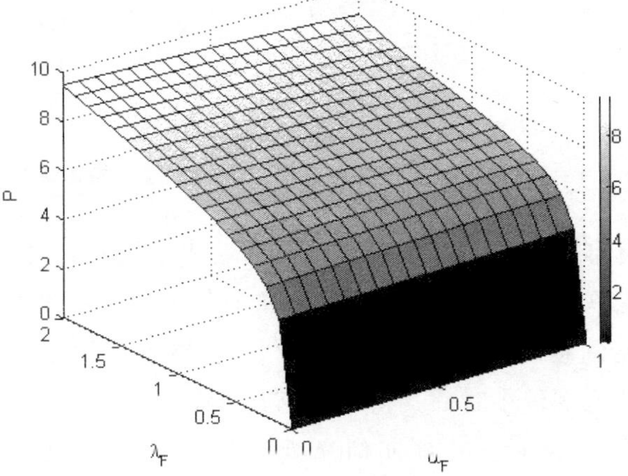


图4-2　基本面观察者重要参数对商品住宅价格的影响

图4－2中，$x$轴表示基本面分析者所占市场参与者总数的比例$\alpha_F$，$y$轴表示基本面分析者的预期调整系数$\lambda_F$，$z$轴表示商品住宅价格$P$。由该图可以看出：a. 基本面分析者的预期调整系数越大，房价越高，且价格越接近于基本面价格。当预期调整系数位于［0，1］区间时，住宅价格随着预期调整系数的增大而迅速上升；当预期调整系数大于1时，住宅价格随着调整系数的增大而上升，但增速有所下降。b. 基本面分析者的人数比例对住宅价格无明显影响。

③信息观察者$I$。此处主要分析信息观察者所占市场参与者比例$\alpha_I$与信息观察量$\varphi$对住宅价格的影响。其他参数保持不变，且令：$\alpha_R:\alpha_F:\alpha_M=1:1:1$，$\lambda_F=\lambda_M=1$，$\delta^2_{\mu_R}=\delta^2_{\mu_F}=\delta^2_{\Delta P_t}=1$，$P^*=10$，$\Delta P=2$，$P_{t+1}=10$，$r=0.1$，$\gamma=1$，$\frac{Q}{N}=1$。系统仿真结果见图4－3。

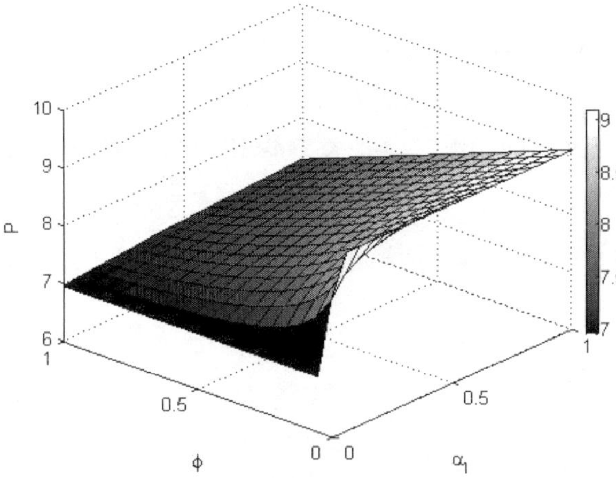


**图4－3 信息观察者重要参数对商品住宅价格的影响**

图4－3中，$x$轴表示信息观察者占市场参与者总数的比例$\alpha_I$，$y$轴表示信息观察者的预期信息观察量$\varphi$，$z$轴表示商品住宅价格$P$。由该图可以看出：a. 信息观察者的人数比例越高，住宅价格越高，且价格越接近于基本面价格。b. 当信息观察者的人数比例较小时，其预期信息观察量对住宅价格影响较小；当信息观察者的人数比例较大时，其预期信息观察量对住宅价格有较为明显的负向影响。

④动量交易者$M$。此处主要分析动量交易者所占总人数比例$\alpha_M$与动量交易

者的预期调整系数 $\lambda_M$ 对住宅价格的影响。其他参数保持不变，且令：$\alpha_R:\alpha_F:\alpha_I=1:1:1$，$\lambda_F=1$，$\delta^2_{\mu_R}=\delta^2_{\mu_F}=\delta^2_{\Delta P_t}=1$，$P^*=10$，$\varphi=0.5$，$\Delta P=2$，$P_{t+1}=10$，$r=0.1$，$\gamma=1$，$\frac{Q}{N}=1$。系统仿真结果见图 4－4。

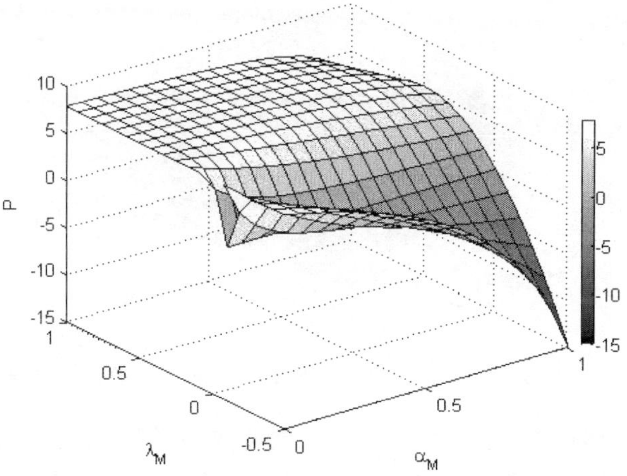


**图 4－4　动量交易者重要参数对商品住宅价格的影响**

图 4－4 中，$x$ 轴表示动量交易者占市场参与者总数的比例 $\alpha_M$，$y$ 轴表示动量交易者的预期调整系数 $\lambda_M$，$z$ 轴表示商品住宅价格 $P$。由该图可以看出：a. 当动量交易者的预期调整系数小于 0 时，动量交易者的人数比例对住宅价格有重要影响，表现为动量交易者人数比例越高，住宅价格下降越快，偏离基本面价格越远；当预期调整系数大于 0 时，动量交易者的人数比例对住宅价格无明显影响。b. 当动量交易者比例较小时，其预期调整系数对均衡价格的影响较小，表现为调整系数的绝对值越大，住宅价格越高且越接近于基本面价格；当动量交易者比例较大时，其预期调整系数对住宅价格的影响较大，表现为当预期调整系数小于 0 时，住宅价格随着调整系数的增大而迅速上升；当预期调整系数大于 0 时，住宅价格随着调整系数的增大继续上升，但增速有所放缓。

（2）四类市场参与者对商品住宅价格的叠加影响

①基本面分析者与动量交易者。根据均衡价格表达式（4.28），以下主要分析基本面分析者预期调整系数 $\lambda_F$ 与动量交易者（以惯性策略动量交易者为例，下同）的预期调整系数 $\lambda_M$ 对均衡价格的叠加影响。其他参数保持不变，且令：

$\alpha_R : \alpha_F : \alpha_I : \alpha_M = 1:1:1:1$，$\delta^2_{\mu_R} = \delta^2_{\mu_F} = \delta^2_{\Delta P_t} = 1$，$P^* = 10$，$\varphi = 0.5$，$\Delta P = 2$，$P_{t+1} = 10$，$r = 0.1, \gamma = 1$，$\frac{Q}{N} = 1$。系统仿真结果见图 4-5。

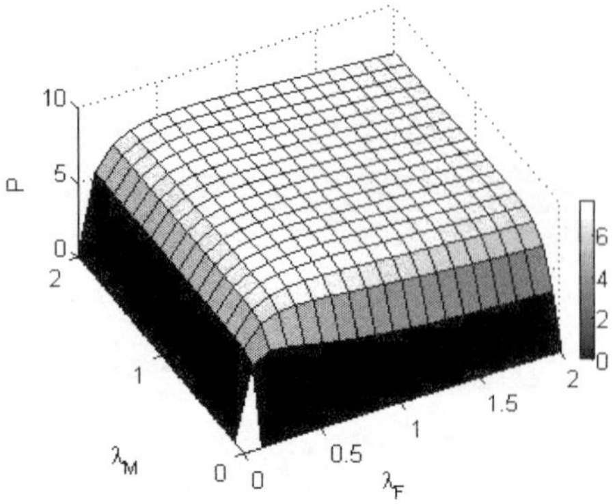


**图 4-5　基本面分析者与动量交易者对商品住宅价格的叠加影响**

图 4-5 中，$x$ 轴表示基本面分析者的预期调整系数 $\lambda_F$，$y$ 轴表示动量交易者的预期调整系数 $\lambda_M$，$z$ 轴表示商品住宅价格 $P$。由图 4-5 可以看出：a. 当基本面分析者的预期调整系数位于［0，1］区间时，住宅价格随着采取惯性策略的动量交易者的预期调整系数的增大而迅速上升，并趋于一个较高的稳定水平；当基本面分析者的预期调整系数位于［1，2］区间时，住宅价格会随着动量交易者的预期调整系数的增大而快速上升，但最终趋于的均衡价格水平要比基本面分析者预期调整系数较小时低，这说明基本面分析者的预期对动量交易者预期对均衡价格的推高有一定的抑制与缓和作用。b. 无论采取惯性策略的动量交易者的预期调整系数取值大小，基本面分析者的预期调整系数的增大都会使住宅价格出现快速小幅上升，保持稳定，继而缓慢下降的变化趋势，这说明采取惯性策略的动量交易者预期对基本面分析者预期的房价效应影响不显著。

②基本面分析者与信息观察者。此处主要分析基本面分析者预期调整系数 $\lambda_F$ 与信息观察者的预期信息观察量 $\varphi$ 对住宅价格的叠加影响。其他参数保持不变，且令：$\alpha_R : \alpha_F : \alpha_I : \alpha_M = 1:1:1:1$，$\delta^2_{\mu_R} = \delta^2_{\mu_F} = \delta^2_{\Delta P_t} = 1$，$\lambda_M = 1$，$P^* = 10$，$\Delta P = 2$，$P_{t+1} = 10$，$r = 0.1, \gamma = 1$，$\frac{Q}{N} = 1$。系统仿真结果见图 4-6。

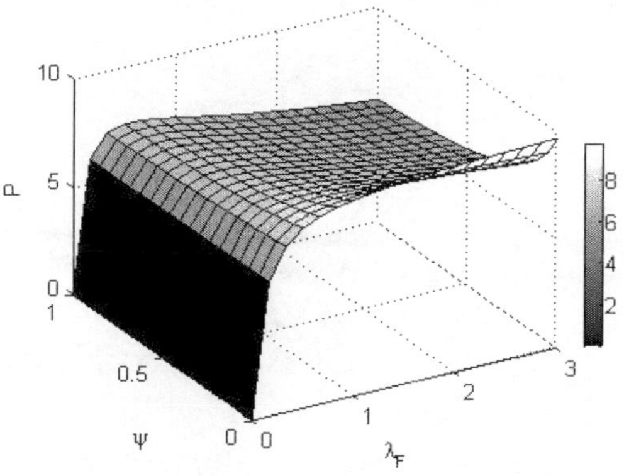


**图 4－6 基本面分析者与信息观察者对商品住宅价格的叠加影响**

图 4－6 中，$x$ 轴表示基本面分析者的预期调整系数 $\lambda_F$，$y$ 轴表示信息观察者的预期信息观察量 $\varphi$，$z$ 轴表示商品住宅均衡价格 $P$。由该图可以看出：a. 当信息观察者的预期信息观察量较小时，住宅价格随着基本面分析者预期调整系数的增大而表现出上升趋势；当信息观察者的信息观察量增大时，住宅价格则随着预期调整系数的增大而快速小幅上升，继而缓慢下降，这说明信息观察者的预期对基本面分析者预期对房价的推高产生了反向作用。b. 当基本面分析者的预期调整系数较小时，信息观察者的预期观察量的增加会使住宅价格出现一定的下降；当基本面分析者的预期调整系数较大时，住宅价格随着预期信息观察量的增加而有相对较大程度的下降，这说明基本面分析者的预期对信息观察者的预期对房价的拉低有一定的加剧作用。

③信息观察者与动量交易者。此处主要分析信息观察者的预期信息观察量 $\varphi$ 与动量交易者预期调整系数 $\lambda_M$ 对均衡价格的叠加影响。其他参数保持不变，且令：$\alpha_R:\alpha_F:\alpha_I:\alpha_M=1:1:1:1$，$\delta^2_{\mu_R}=\delta^2_{\mu_F}=\delta^2_{\Delta P_t}=1$，$\lambda_F=1$，$P^*=10$，$\Delta P=2$，$P_{t+1}=10$，$r=0.1$，$\gamma=1$，$\frac{Q}{N}=1$。系统仿真结果见图 4－7。

图 4－7 中，$x$ 轴表示信息观察者的预期信息观察量 $\varphi$，$y$ 轴表示动量交易者的预期调整系数 $\lambda_M$，$z$ 轴表示商品住宅均衡价格 $P$。由图 4－7 可以看出：a. 当信息观察者的预期信息观察量位于［0，0.5］区间时，住宅价格随着采取惯性策略的动量交易者的预期调整系数的增大而迅速上升，并趋于一个较高的稳定水平；当信息观察者的预期信息观察量位于［0.5，1］区间时，住宅价格会随着动

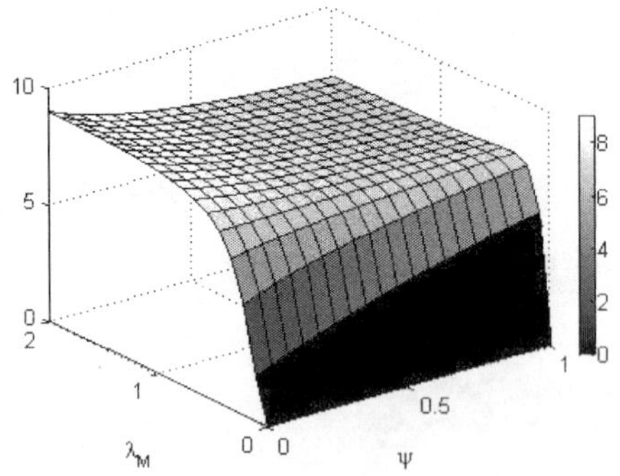


**图 4-7 信息观察者与动量交易者对商品住宅价格的叠加影响**

量交易者的预期调整系数的增大而快速上升，但最终趋于的均衡价格水平要比预期信息观察量较小时低，这说明信息观察者的预期对动量交易者预期对均衡价格的推高有一定的抑制与缓和作用。b. 当采取惯性策略的动量交易者的预期调整系数取值较小时，住宅价格会随着信息观察者信息观察量的增加而缓慢上升；当采取惯性策略的动量交易者的预期调整系数取值较大时，住宅价格会随着信息观察者信息观察量的增加而缓慢下降并趋于稳定，这说明采取惯性策略的动量交易者对信息观察者对均衡价格的推高有一定的抑制作用。

④理性交易者与基本面分析者。此处主要分析理性交易者预期方差 $\delta_{\mu_R}^2$ 与基本面分析者预期调整系数 $\lambda_F$ 对均衡价格的叠加影响。其他参数保持不变，且令：$\alpha_R:\alpha_F:\alpha_I:\alpha_M=1:1:1:1$，$\delta_{\mu_F}^2=\delta_{\Delta P_t}^2=1$，$P^*=10$，$\lambda_M=1$，$\varphi=0.5$，$\Delta P=2$，$P_{t+1}=10$，$r=0.1$，$\gamma=1$，$\frac{Q}{N}=1$。系统仿真结果见图 4-8。

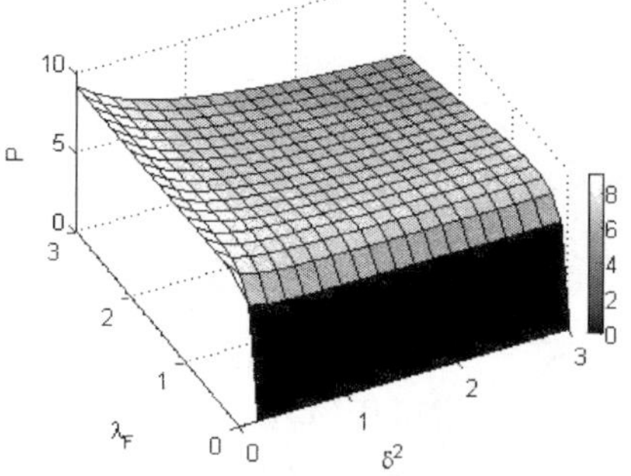


**图 4-8 理性交易者与基本面分析者对商品住宅价格的叠加影响**

图4-8中，$x$ 轴表示理性交易者预期方差 $\delta_{\mu_R}^2$，$y$ 轴表示基本面分析者的预期调整系数 $\lambda_F$，$z$ 轴表示商品住宅均衡价格 $P$。由该图可以看出：a. 当理性套利者的预期方差较小时，住宅价格随着基本面分析者预期调整系数的增大而快速上升，并保持稳定；当理性套利者的预期方差增大时，住宅价格表则随着预期调整系数的增大而快速上升，保持稳定，继而缓慢下降，这说明理性套利者的预期对基本面分析者预期对房价的推高有一定的抑制作用。b. 当基本面分析者的预期调整系数较小时，住宅价格随着理性套利者预期方差的增加而迅速小幅下降，此后趋于稳定；当基本面分析者的预期调整系数较大时，住宅价格表现出随着理性预期方差的增加而快速下降，趋于稳定，继而小幅下降的趋势，这说明基本面分析者对理性套利者对房价的拉低产生了促进作用。

⑤理性交易者与信息观察者。此处主要分析理性交易者预期方差 $\delta_{\mu_R}^2$ 与信息观察者预期观测量 $\varphi$ 对均衡价格的叠加影响。其他参数保持不变，且令：$\alpha_R:\alpha_F:\alpha_I:\alpha_M=1:1:1:1$，$\delta_{\mu_F}^2=\delta_{\Delta P_t}^2=1$，$P^*=10$，$\lambda_F=\lambda_M=1$，$\Delta P=2$，$P_{t+1}=10$，$r=0.1$，$\gamma=1$，$\dfrac{Q}{N}=1$。系统仿真结果见图4-9。

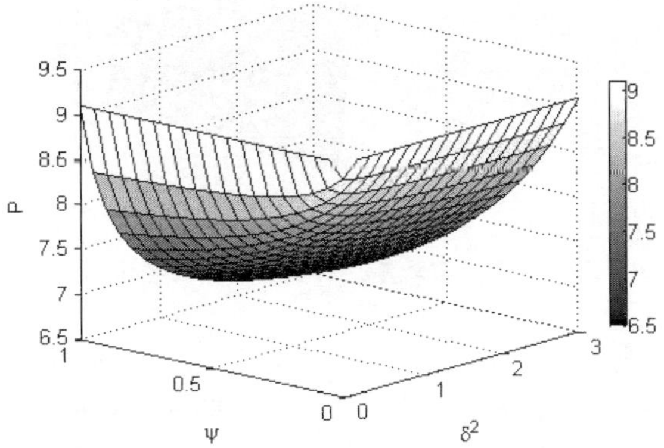


**图4-9　理性交易者与信息观察者对商品住宅价格的叠加影响**

图4-9中，$x$ 轴表示理性交易者预期方差 $\delta_{\mu_R}^2$，$y$ 轴表示信息观察者的预期观测量 $\varphi$，$z$ 轴表示商品住宅均衡价格 $P$。由该图可以看出：a. 当理性套利者的预期方差较小时，随着信息观察者预期观测量的增大，住宅价格有一定程度的下降，负向影响相对较小；当理性套利者的预期方差增大时，住宅价格随着预期信息观察量的增加而有相对较大程度的下降，这说明理性套利者的预期对信息观察

者预期对房价的拉低有一定的加剧或促进作用。b. 当信息观察者的预期信息观察量较小时，住宅价格随着理性套利者预期方差的增加而迅速小幅下降，继而保持在较高的稳定水平；随着信息观察者预期信息观察量逐渐增大，理性预期方差对住宅价格的影响逐渐变大，当观测量大于0.5时，住宅价格随着理性预期方差的增加而有相对较大程度的下降，这说明信息观察者的预期对理性套利者的预期对房价的拉低有一定的加剧或促进作用。

⑥理性交易者与动量交易者。此处主要分析理性交易者预期方差 $\delta_{\mu_R}^2$ 与动量交易者预期调整系数 $\lambda_M$ 对均衡价格的叠加影响。其他参数保持不变，且令：$\alpha_R:\alpha_F:\alpha_I:\alpha_M=1:1:1:1$，$\delta_{\mu_F}^2=\delta_{\Delta P_t}^2=1$，$P^*=10$，$\lambda_F=1$，$\varphi=0.5$，$\Delta P=2$，$P_{t+1}=10$，$r=0.1$，$\gamma=1$，$\frac{Q}{N}=1$。系统仿真结果见图4－10。

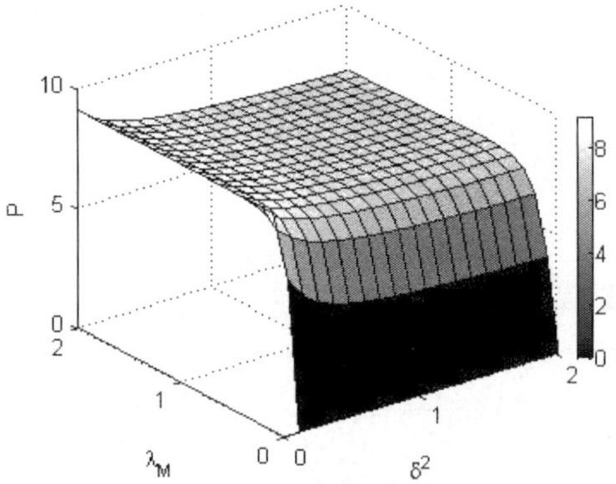


**图4－10　理性交易者与动量交易者对商品住宅价格的叠加影响**

图4－10中，$x$ 轴表示理性交易者预期方差 $\delta_{\mu_R}^2$，$y$ 轴表示动量交易者的预期调整系数 $\lambda_M$，$z$ 轴表示商品住宅均衡价格 $P$。由图4－10可以看出：a. 当理性套利者的预期方差较小时，住宅价格随着采取惯性策略的动量交易者的预期调整系数的增大而迅速上升，并趋于一个较高的稳定水平；当理性套利者的预期方差较大时，住宅价格会随着动量交易者的预期调整系数的增大而快速上升，但最终趋于的均衡价格水平要比理性预期方差较小时低，这说明理性套利者的预期对动量交易者预期对均衡价格的推高有一定的抑制与缓和作用。b. 当采取惯性策略的动量交易者的预期调整系数取值较小时，住宅价格会随着理性套利者预期方差的增加而迅速有所下降，并保持稳定；当动量交易者的预期调整系数取值较大时，

住宅价格会随着理性套利者预期方差的增加而缓慢下降并趋于相对较高的水平，这说明动量交易者对理性套利者对住宅价格的负向影响有一定的抑制作用。

## 4.4 本章小结

本章通过理论描述、建模分析、系统仿真的研究思路，系统地研究了预期对商品住宅价格的影响机理。首次将金融市场 DSSW 模型的分析方法引入住宅市场预期的研究中，设定了信息观察者、动量交易者、理性套利者、基本面分析者四类异质交易者，建立了包含四类异质交易者预期的商品住宅价格模型，更好地描述了异质预期与房价之间的本质联系；进行了系统模拟与仿真，探析了异质预期对住宅价格的单独影响和叠加影响的规律性。研究结论为市场参与者深入认识市场运行规律提供了有力依据与技术支持。

主要研究结论有：第一，预期通过对购房者需求、房地产企业供给的单独作用或共同作用，对商品住宅价格产生影响；商品住宅价格则在一定条件下对市场参与者的预期产生强化作用或是反转作用。第二，系统仿真研究表明：单独考虑某一种预期时，该类参与者比例越大，其行为参数往往对均衡价格的影响越大，但影响的方向是不确定的。考虑不同类型预期的仿真实验表明：理性套利者的存在会造成住宅价格的下降，动量交易者则会造成住宅价格的上涨，而基本面分析者和信息观察者对住宅价格影响的方向是不确定的；在价格动量为正的假设条件下，采取惯性策略的动量交易者对住宅价格产生了明显的推高作用，而基本面分析者、信息观察者、理性交易者则都对这种作用产生了抑制与缓和；四类异质主体对房价两两叠加影响的结果是，随着叠加的预期类型不同，对住宅价格共同影响的力度和方向都存在差异。

# 5 预期对商品住宅价格影响的实证研究[①]

第 4 章构建考虑预期的住宅价格模型时，假设市场中存在 4 类参与者：理性套利者、基本面分析者、信息观察者和动量交易者。虽然 4.2 节给出了 4 类参与者价格预期的表达式，但是实证研究中对它们量化还存在一些困难。理性套利者的预期可以根据已有的量化理性预期的方法实现；动量交易者的预期（以下简称“动量预期”）可以转化为一种近视预期，进而实现量化；而基本面分析者与信息观察者的价格尚无较好的方法实现量化。因此，本章在对全国 30 个省（直辖市、自治区）商品住宅价格波动特征描述性分析的基础上，只针对动量交易者的预期——动量预期对房价的影响进行了实证分析。关于其他三类交易者预期对房价的单独影响，以及 4 类预期对房价的叠加影响，参见 4.3 节的系统仿真研究。

## 5.1 实证模型与数据

### 5.1.1 实证模型构建

由式（4.30）：$P_t = f(P^e_{t+1}, Q_t, N_t, r_t)$ 可知，第 $t$ 期商品住宅均衡价格 $P_t$ 由 $t$

① 本章 5.1 节的主要内容是在李斌、张所地、武斌合著论文《市场预期对房价的作用研究——基于 DSSW 模型和动态面板数据模型的分析》基础上形成的，发表于《软科学》2015 年第 29 卷 12 期，第 121 ~ 125 页。

+1 期的价格预期 $P^e_{t+1}$，第 $t$ 期的商品住宅供给 $Q_t$、总人口 $N_t$、利率 $r_t$ 等因素决定。房地产企业在进行商品住宅供给决策时首先要对供给行为的预期收益与开发成本进行比较，只有当预期收益高于开发成本时企业才会供给住宅产品。而供给的预期收益主要是根据商品住宅价格未来走势，即预期价格进行判断，预期房价增长会带来预期收益的增长，进而提高房地产企业的供给意愿；相反的，土地、建筑及金融等成本因素则会带来房地产企业预期收益和供给能力的下降。因此，在房地产企业预期仅有1期、供给不存在滞后的假设条件下，商品住宅供给 $Q_t$ 可表示为：

$$Q_t = f(P^e_{t+1}, LP_t, BC_t, r_t) \tag{5.1}$$

其中，$Q_t$ 表示供给，$P^e_{t+1}$表示开发商未来一期的价格预期，$LP_t$ 表示住宅开发的土地成本，$BC_t$ 表示住宅开发的建筑成本，$r_t$ 表示住宅开发的金融成本。

为了考察房价、预期、人口、利率、开发成本等指标间的关系，本章选取30个省（直辖市、自治区）（以下简称“30个地区”）作为研究对象①，并建立房价决定面板模型，如下：

$$\ln P_{i,t} = \alpha_0 + \lambda_i + \beta_1 \ln P^e_{i,t+1} + \beta_2 \ln LP_{i,t} + \beta_3 \ln BC_{i,t} + \beta_4 r_{i,t} + \beta_5 \ln N_{i,t} + \beta_6 D_{2004} + \beta_7 D_{2008} + \beta_8 D_{2009} + \beta_9 D_{2014} + \varepsilon_{i,t} \tag{5.2}$$

其中，$\alpha_0$ 为常数，$i$ 代表30个地区，$t$ 代表时间，$\lambda_i$ 用来控制不同地区的不随时间变化的特有性质；$\beta_1 \sim \beta_5$ 分别反映房价预期、土地成本、建筑成本、利率水平、人口数量对房价的影响，$\beta_6 \sim \beta_9$ 反映时间因素对房价的影响，$\varepsilon_{i,t}$是随机误差项，包括遗漏的解释变量、观测误差、设定误差和随机因素的影响。模型（5.2）即为本章实证研究的基本模型。

### 5.1.2 指标选取与数据处理

（1）房价

选取商品住宅销售价格指标作为房价的代理变量。由于无官方公布的商品住宅销售价格月度数据，故按以下公式进行计算：

$$\text{当月商品住宅销售价格} = \frac{\text{本月商品住宅累积销售额} - \text{上月商品住宅累积销售额}}{\text{本月商品住宅累积销售面积} - \text{上月商品住宅累积销售面积}} \tag{5.3}$$

其中，商品住宅累积销售额与商品住宅累积销售面积指标的月度数据来自于

① 由于西藏自治区商品住宅累积销售额、累积销售面积、城市居民消费价格指数等指标月度数据缺失较多，故将其从实证研究对象中剔除。

“中宏统计数据库”。

（2）价格预期

目前我国商品住宅市场参与者仍以近期的市场变化为预期的主要依据。因此，实证研究考虑了动量预期对商品住宅价格的影响。

第 4 章中假设动量交易者是完全依赖于历史价格波动进行价格预期的，并且根据式（4.22），其价格预期可以表示为：

$$P^e_{M,t+1} = P_t + \lambda \Delta P_t \tag{5.4}$$

其中，$P^e_{M,t+1}$为动量交易者的价格预期，$\lambda$ 为预期调整系数，$P_t - P_{t-k} = \Delta P_t$ 为价格动量。

式（5.4）可以解释为：在第 $t$ 期时，动量交易者对未来 1 期的价格预期 $P^e_{M,t+1}$是当期的价格 $P_t$ 加上由历史价格动量 $\Delta P_t$ 所形成的预期价格增量 $\lambda\Delta P_t$，$\lambda$ 是历史动量和预期增量的比值。由于无法获取动量交易者的预期调整系数 $\lambda$ 的数据，而且动量交易者预期是一种典型的“近视”行为，因此考虑采用国外学者 Dipasquale 和 Wheaton（1996）提出的利用历史价格形成预期价格增长率的方法对式（5.4）进行转化：

$$\begin{aligned} P^e_{M,t+1} &= P_t + P_t \times E\left(\frac{\Delta P}{P}\right) = P_t + P_t \times \frac{1}{n-1} \\ &\quad \times \left(\frac{P_t - P_{t-1}}{P_{t-1}} + \frac{P_{t-1} - P_{t-2}}{P_{t-2}} + \cdots + \frac{P_2 - P_1}{P_1}\right) \\ &= P_t + P_t \times \frac{1}{n-1}\sum_{i=0}^{n-2} \frac{P_{t-i} - P_{t-i-1}}{P_{t-i-1}} \end{aligned} \tag{5.5}$$

其中，$P_t \times E\left(\frac{\Delta P}{P}\right)$为动量交易者的预期价格增量，且有 $n \geqslant 2$。

式（5.5）将动量交易者的价格预期转化成了历史价格的函数，选择合理的 $n$ 值即可计算出未来 1 期的价格预期。此处假设动量交易者采取的是正向交易策略，即“追涨杀跌”的策略。

由于国内部分市场参与者信息获取与分析的能力有限，他们往往无法获取所有历史价格信息，或者即使掌握相关信息但也对较久远的信息缺乏兴趣，因为他们更加关注的是短期内房价的波动，例如 1 年之内的房价波动特征。因此，该部分假设 $n = 12$，由最近 1 年内的历史房价对未来房价进行预期，这与住宅市场的现实情况更加相符。将动量预期记为 $ME_{t+1}$，计算公式如下：

$$ME_{t+1} = P_t + P_t \times \frac{1}{11} \times \left(\frac{P_t - P_{t-1}}{P_{t-1}} + \frac{P_{t-1} - P_{t-2}}{P_{t-2}} + \cdots + \frac{P_{t-10} - P_{t-11}}{P_{t-11}}\right)$$
$$= P_t + P_t \times \frac{1}{11} \sum_{i=0}^{10} \frac{P_{t-i} - P_{t-i-1}}{P_{t-i-1}} \tag{5.6}$$

（3）商品住宅开发的土地成本

该部分选取房地产开发土地交易价格作为当期土地成本 $LP_t$ 的代理变量，计算公式如下：

土地交易价格 = 土地购置费用 ÷ 土地购置面积 （5.7）

各地区房地产开发土地购置费用与土地购置面积年度数据来源于“中宏统计数据库”与历年《中国房地产统计年鉴》。按照式（5.7）计算出各地区土地交易价格年度数据后，采用均值插值法转换数据频率。通过地价与房价关系的定量分析，也可以进一步认识住房市场与土地市场的关系。

（4）商品住宅开发的建筑成本

该部分选取竣工房屋造价指标作为住宅建筑成本的代理变量。该指标包括住宅建筑、安装工程费，勘察、设计工程费，征地拆迁费等内容，可以较好地衡量商品住宅开发的建筑成本因素。各地区竣工房屋造价数据来源于“中宏统计数据库”与历年《中国房地产统计年鉴》，并采用均值插值法转换数据频率。

（5）利率

该部分选取金融机构人民币贷款基准利率（5 年以上）作为利率的代理变量。这是由于个人住房按揭周期和开发商的贷款周期往往较长，且各家银行的住房贷款利率也是围绕贷款基准利率才有不同程度的上浮或下调。

金融机构人民币贷款基准利率数据来源于“中国人民银行货币政策司”统计数据。对于当月贷款利率发生调整的月份，按调整前后天数加权法计算当月利率值；对于当月贷款利率未发生调整的月份，用上次调整的贷款利率值作为当月利率值。

由于各地区名义贷款利率值相同，无法考察各地区利率与商品住宅价格之间的关系，故剔除通货膨胀的影响，得到各地区各月份的实际贷款利率值。

（6）人口

由于商品住宅市场主要存在于各地区的城镇地区，故选取年末城镇人口数量作为当期人口 $N_t$ 的替代指标。

年末城镇人口年度数据来源于“中宏统计数据库”、各地区历年“统计公报”或“人口统计公报”。假设城镇人口是呈均匀指数增长的，根据人口年度数据计算其月度数据。计算公式如下：

$$N_{i,j} = N_{i-1,12} \times \left(\frac{N_{i,12}}{N_{i-1,12}}\right)^{\frac{j}{12}} \tag{5.8}$$

其中，$i$ 表示年份，有 $i = 2001, 2002, \cdots, 2015$；$j$ 表示月份，有 $j = 1, 2, \cdots, 12$；$N_{i,j}$为第 $i$ 年第 $j$ 个月的城镇人口数，$N_{i-1,12}$为上一年年末城镇人口数，$N_{i,12}$为本年年末城镇人口数。

（7）时间虚拟变量

部分以房价为对象的研究成果，会设置年度虚拟变量以反映宏观经济因素对房价的影响。由于本章实证模型属于长面板模型，如果设置虚拟变量过多会造成自由度的过度损失，因此不采用为每个截面设置虚拟变量的办法。通过对 30 个地区房价曲线的观察，发现各地区房价波动基本遵循以下规律：2001 年至 2003 年，商品住宅价格基本保持稳定或小幅上升；从 2004 年开始，各地区商品住宅价格出现持续上升，一直持续到 2007 年；2008 年，各地区房价增幅放缓；2009 年至 2013 年房价再次出现大涨；2014 年，各地区商品住宅价格增速基本放缓，保持相对稳定或小幅上升；2015 年后房价再次快速上涨。房价波动趋势有其特殊的经济社会背景：2001 年至 2002 年，中国的商品住宅产业尚处于市场培育阶段，价格相对稳定；由于受“非典”的影响，2003 年我国经济增速出现下滑。为促进经济增长，国务院发布了《促进房地产市场持续健康发展的通知》，首次提出以住宅为主的房地产业已经成为国民经济的支柱产业，并明确了住房市场化的基本方向。此后，商品住宅价格一路上扬，并在 2007 年到达了高位。2008 年，由于受国际金融危机影响，国内房地产市场观望气氛较浓，出现低迷，房价平稳。2009 年受政府刺激性政策影响，以及公众对房地产保值增值功能的认可，购房需求大幅上升，房价再次走高；2014 年开始，从中央到地方一系列分类调控政策密集出台，并在当年的房市得到体现，此轮差异化调控在一定程度上抑制了房价的快速上涨，多数地区房价增速大幅下降，房价平稳或小幅上涨。根据以上分析，在模型（5.2）中引入了时间虚拟变量 $D_{2004}$、$D_{2008}$、$D_{2009}$与 $D_{2014}$。

（8）数据处理

考虑到指标数据的可获取性，样本数据是 2001 年 1 月至 2015 年 12 月的月度数据，并在建模前采用 Census X12 方法对数据进行季节性调整，以显示时间序列的潜在趋势。对房价、预期、地价、造价、利率等变量进行剔除通胀影响的处理。将房价、预期、地价、造价、人口取自然对数，并分别记为 $\ln P_t$、$\ln ME_{t+1}$、$\ln LP_t$、$\ln BC_t$、$\ln N_t$。本章实证研究使用的统计软件是 Stata12.0。

## 5.2 全国及30个地区商品住宅价格波动特征分析

为了能更清楚、直观地分析30个地区商品住宅价格波动特征，以下给出1998~2015年全国及各地区房价及增长率的年度数据（限于篇幅，月度数据不再列出），见表5-1。

1998~2015年各地区商品住宅销售价格年均增长率见表5-2。

### 5.2.1 全国房价的波动特征

由表5-1可知，1998~2015年间，尽管政府先后出台几轮宏观调控政策，但房价总的发展趋势还是不断上涨，全国商品住宅销售价格由1998年的1854元/平方米，上升到了2015年的6473元/平方米，年均增速达7.63%。

各年份中，以2009年的房价增长最快，增速超过20%。造成2009年房价大涨的原因主要有：第一，国际金融危机的爆发对国内的经济发展产生了明显的负面影响，为了抗危机、保增长，政府于2008年11月推出了“4万亿元计划”来刺激经济回暖。在这个通胀信号面前，居民普遍担心货币发生贬值，并预期实物资产增值，于是将购买具有保值、增值与居住功能于一体的房地产作为规避风险的重要手段，造成了需求的大幅上涨。第二，流动性的释放，使得银行信贷大幅增加，而该年流入商品住宅领域的贷款，更多的是支持了投机性的住房开发与消费，不断推动房价上涨。第三，2009年上半年，在杭州、深圳、上海等地出现了史无前例的“地王”，制造了房价将要上涨的信号，购房者为了避免以后支出更多的成本，增加了住宅的需求量。此外，城市化、城市改造、经济回暖等因素都造成了2009年商品住宅需求的增加，对房价上涨都有一定的推动作用。

2004~2007年间的房价增速也较快，基本都以超过10%的速度增长。这主要是由于房地产业支柱产业地位被明确提出，土地“招拍挂”制度的实施造成的拿地门槛和成本的提高，人民收入水平不断提高，城市化进程稳步推进等因素对商品住宅价格产生了显著的正向影响。

表 5－1　　1998～2015 年全国及 30 个地区商品住宅平均销售价格及增长率

| 地区 | 指标 | 1998 | 1999 | 2000 | 2001 | 2002 | 2003 | 2004 | 2005 | 2006 | 2007 | 2008 | 2009 | 2010 | 2011 | 2012 | 2013 | 2014 | 2015 |
|---|---|---|---|---|---|---|---|---|---|---|---|---|---|---|---|---|---|---|---|
| 全国 | *P* | 1854 | 1857 | 1952 | 2068 | 2130 | 2212 | 2549 | 3010 | 3132 | 3645 | 3655 | 4474 | 4724 | 5011 | 5430 | 5850 | 5933 | 6473 |
| | *r* | | 0. 16 | 5. 09 | 5. 96 | 2. 98 | 3. 86 | 15. 23 | 18. 09 | 4. 08 | 16. 36 | 0. 26 | 22. 41 | 5. 59 | 6. 08 | 8. 37 | 7. 73 | 1. 42 | 9. 10 |
| 北京 | *P* | 4813 | 4787 | 4557 | 4716 | 4466 | 4456 | 4747 | 6162 | 7375 | 10661 | 11648 | 13224 | 17151 | 15518 | 16553 | 17854 | 18499 | 22300 |
| | *r* | | －0. 55 | －4. 80 | 3. 48 | －5. 30 | －0. 23 | 6. 54 | 29. 80 | 19. 69 | 44. 55 | 9. 25 | 13. 54 | 29. 69 | －9. 52 | 6. 67 | 7. 86 | 3. 61 | 20. 55 |
| 天津 | *P* | 2269 | 2157 | 2244 | 2301 | 2426 | 2463 | 2950 | 3991 | 4649 | 5557 | 5598 | 6605 | 7913 | 8539 | 8010 | 8390 | 8828 | 9931 |
| | *r* | | －4. 95 | 4. 06 | 2. 52 | 5. 42 | 1. 53 | 19. 80 | 35. 27 | 16. 50 | 19. 52 | 0. 74 | 18. 00 | 19. 79 | 7. 91 | －6. 19 | 4. 74 | 5. 22 | 12. 49 |
| 河北 | *P* | 1274 | 1293 | 1351 | 1309 | 1340 | 1393 | 1487 | 1804 | 2016 | 2573 | 2799 | 3255 | 3450 | 3762 | 4142 | 4640 | 4988 | 5530 |
| | *r* | | 1. 55 | 4. 46 | －3. 09 | 2. 34 | 3. 99 | 6. 68 | 21. 33 | 11. 75 | 27. 66 | 8. 76 | 16. 31 | 5. 99 | 9. 02 | 10. 11 | 12. 02 | 7. 50 | 10. 87 |
| 山西 | *P* | 802 | 1042 | 948 | 1285 | 1194 | 1316 | 1574 | 1837 | 1811 | 2093 | 2231 | 2566 | 3338 | 3236 | 3691 | 4211 | 4462 | 4742 |
| | *r* | | 30. 00 | －9. 07 | 35. 57 | －7. 09 | 10. 27 | 19. 56 | 16. 73 | －1. 42 | 15. 56 | 6. 59 | 15. 02 | 30. 11 | －3. 06 | 14. 07 | 14. 09 | 5. 96 | 6. 28 |
| 内蒙古 | *P* | 917 | 960 | 960 | 1043 | 1035 | 1078 | 1225 | 1391 | 1631 | 2008 | 2239 | 2668 | 2983 | 3325 | 3656 | 3863 | 3833 | 3939 |
| | *r* | | 4. 69 | 0. 05 | 8. 64 | －0. 81 | 4. 19 | 13. 60 | 13. 60 | 17. 18 | 23. 13 | 11. 49 | 19. 18 | 11. 81 | 11. 46 | 9. 96 | 5. 66 | －0. 78 | 2. 77 |
| 辽宁 | *P* | 1683 | 1761 | 1920 | 2058 | 2001 | 2133 | 2316 | 2686 | 2887 | 3363 | 3570 | 3872 | 4303 | 4540 | 4717 | 4918 | 5107 | 5486 |
| | *r* | | 4. 63 | 9. 04 | 7. 21 | －2. 79 | 6. 58 | 8. 58 | 16. 01 | 7. 46 | 16. 48 | 6. 17 | 8. 47 | 11. 12 | 5. 51 | 3. 90 | 4. 26 | 3. 84 | 7. 42 |
| 吉林 | *P* | 1124 | 1312 | 1429 | 1625 | 1499 | 1490 | 1759 | 1812 | 1906 | 2288 | 2547 | 2833 | 3495 | 4191 | 3875 | 4228 | 4810 | 5213 |
| | *r* | | 16. 74 | 8. 94 | 13. 69 | －7. 80 | －0. 58 | 18. 04 | 3. 01 | 5. 21 | 20. 04 | 11. 34 | 11. 21 | 23. 38 | 19. 91 | －7. 54 | 9. 11 | 13. 77 | 8. 38 |
| 黑龙江 | *P* | 1251 | 1370 | 1579 | 1698 | 1591 | 1626 | 1692 | 1868 | 2035 | 2354 | 2619 | 3064 | 3492 | 3706 | 3726 | 4435 | 4517 | 4818 |
| | *r* | | 9. 55 | 15. 29 | 7. 54 | －6. 32 | 2. 19 | 4. 09 | 10. 36 | 8. 96 | 15. 69 | 11. 25 | 16. 99 | 13. 97 | 6. 14 | 0. 53 | 19. 03 | 1. 85 | 6. 66 |
| 上海 | *P* | 2376 | 2706 | 3157 | 3535 | 3988 | 4989 | 5761 | 6698 | 7039 | 8253 | 8182 | 12364 | 14290 | 13448 | 13870 | 16192 | 16415 | 21501 |
| | *r* | | 13. 89 | 16. 68 | 11. 99 | 12. 81 | 25. 10 | 15. 47 | 16. 26 | 5. 09 | 17. 25 | －0. 86 | 51. 11 | 15. 58 | －5. 89 | 3. 14 | 16. 74 | 1. 38 | 30. 98 |
| 江苏 | *P* | 1303 | 1487 | 1545 | 1695 | 1817 | 1976 | 2418 | 3230 | 3370 | 3811 | 3872 | 4811 | 5592 | 6077 | 6423 | 6650 | 6783 | 7177 |
| | *r* | | 14. 05 | 3. 92 | 9. 74 | 7. 16 | 8. 76 | 22. 36 | 33. 59 | 4. 34 | 13. 09 | 1. 58 | 24. 27 | 16. 22 | 8. 66 | 5. 70 | 3. 53 | 2. 00 | 5. 81 |

续表

| 地区 | 指标 | 1998 | 1999 | 2000 | 2001 | 2002 | 2003 | 2004 | 2005 | 2006 | 2007 | 2008 | 2009 | 2010 | 2011 | 2012 | 2013 | 2014 | 2015 |
|---|---|---|---|---|---|---|---|---|---|---|---|---|---|---|---|---|---|---|---|
| 浙江 | P | 1419 | 1648 | 1706 | 1826 | 2124 | 2454 | 2786 | 4037 | 4533 | 5637 | 6190 | 7870 | 9332 | 9730 | 10680 | 11016 | 10586 | 10755 |
| | r | | 16.15 | 3.56 | 7.00 | 16.30 | 15.54 | 13.53 | 44.91 | 12.30 | 24.36 | 9.80 | 27.14 | 18.58 | 4.27 | 9.76 | 3.15 | -3.90 | 1.60 |
| 安徽 | P | 997 | 1006 | 1048 | 1063 | 1171 | 1345 | 1571 | 2065 | 2153 | 2504 | 2790 | 3215 | 3899 | 4374 | 4495 | 4776 | 5017 | 5067 |
| | r | | 0.91 | 4.21 | 1.38 | 10.17 | 14.91 | 16.75 | 31.42 | 4.27 | 16.29 | 11.43 | 15.25 | 21.28 | 12.19 | 2.76 | 6.25 | 5.05 | 1.00 |
| 福建 | P | 1580 | 1852 | 1839 | 1783 | 1769 | 1891 | 2297 | 2815 | 3656 | 4475 | 4687 | 5366 | 6077 | 7371 | 8366 | 8618 | 8843 | 8565 |
| | r | | 17.20 | -0.70 | -3.05 | -0.79 | 6.90 | 21.46 | 22.57 | 29.86 | 22.42 | 4.73 | 14.49 | 13.24 | 21.29 | 13.50 | 3.01 | 2.61 | -3.14 |
| 江西 | P | 590 | 726 | 870 | 874 | 832 | 994 | 1011 | 1373 | 1617 | 2036 | 2083 | 2517 | 2959 | 3789 | 4381 | 4905 | 4917 | 5107 |
| | r | | 22.99 | 19.87 | 0.40 | -4.72 | 19.41 | 1.73 | 35.82 | 17.70 | 25.96 | 2.29 | 20.83 | 17.57 | 28.05 | 15.63 | 11.96 | 0.24 | 3.86 |
| 山东 | P | 1117 | 1293 | 1343 | 1420 | 1598 | 1659 | 1886 | 2314 | 2456 | 2807 | 2943 | 3399 | 3089 | 4299 | 4557 | 4797 | 5029 | 5290 |
| | r | | 15.74 | 3.88 | 5.73 | 12.52 | 3.80 | 13.71 | 22.73 | 6.12 | 14.30 | 4.82 | 15.51 | -9.13 | 39.18 | 5.99 | 5.27 | 4.84 | 5.19 |
| 河南 | P | 911 | 956 | 1218 | 1182 | 1280 | 1291 | 1443 | 1659 | 1816 | 2080 | 2169 | 2501 | 2856 | 3116 | 3511 | 3835 | 3909 | 4317 |
| | r | | 4.94 | 27.36 | -2.92 | 8.24 | 0.91 | 11.76 | 14.96 | 9.45 | 14.50 | 4.32 | 15.28 | 14.20 | 9.10 | 12.68 | 9.23 | 1.93 | 10.44 |
| 湖北 | P | 1230 | 1241 | 1272 | 1313 | 1408 | 1452 | 1599 | 2164 | 2422 | 2934 | 2905 | 3413 | 3506 | 4139 | 4668 | 4847 | 5085 | 5663 |
| | r | | 0.88 | 2.56 | 3.20 | 7.25 | 3.08 | 10.16 | 35.30 | 11.95 | 21.14 | -1.00 | 17.50 | 2.72 | 18.04 | 12.79 | 3.83 | 4.91 | 11.37 |
| 湖南 | P | 788 | 982 | 1016 | 1148 | 1150 | 1193 | 1248 | 1428 | 1655 | 2070 | 2156 | 2532 | 3014 | 3526 | 3670 | 3908 | 3830 | 3974 |
| | r | | 24.60 | 3.46 | 12.94 | 0.19 | 3.77 | 4.60 | 14.43 | 15.87 | 25.06 | 4.15 | 17.45 | 19.03 | 16.98 | 4.09 | 6.49 | -2.00 | 3.76 |
| 广东 | P | 2258 | 2874 | 2833 | 3214 | 3074 | 2986 | 3298 | 4201 | 4604 | 5653 | 5754 | 6366 | 7004 | 7643 | 7668 | 8466 | 8526 | 9495 |
| | r | | 27.32 | -1.43 | 13.45 | -4.36 | -2.87 | 10.47 | 27.37 | 9.61 | 22.76 | 1.80 | 10.63 | 10.03 | 9.12 | 0.33 | 10.41 | 0.71 | 11.37 |
| 广西 | P | 1295 | 1226 | 1398 | 1615 | 1639 | 1693 | 1886 | 1868 | 1973 | 2396 | 2633 | 3133 | 3382 | 3574 | 3910 | 4219 | 4442 | 4587 |
| | r | | -5.36 | 14.04 | 15.58 | 1.45 | 3.28 | 11.44 | -0.95 | 5.63 | 21.40 | 9.91 | 18.96 | 7.96 | 5.67 | 9.41 | 7.90 | 5.29 | 3.26 |
| 海南 | P | 1653 | 1688 | 1956 | 1904 | 2070 | 2041 | 2380 | 2744 | 3576 | 4204 | 5269 | 6295 | 8800 | 9029 | 7811 | 8633 | 9262 | 9226 |
| | r | | 2.12 | 15.88 | -2.66 | 8.74 | -1.44 | 16.62 | 15.30 | 30.32 | 17.56 | 25.33 | 19.48 | 39.80 | 2.60 | -13.49 | 10.52 | 7.29 | -0.39 |

续表

| 地区 | 指标 | 1998 | 1999 | 2000 | 2001 | 2002 | 2003 | 2004 | 2005 | 2006 | 2007 | 2008 | 2009 | 2010 | 2011 | 2012 | 2013 | 2014 | 2015 |
|---|---|---|---|---|---|---|---|---|---|---|---|---|---|---|---|---|---|---|---|
| 重庆 | $P$ | 1164 | 1080 | 1077 | 1131 | 1277 | 1321 | 1573 | 1902 | 2070 | 2588 | 2640 | 3266 | 4040 | 4492 | 4805 | 5239 | 5094 | 5012 |
| | $r$ | | -7.22 | -0.24 | 5.03 | 12.92 | 3.44 | 19.01 | 20.92 | 8.86 | 25.04 | 2.00 | 23.72 | 23.71 | 11.18 | 6.96 | 9.03 | -2.77 | -1.61 |
| 四川 | $P$ | 1026 | 1113 | 1049 | 1227 | 1227 | 1240 | 1351 | 1711 | 2076 | 2772 | 3048 | 3447 | 3985 | 4588 | 4959 | 5086 | 5092 | 5034 |
| | $r$ | | 8.49 | -5.76 | 16.98 | 0.03 | 1.02 | 9.00 | 26.62 | 21.33 | 33.53 | 9.93 | 13.10 | 15.60 | 15.14 | 8.08 | 2.56 | 0.12 | -1.14 |
| 贵州 | $P$ | 1081 | 1111 | 1096 | 1026 | 1084 | 1119 | 1182 | 1312 | 1605 | 1927 | 2181 | 2654 | 3142 | 3489 | 3695 | 3735 | 3694 | 3629 |
| | $r$ | | 2.78 | -1.35 | -6.39 | 5.61 | 3.26 | 5.59 | 11.08 | 22.26 | 20.07 | 13.18 | 21.71 | 18.40 | 11.04 | 5.89 | 1.08 | -1.10 | -1.76 |
| 云南 | $P$ | 1531 | 1670 | 1744 | 1880 | 1773 | 1787 | 1860 | 2018 | 2150 | 2329 | 2441 | 2723 | 2893 | 3393 | 3861 | 4176 | 4451 | 4800 |
| | $r$ | | 9.10 | 4.42 | 7.81 | -5.71 | 0.78 | 4.12 | 8.48 | 6.54 | 8.32 | 4.81 | 11.55 | 6.25 | 17.29 | 13.78 | 8.16 | 6.59 | 7.84 |
| 陕西 | $P$ | 1199 | 1005 | 1242 | 1330 | 1473 | 1391 | 1598 | 1930 | 2299 | 2489 | 2980 | 3113 | 3668 | 4692 | 4803 | 4991 | 4823 | 5082 |
| | $r$ | | -16.16 | 23.52 | 7.09 | 10.81 | -5.56 | 14.82 | 20.82 | 19.10 | 8.26 | 19.74 | 4.45 | 17.82 | 27.90 | 2.38 | 3.91 | -3.37 | 5.37 |
| 甘肃 | $P$ | 906 | 913 | 1200 | 1388 | 1204 | 1169 | 1601 | 1760 | 1703 | 2146 | 2107 | 2426 | 2938 | 3207 | 3376 | 3684 | 4234 | 4613 |
| | $r$ | | 0.75 | 31.44 | 15.63 | -13.25 | -2.88 | 36.94 | 9.94 | -3.24 | 26.01 | -1.84 | 15.19 | 21.08 | 9.17 | 5.25 | 9.12 | 14.93 | 8.95 |
| 青海 | $P$ | 943 | 1117 | 1252 | 1251 | 1297 | 1093 | 1415 | 1712 | 1891 | 2215 | 2321 | 2440 | 2892 | 3110 | 3692 | 3957 | 4294 | 4241 |
| | $r$ | | 18.41 | 12.10 | -0.06 | 3.63 | -15.73 | 29.55 | 20.93 | 10.46 | 17.17 | 4.77 | 5.13 | 18.52 | 7.52 | 18.72 | 7.18 | 8.52 | -1.23 |
| 宁夏 | $P$ | 924 | 1041 | 1227 | 1307 | 1594 | 1515 | 1665 | 1764 | 1870 | 1958 | 2214 | 2824 | 3107 | 3387 | 3621 | 3917 | 3747 | 4010 |
| | $r$ | | 12.73 | 17.87 | 6.54 | 21.92 | -4.97 | 9.95 | 5.91 | 5.99 | 4.70 | 13.11 | 27.55 | 10.01 | 9.03 | 6.90 | 8.17 | -4.34 | 7.02 |
| 新疆 | $P$ | 1301 | 1300 | 1195 | 1344 | 1485 | 1492 | 1325 | 1491 | 1682 | 1960 | 2127 | 2518 | 2878 | 3243 | 3594 | 3949 | 4057 | 4176 |
| | $r$ | | -0.07 | -8.05 | 12.42 | 10.47 | 0.52 | -11.22 | 12.54 | 12.80 | 16.53 | 8.50 | 18.39 | 14.29 | 12.71 | 10.82 | 9.88 | 2.73 | 2.93 |

说明：指标 $P$ 表示商品住宅平均销售价格，单位为元/平方米；指标 $r$ 表示价格增长率，单位为%；表格数据由历年商品住宅月度销售额与销售面积数据计算而成。

表 5－2　　30 个地区商品住宅销售价格年均增长率（1998～2015 年）

| 地区 | 年均增长率 | 地区 | 年均增长率 | 地区 | 年均增长率 | 地区 | 年均增长率 |
|---|---|---|---|---|---|---|---|
| 北京 | 9.44% | 上海 | 13.83% | 湖北 | 9.40% | 云南 | 6.95% |
| 天津 | 9.07% | 江苏 | 10.56% | 湖南 | 9.98% | 陕西 | 8.87% |
| 河北 | 9.02% | 浙江 | 12.65% | 广东 | 8.82% | 甘肃 | 10.05% |
| 山西 | 11.02% | 安徽 | 10.04% | 广西 | 7.72% | 青海 | 9.25% |
| 内蒙古 | 8.95% | 福建 | 10.45% | 海南 | 10.64% | 宁夏 | 9.02% |
| 辽宁 | 7.20% | 江西 | 13.53% | 重庆 | 8.97% | 新疆 | 7.10% |
| 吉林 | 9.44% | 山东 | 9.58% | 四川 | 9.81% | | |
| 黑龙江 | 8.26% | 河南 | 9.58% | 贵州 | 7.38% | | |

### 5.2.2　30 个地区房价的波动特征

（1）年均增速特征

由表 5－2 可知，1998～2015 年间 30 个地区的商品住宅价格年均增长普遍较快。山西、上海、江苏、浙江、安徽、福建、江西、海南、甘肃等 9 个地区的商品住宅价格年均增速都超过了 10%，其中上海、江西两地区更是超过了 13%。此外，山东、河南、湖南、四川等地区的房价年均增速也接近 10%，其中，年均增长低于 8% 的有辽宁、广西、贵州、云南和新疆 5 个地区。这说明自住房市场化改革以来，商品住宅价格的上涨并非某个地区的个别现象，而是全国住房市场普遍存在的现象。

尽管 30 个地区的商品住宅平均销售价格在 18 年间波动性上涨，但是年均增长率还是存在一定差异。其中，房价年均增长最快的是上海，年均增速高达 13.83%；房价年均增长最慢的是云南省，年均增速仅有 6.95%；浙江省房价年均增速约为云南省的 2 倍。

（2）各年增速特征

由表 5－1 可知，30 个地区中，上海市 2009 年的房价增长率为最大值，增速高达 51.11%；陕西省在 1999 年的增长率为最小值，大小为 －16.16%。虽然 30 个地区的房价年均增速都大于 0，但是从各年份的增长速度来看，相当一部分地区还是出现过房价负增长的现象。例如，山西省房价在 2000 年、2002 年、2006 年与 2011 年出现过 4 次负增长；上海市在 2008 年和 2011 年出现过 2 次负增长。

部分地区还出现了房价大起大落的现象。例如，2007 年北京市房价增长

44.55%，2008 年增速大幅下降，仅为 9.25%，2009 年房价增长 13.54，2010 年增长 29.69，但 2011 年房价骤然转为负增长，下降到 -9.52%，2015 年房价又增长 20.55%；上海市 2008 年房价增长 -0.86%，2009 年房价突然上扬，增速高达 51.11%，2010 年增速稍有放缓，下降为 15.58%，但是 2011 年，房价转为负增长，增速为 -5.89%；甘肃省 2006 年房价为负增长，增速为 -3.24%，2007 年房价快速上涨，增速高达 26.01%，2008 年房价又出现负增长，增速为 -1.84%，但到了 2009 年，房价又出现快速上涨现象，增速高达 15.19%。这些地区房价的大起大落，除了受一般市场供需因素的影响，预期、投机等因素也产生了关键性作用。商品住宅市场的大起大落不利于当地经济、金融、社会的稳定与健康发展，因此国家及地方政府必须予以重视。

## 5.3 预期房价模型的实证检验

本节以市场参与者持动量预期为假设条件，对全国 30 个地区的动量预期房价面板模型进行了实证分析。

### 5.3.1 面板单位根检验

为了避免模型由于非平稳数据的采用而造成"伪回归"问题，在进行建模之前，需要对面板数据的平稳性进行检验，即对模型中所涉及的变量进行面板单位根检验。

考虑下面基于面板数据的 $AR(1)$ 过程：

$$y_{i,t}=\rho_i y_{i,t-1}+X'_{i,t}\delta_i+u_{i,t} \quad i=1,2,\cdots,N \quad t=1,2,\cdots,T_i \tag{5.9}$$

其中，$X_{i,t}$ 表示模型中的外生变量向量，包括各截面的固定影响和时间趋势；参数 $\rho_i$ 是自回归系数；随机误差项 $u_{i,t}$ 满足独立同分布假设；$N$ 表示个体横截面成员个数，$T_i$ 表示对第 $i$ 个横截面个体观测的时期数。对于式（5.9）所表示的 $AR(1)$ 过程，如果 $|\rho_i|<1$，则对应的序列 $y_i$ 为平稳序列；如果 $|\rho_i|=1$，说明对应的序列 $y_i$ 包含单位根，是非平稳序列。

根据对式（5.9）中参数 $\rho_i$ 的不同限制，将面板数据的单位根检验方法分为两大类：第一类是同质单位根检验，它是指面板数据中的各截面单元序列具有相同的单位根过程，即 $\rho_i=\rho$。这类检验方法主要有 LLC 检验（Levin、Lin 和 Chu，

2002)、Breitung 检验（Breitung，2000）和 Hadri（Hadri，2000）检验，它们的区别在于：LLC 检验和 Breitung 检验的原假设是时间序列或截面数据中的各截面序列均具有一个相同的单位根，$u_{i,t}$无论在截面还是时间上都是独立同分布的；而 Hadri 检验的原假设是时间序列或截面数据中的各截面序列都不包含有单位根，考虑了异方差和自相关，适合于比较大的时间单位和适中的横截面单位。第二类是异质单位根检验，是指各截面单元序列具有不同的单位根过程，允许 $\rho_i$ 在不同的面板截面序列中自由变动，与第一类相比，第二类放宽了同质性假定，备择假设中有一部分为平稳序列，其余部分为非平稳序列，比较接近于客观现实情况。第二类代表性的检验方法有 IPS 检验（Im、Pesaran 和 Shin，2003）、Fisher－ADF（Maddala 和 Wu，1999）检验和 Fisher－PP 检验。

为了提高检验结果的可靠性，该部分同时采用最常用的 4 种检验方法：LLC，IPS，Fisher－ADF，Fisher－PP，面板单位根检验结果见表 5－3。

**表 5－3　　面板单位根检验结果**

| 变量 | 检验类型（C，T） | LLC 值 | IPS 值 | Fisher－ADF 值 | Fisher－PP 值 |
|---|---|---|---|---|---|
| $\ln P_{i,t}$ | （C，T） | －40.2868*** | －37.9892*** | 1362.75*** | 1886.32*** |
| | | (0.0000) | (0.0000) | (0.0000) | (0.0000) |
| $\ln ME_{i,t+1}$ | （C，T） | －34.7065*** | －30.9429*** | 1043.12*** | 1789.38*** |
| | | (0.0000) | (0.0000) | (0.0000) | (0.0000) |
| $\ln LP_{i,t}$ | （C，T） | －0.69371 | －4.06317*** | 98.6084*** | 107.054*** |
| | | (0.2439) | (0.0000) | (0.0012) | (0.0002) |
| $\ln BC_{i,t}$ | （C，T） | －1.47006* | －3.36927*** | 97.2433*** | 109.813*** |
| | | (0.0708) | (0.0004) | (0.0017) | (0.0001) |
| $r_{i,t}$ | （C，T） | －11.0552*** | －16.9800*** | 406.346*** | 1833.31*** |
| | | (0.0000) | (0.0000) | (0.0000) | (0.0000) |
| $\ln N_{i,t}$ | （C，T） | －103.267*** | －75.9998*** | 2707.55*** | 2723.99*** |
| | | (0.0000) | (0.0000) | (0.0000) | (0.0000) |

说明：检验类型中 C 代表截距项，T 代表趋势项；滞后长度按照 SC 信息准则确定；小括号内为 p 值；***、** 和 * 分别表示在 1%、5% 和 10% 水平上拒绝“有单位根”的原假设；限于篇幅，分时段的各变量单位根检验结果不予列出。

由表 5－3 可知，所有变量的水平值都是平稳的，可进一步进行建模分析。其中 $\ln LP_{i,t}$可以通过三种检验，也认为其为平稳序列。

### 5.3.2 模型检验

由式（5.6）得到30个地区商品住宅价格的动量预期值后，记为 $\ln ME_{i,t+1}$，于是实证分析模型变为：

$$\ln P_{i,t} = \alpha_0 + \lambda_i + \beta_1 \ln ME_{i,t+1} + \beta_2 \ln LP_{i,t} + \beta_3 \ln BC_{i,t} + \beta_4 r_{i,t} + \beta_5 \ln N_{i,t} + \beta_6 D_{2004} + \beta_7 D_{2008} + \beta_8 D_{2009} + \beta_9 D_{2014} + \varepsilon_{i,t} \tag{5.10}$$

模型设定检验的目的是确定模型是混合估计模型，固定效应模型（fixed effects model）还是随机效应模型（random effects models）。对模型（5.10）的检验过程如下：

（1）混合回归与固定效应的检验

混合回归与固定效应的检验是通过 $F$ 检验实现的。$F$ 检验的原假设是：$H_0$：$u_i$ 全部为0，即混合回归模型是可以接受的；备择假设 $H_1$：$u_i$ 不全为0。$F$ 检验的统计量定义为：

$$F = \frac{(SSE_r - SSE_u)/(N-1)}{SSE_u/(NT-N-k)} \sim F(N-1, NT-N-k) \tag{5.11}$$

其中，$SSE_r$ 表示混合回归模型（即约束模型）的残差平方和，$SSE_u$ 表示个体固定效应模型（即非约束模型）的残差平方和，$N$ 表示个体个数，$N-1$ 表示约束条件个数，$T$ 表示时期数，$k$ 表示未加约束的模型中被估参数的个数。如果拒绝原假设，则模型不应采用混合回归，而应该采用固定效应。F 检验的结果见表 5－4：

**表 5－4　F 检验结果**

| F 检验统计量 | P 值 |
|---|---|
| 45.19（29，5361） | 0.0000 |

由于 F 检验的 P 值为 0.0000，强烈拒绝了原假设，因此认为固定效应模型是优于混合回归模型的，每个地区应该有自己的截距项。然而，由于该 F 检验是在固定效应模型使用普通标准差后所得，并没有使用聚类稳健标准差，故此 F 检验并不是可靠的，因为普通标准差大约只是聚类稳健标准差的一半（篇幅所限，两类标准差不列出）。因此，进一步通过固定效应的最小二乘虚拟变量模型（LSDV）来考察（模型估计结果略）。由 LSDV 法估计结果可知，绝大多数个体虚拟

变量均非常显著（P 值为 0.0000），故可以拒绝 $H_0$，认为存在个体效应，不应使用混合回归。

（2）混合回归与随机效应的检验

以上结果已基本确认了个体效应的存在，但是个体效应仍可能以随机效应的形式存在。Breusch 和 Pagan（1980）提出了检验个体效应的拉格朗日乘数检验（LM 检验），通过构建拉格朗日乘数来确定选择随机效应模型还是采用简单 OLS 估计的方法。其基本原理是若约束是有效的，那么最大化拉格朗日函数所得到的有约束的参数估计量应该位于最大化原始样本似然函数的参数估计值附近，该处对数似然函数的斜率应该趋近于 0。因此，Breusch - Pagan 检验就是在有约束估计量处，通过检验对数似然函数的斜率是否趋近于 0 来检验约束是否有效。

原假设为：$H_0$：$\sigma_u^2=\sigma_v^2=0$，备择假设为：$H_1$：$\sigma_u^2\neq 0$。LM 统计量为：

$$LM = \frac{NT}{2(T-1)}\left[\frac{\sum_{i=1}^{N}\left[\sum_{i=1}^{T}\widehat{\varepsilon}_{it}\right]}{\sum_{i=1}^{N}\left[\sum_{i=1}^{T}\widehat{\varepsilon}_{it}^{2}\right]}-1\right]^2 \tag{5.12}$$

在原假设下，统计量 LM 服从 1 个自由度的 $\chi^2$ 分布，即 $LM\sim\chi^2(1)$。若拒绝原假设，则说明模型中有一个反映个体特征的随机扰动项 $u_i$，不应使用混合回归。LM 检验结果见表 5 - 5。

**表 5 - 5　　LM 检验结果**

| LM 检验统计量 | P 值 |
|---|---|
| 5014.63（1） | 0.0000 |

由表 5 - 5 可知，LM 检验拒绝了不存在个体随机效应的原假设，认为在随机效应与混合回归之间应该选择随机效应模型。

（3）固定效应与随机效应的检验

对于应该使用固定效应模型还是随机效应模型来处理个体影响这个问题，一般采用 Hausman 检验方法判断，也就是要检验原假设 $H_0$：$u_i$ 与 $x_{it}$ 不相关。如果原假设成立，则固定效应与随机效应得到的估计结果都是一致的，但是随机效应更为有效。如果原假设不成立，则固定效应是一致的，而随机效应估计的结果是有偏的。因此，当 $H_0$ 成立时，固定效应与随机效应的估计量将共同收敛于真实的参数值，即 $\hat{\beta}_{FE}-\hat{\beta}_{RE}\xrightarrow{p}0$。如果两者的差距过大，则倾向于拒绝原假设。

Hausman（1978）提出的检验统计量为：

$$(\hat{\beta}_{FE}-\hat{\beta}_{RE})'[Var(\hat{\beta}_{FE}-\hat{\beta}_{RE})]^{-1}(\hat{\beta}_{FE}-\hat{\beta}_{RE})\xrightarrow{d}\chi^2(K) \tag{5.13}$$

其中，$K$ 为 $\hat{\beta}_{FE}$ 的维度，即 $x_{it}$ 中所包含的随时间而变的解释变量的个数。如果该统计量大于临界值，则要拒绝 $H_0$。Hausman 检验结果见表 5－6。

**表 5－6　Hausman 检验结果**

| Hausman 检验统计量 | P 值 |
|---|---|
| 267.49（9） | 0.0000 |

由表 5－6 可知，由于 P 值为 0.0000，强烈拒绝了原假设，因此应该使用固定效应模型，而非随机效应模型。

### 5.3.3　模型估计结果与分析

（1）全样本期估计结果与分析

利用 2001 年 1 月～2015 年 12 月间中国 30 个地区的样本数据，采用固定效应模型进行参数估计，可以得到下面的估计结果（见表 5－7）：

**表 5－7　面板模型估计结果**

| 参数 | 估计值 | 标准误差 | t 统计量 | P 值 |
|---|---|---|---|---|
| $\alpha_0$ | 3.588363 | 0.1948286 | 18.42 | 0.000 |
| $\beta_1$ | 0.3201577 | 0.0105174 | 30.44 | 0.000 |
| $\beta_2$ | 0.0817662 | 0.0091515 | 8.93 | 0.000 |
| $\beta_3$ | 0.1255319 | 0.0276181 | 4.55 | 0.000 |
| $\beta_4$ | －0.0054312 | 0.0031799 | －1.71 | 0.088 |
| $\beta_5$ | 0.0127728 | 0.0068132 | 1.87 | 0.061 |
| $\beta_6$ | 0.1171431 | 0.0130871 | 8.95 | 0.000 |
| $\beta_7$ | 0.0488599 | 0.017262 | 2.83 | 0.500 |
| $\beta_8$ | 0.0574016 | 0.0185409 | 3.10 | 0.002 |
| $\beta_9$ | －0.0278558 | 0.0148235 | －1.88 | 0.060 |
| $R^2$ | 0.7113 | | | |
| F 检验 | Prob ＞F＝0.0000 | | | |

由表 5 – 7 模型估计结果可知：

①利用 2001 年 1 月 ~2015 年 12 月间样本数据所估计的模型，$R^2=0.7113$，说明模型对样本观测值的拟合情况良好。所有解释变量的联合显著性 F 检验的 P 值表明，模型在整体上是显著的。在 10% 的显著性水平下，所有的解释变量在统计上都是显著的。这说明在动量预期条件下，市场参与者的房价预期、土地交易价格、竣工房屋造价、城镇人口数量、贷款利率水平都是影响商品住宅价格的重要因素。

②各因素对房价的影响力度不同。市场参与者预期对商品住宅价格产生了与理论分析一致的正向影响且作用力度最大，预期房价每上涨 1%，真实房价将上涨 0.3202%。竣工房屋造价、土地价格对房价的作用力度次之，每增加 1% 房价依次上涨 0.1255%、0.0818%。建筑材料、土地作为商品住宅的生产要素，造价、地价是房价的主要组成部分，二者上涨势必会推动房价上涨；成本价格上涨会造成未来房价上涨和住房供给不足的预期，无形中增加了当期的住房需求，在住房短期供给存在刚性的条件下，也会对房价产生正向影响。人口、贷款利率等对房价的作用力度最小，每增加 1%（或 1 个单位），房价依次上涨 0.0128% 和 –0.0054%。由此可见，整个样本期内，市场参与者的预期及其引起的投资（机）性需求是房价波动的最主要的原因。

从时间虚拟变量的作用方向来看，$D_{2004}$、$D_{2009}$ 对房价具有统计上显著的正向影响；$D_{2014}$ 对房价具有统计上显著的负向影响。这一结论与 5.2.1 中关于中国商品住宅价格的阶段性特征分析相一致：从 2004 年开始，随着房地产业支柱产业地位被明确提出，土地“招拍挂”制度的实施，全国各地商品住宅价格出现持续上升；2009 年因为政府“4 万亿元计划”等刺激性政策的出台，银行信贷大幅增加，各类需求得到了极大释放，造成了房价出现大涨；2014 年，住房调控以分类、精准为特征，各地商品住宅价格在针对性的干预手段作用下增速大幅放缓，房价基本平稳。

（2）分时段模型估计结果与分析

由于时间虚拟变量 2004 年、2009 年、2014 年的系数通过了显著性检验，说明中国商品住宅价格的波动存在阶段性特征，因此以下部分将样本区间划分为 4 个阶段（分别记为模型 Ⅰ ~ Ⅳ），对模型（5.10）进行再估计，得到的估计结果见表 5 – 8：

表 5-8　　分时段模型估计结果

| | Ⅰ：2001 年 1 月至 2003 年 12 月 | Ⅱ：2004 年 1 月至 2008 年 12 月 | Ⅲ：2009 年 1 月至 2013 年 12 月 | Ⅳ：2014 年 1 月至 2015 年 12 月 |
|---|---|---|---|---|
| $\alpha_0$ | 3.59854（0.000）***<br>4.29 | -0.1340509（0.778）<br>-0.28 | 3.856197（0.000）***<br>8.50 | 4.891495（0.000）***<br>4.74 |
| $\beta_1$ | 0.0663506（0.008）***<br>2.66 | 0.1187987（0.000）***<br>6.04 | 0.2634145（0.000）***<br>14.59 | 0.5039624（0.000）***<br>20.01 |
| $\beta_2$ | -0.0070466（0.761）<br>-0.30 | 0.1444361（0.000）***<br>8.88 | -0.0605565（0.030）**<br>-2.18 | 0.1276122（0.000）***<br>5.12 |
| $\beta_3$ | 0.4979897（0.000）***<br>4.27 | 0.290455（0.000）***<br>5.98 | 0.3498546（0.000）***<br>4.88 | -0.1012176（0.266）<br>-1.11 |
| $\beta_4$ | -0.0021895（0.799）<br>-0.26 | 0.0061971（0.123）<br>1.54 | -0.0224691（0.000）***<br>-3.53 | -0.0038884（0.436）<br>-0.78 |
| $\beta_5$ | -0.0149233（0.810）<br>-0.24 | 0.5283399（0.000）***<br>6.64 | -0.0007776（0.923）<br>-0.10 | -0.1574947（0.206）<br>-1.27 |
| $R^2$ | 0.5222 | 0.2434 | 0.5161 | 0.7342 |
| F 检验 | Prob > F = 0.0000 | Prob > F = 0.0000 | Prob > F = 0.0000 | Prob > F = 0.0000 |

说明：经检验，模型Ⅰ~模型Ⅳ均使用固定效应模型进行估计；***、** 和 * 分别表示参数在 1%、5% 和 10% 水平上显著，参数估计值下方为 t 检验统计量，小括号内为 t 检验对应的 P 值。

由表 5-8 的估计结果可知：

①预期在各个阶段均对商品住宅价格产生了统计上显著的影响。比较模型Ⅰ~Ⅳ，从作用方向来看，预期在 4 个阶段对房价均产生了与理论分析结论相一致的正向作用；从作用力度上看，预期对房价的影响程度随着时间的推移在不断加强。这与现实情况相吻合：预期的形成过程就是人们对住房市场的客观信息收集、分析和利用并以此形成判断、推理和不断修正的过程。没有必要的客观信息为依据，预期就无法形成。1998 年住房市场化改革以来，住宅市场参与者对宏观经济形势，社会发展趋势，城市规划与发展，以及政府调控政策的出台等的认识在不断发展，对住宅市场的发展走势的信息处理与判断能力在不断提高，各级政府的信息公开制度与政策的透明度在不断强化，公众预期的经验条件与信息条件都在逐步完善。因此，市场参与者的预期经历了从无到有的过程，正在从非理性向理性过度。在 2001 年至 2015 年期间，商品住宅价格始终呈现一种波动性上

涨的特点，非完全理性的市场参与者往往会将历史价格波动作为预期形成的重要依据，因而也会形成未来房价上涨的预期。涨价预期之下，购房者增加现期的购买与囤积，而由于土地供给缺乏弹性和住宅建设的周期性，住房供给在短期内是基本不变的，因此对房价产生了显著的正向刺激作用。该结论再次证实了市场参与者的预期是国内房价波动的关键影响因素，并且也说明两者之间的数量关系不是固定不变的，而是处于一种动态变化的状态。

②模型Ⅰ：$R^2=0.5222$，说明模型对样本观测值的拟合能力尚可。所有解释变量的联合显著性 F 检验的 P 值表明，模型在整体上是显著的；在 5% 的显著性水平下，市场参与者预期、竣工房屋造价对房价的作用是显著的，而其他解释变量的影响在统计上不显著。从两个解释变量的影响程度上看，竣工房屋造价对房价的影响力度更大，成为这一阶段房价上涨的主要原因，造价每上涨 1%，房价会上涨 0.4980%。预期同样是房价上涨的影响因素，但与前者相比，作用力度较小。上述结论表明，在该阶段房价的上涨主要是成本推动的结果。

③模型Ⅱ：$R^2=0.2434$，说明模型对样本观测值有一定的拟合能力。所有解释变量的联合显著性 F 检验的 P 值表明，模型在整体上是显著的；在 5% 的显著性水平下，除了贷款利率外，其他的解释变量的影响在统计上都是显著的。从各解释变量的作用力度上看，城镇人口数量对住房价格的正向影响最大，人口每增长 1%，房价将上涨 0.5283%。2004～2008 年正是国家城市化快速发展的阶段，大量的农民工、毕业大学生等人口进入城市，造成城市人口数量的快速增长，形成了较大的刚性需求，并推动了房价上涨。造价和地价等成本因素对房价的影响次之，预期对房价的影响力度最小。与前一阶段相比，地价的作用显现出来，这可能是由于 2004 年 3 月 31 日，国土资源部发出《关于继续开展经营性土地使用权招标拍卖挂牌出让情况执法监察工作的通知》，提高了房地产企业拿地的门槛，也提高了土地要素价格，进而促使土地价格对房价的作用显现了出来。上述结论说明，该阶段中房价的上涨主要是城市人口快速增长引起的刚性需求和成本推动的结果，商品住宅更多地体现出了其消费属性。

④模型Ⅲ：$R^2=0.5161$，说明模型对样本观测值的拟合能力尚可。所有解释变量的联合显著性 F 检验的 P 值表明，模型在整体上是显著的；在 5% 的显著性水平下，除了城镇人口数量外，其他解释变量在统计上都是显著的。从各解释变量的影响程度上看，竣工房屋造价、预期、土地价格、贷款利率对房价的影响力

度依次减弱，每增加1%（或1个单位），房价依次上涨0.3499%、0.2634%、-0.0606%和-0.0225%。与前一阶段相比，房屋造价、贷款利率等成本因素成为房价上涨的主要原因。在该阶段，贷款利率对房价产生了显著的负向影响，这也与其他3个阶段形成鲜明对比。从供给角度看，由于住宅开发所需资金量大，贷款利率的高低直接影响住房开发成本，进而影响房价。从需求角度看，贷款利率的提高会在一定程度上抑制自住需求，也会降低住房投资预期收益，使部分投资需求从房地产市场转向收益更高的市场，需求减少，在供给不变的情况下，表现出对房价的负向影响。现实中，贷款利率对房价的作用究竟如何，要取决于正负向力量的对比情况。从表5-12可知，在2009年1月~2013年12月，贷款利率对住房需求的影响更为明显，表现为抑制了住房需求从而对价格产生负向影响，但在其他阶段这种作用并未得到表现。上述结论表明，在该阶段房价的上涨不再是刚性需求拉动所致，而主要是成本推动和预期引起的投资（机）性需求拉动的结果，商品住宅更多地体现出了其投资属性。

⑤模型Ⅳ：$R^2=0.7342$，说明模型对样本观测值的拟合能力良好。所有解释变量的联合显著性F检验的P值表明，模型在整体上是显著的；在5%的显著性水平下，市场参与者预期、土地价格对房价的作用是显著的，而其他解释变量的影响在统计上不显著。从两个解释变量的影响程度上看，市场参与者预期对房价的影响力度更大，成为这一阶段房价上涨的主要原因，预期房价每上涨1%，真实房价会上涨0.5040%。地价同样是房价上涨的影响因素，虽然作用力度仅为前者的1/4左右，但与前一阶段相比，其作用明显加强。上述结论表明，在该阶段房价的上涨主要是预期引起的投资（机）性需求造成的，商品住宅更多地体现出了其投资属性。这也说明市场调控要以引导市场参与者的合理预期为重要手段，抑制投资（机）性需求，同时需要注意对土地价格的调节。

## 5.4 面板聚类后预期房价效应的差异性分析

由5.3的实证分析结论可知，市场参与者的预期对商品住宅价格产生了重要影响，且在不同时期内的影响程度还存在差异。为了探析在不同的地区，预期对房价的影响是否存在差异，以下在对全国30个地区分类的基础上，进行了预期作用效果的比较分析。

在对全国房地产市场进行分类分析时，国内部分学者按照东部、中部与西部等区位特征进行类型划分，如梁云芳、高铁梅（2007），徐笠葳（2011）等，这样虽然可以在一定程度上使各地区房地产市场的特点得以体现，但是隶属于同一区位的省市也可能在房地产市场发展水平上存在较大差异，而不同区位省市的房地产市场也可能存在相似特点。因此，该部分尝试按照商品住宅价格水平对30个省（直辖市、自治区）进行聚类分析，在此基础上探析市场参与者的预期对不同类型地区房价的作用规律。

### 5.4.1 面板聚类方法

如果针对30个地区的房地产市场选取某一固定时期进行聚类分析，则会抹杀市场动态发展趋势，结果也会有所偏误。因此，此处的聚类方法不再使用针对固定时间截面数据的传统二维聚类方法，而选择将多元统计方法引入面板模型的面板聚类方法。目前，关于面板数据的聚类分析成果主要有：Bonzo和Hermosilla（2002）创新性地将多元统计分析方法引入面板数据，并用概率连接函数和遗传算法改进了聚类分析的算法；Ren和Shi（2009）基于Fisher次序集群理论和Frobenius准则提出了一种多变量面板数据聚类方法；朱建平、陈民恳（2007）提出了一种单变量面板数据聚类方法，并针对我国城镇居民收入、支出问题进行了实证分析；李因果、何晓群（2010）在考虑面板数据“绝对量”和“相对量”及其“时序波动”特征的基础上，构造了针对面板数据相似性测度的“综合”距离函数和Ward聚类算法。该部分按照朱建平、陈民恳（2007）的面板聚类方法进行操作。

（1）面板聚类分析的基本思想

根据已知数据，观察各样品或变量之间亲疏关系的相似程度，依照某种准则，把一些相似程度较大的样品或变量聚合为一类，把另外一些相似程度较大的样品或变量聚合为另外一类……使同一类内差别较小，而类与类之间的差别较大，最终将观察样品或变量分为若干类。

面板聚类分析需要处理两个核心问题：一是用什么统计量来表征样本之间的相似程度；二是采用何种聚类方法或者说采用何种准则确定类与类之间的相似程度。

（2）单指标面板数据的统计描述

面板数据从横截面上看，是由若干个体在某一时刻构成的截面观测值，从纵剖面上看则是一个时间序列。设总体中共有 $N$ 个个体，每个个体的特征用指标 $x$ 来表示，时间长度为 $T$，则 $x_{it}$表示第 $i$ 个个体在 $t$ 时期的指标值。其中，$i=1,2,\cdots,N$，$0\leqslant t\leqslant T$。定义几个必要的统计量有：

指标 $x$ 在 $t$ 时期的均值：$\bar{x}_t = \dfrac{1}{N}\sum_{i=1}^{N} x_{i,t} \quad 0\leqslant t\leqslant T$ (5.14)

指标 $x$ 在 $t$ 时期的方差：$VAR_t = \dfrac{1}{N-1}\sum_{i=1}^{N}(x_{i,t}-\bar{x}_t)^2 \quad 0\leqslant t\leqslant T$ (5.15)

（3）面板数据的相似性指标

面板数据聚类分析时，个体之间的相似性是非常重要的，它会直接影响聚类的最终结果。总体中第 $i$ 个个体与第 $j$ 个个体之间的相似性可以用它们之间的距离 $d_{ij}$表示。$d_{ij}$应满足如下条件：$d_{ij}\geqslant 0$，当且仅当 $x_i=x_j$ 时，$d_{ij}=0$；$d_{ij}=d_{ji}$，对所有 $x_i$ 和 $x_j$；$d_{ij}\leqslant d_{ik}+d_{kj}$，对 $x_i$、$x_k$ 和 $x_j$。

常见的距离函数有欧氏距离（Euclidean distance）、平方欧氏距离（Squared euclidean distance）、切比雪夫距离（Chebychev distance）、Block 距离、明考斯基距离（Minkowski distance）、夹角余弦距离（Cosine distance）等等。此处选择平方欧式距离描述个体之间的相似程度，郑兵云（2008）指出面板数据的欧氏距离是一种“欧氏时空距离”，平方欧氏距离可以定义为：

$$d_{ij} = \sum_{t=1}^{T}(x_{i,t}-x_{j,t})^2 \tag{5.16}$$

$N$ 个面板数据之间的相似性用距离表示后，其表现形式是一个 $N\times N$ 的对称矩阵，用下三角矩阵可表示为：

$$\begin{bmatrix} 0 & & & & \\ d_{21} & 0 & & & \\ d_{31} & d_{32} & 0 & & \\ \cdots & \cdots & \cdots & \ddots & \\ d_{N1} & d_{N2} & \cdots & d_{N,N-1} & 0 \end{bmatrix} \tag{5.17}$$

（4）面板数据的聚类方法

聚类分析方法主要有系统聚类法、K—均值聚类法、模糊聚类法等等。系统聚类法是较常用的方法，定义类与类之间相似性的常用距离有：最近邻居距离（Nearest neighbor distance）、最远邻居距离（Furthest neighbor distance）、组间平均链锁距离（Between - groups linkage distance）、组内平均链锁距离（Within - groups linkage distance）、重心距离（Centroid clustering distance）、离差平方和法（Ward's method）等等。此处选取离差平方和法来描述类间的相似程度，可以表示为：

$$s_k = \sum_{t=1}^{T} \sum_{i \in i^k} (x_{i,t} - \bar{x}_t^k)^2 \tag{5.18}$$

其中，$s_k$ 为第 $k$ 类个体间的离差平方和，$i^k$ 表示第 $k$ 类中所有个体序号的集合，$\bar{x}_t^k$ 表示第 $k$ 类所有个体 $x$ 指标在 $t$ 时期的平均值。

（5）面板数据系统聚类的基本步骤

针对面板数据 $x_{i,t}$（$i=1,2,\cdots,N$，$0 \leqslant t \leqslant T$），首先每个面板数据 $x_{i,t}$（$i=1,2,\cdots,N$）自成一类，共有 $N$ 类；其次，依据面板数据的相似指标把“距离”较近的两个面板数据聚为一类，其他的面板数据仍各自聚为一类，共有 $N-1$ 类；然后逐渐凝聚成小类，随着小类的不断凝聚，类内的离差平方和必然不断增大。选择使类内离差平方和增加最小的两类凝聚，直到达到分类要求为止。

### 5.4.2 面板聚类结果

通过对 30 个地区商品住宅销售价格面板数据的初步观测，发现 2001 年 1 月 ~2015 年 12 月间各地区房价普遍呈现上涨趋势。该直观结论无法对 30 个地区的房价情况做出准确的判断和区分，因此以下采用单指标的面板聚类方法判别各地区商品住宅销售价格的层次类型和差异情况。按照房价水平面板聚类后，可以更好地分析市场参与者的预期对不同类地区住宅市场运行的影响及差异。

选择平方欧氏距离作为面板数据的相似性指标，按照离差平方和法进行聚类分析，SPSS18.0 的聚类结果见表 5 -9：

**表 5 -9　　30 个地区面板聚类结果**

| 组类 | 地区 | 个数 |
|---|---|---|
| A | 北京、上海 | 2 |
| B | 天津、江苏、福建、广东、海南、浙江 | 6 |
| C | 山东、湖南 | 2 |
| D | 河北、山西、内蒙古、辽宁、吉林、黑龙江、安徽、江西、河南、湖北、广西、重庆、四川、贵州、云南、陕西、甘肃、青海、宁夏、新疆 | 20 |

由表 5 -9 可以看出，我国 30 个地区的商品住宅销售价格可以分为 4 个层次：A 类地区包括北京和上海，是商品住宅销售平均价格最高的地区，也是房地产业最发达的地区；B 类地区包括天津、江苏、福建、广东、海南、浙江，也是目前公认的高房价地区，并且均分布在沿海地区；C 类地区包括山东、湖南，是房价处于中上等水平的地区，基本分布在沿海沿江地区；D 类地区包括河北、山西和内蒙古等 20 个省市，是全国房价处于较低水平的地区，也是房地产业发展较为落后的地区。以下将在地区聚类的基础上，对 4 类地区分别使用 Panel Data 模型进行估计，并分别记为模型 A ~ D。

### 5.4.3 地区分类面板模型估计结果与分析

按照表 5 -9 的地区聚类结果，对模型（5.10）进行再估计，结果见表 5 -10：

**表 5 -10　　4 类地区面板模型估计结果**

| | 模型 A | 模型 B | 模型 C | 模型 D |
|---|---|---|---|---|
| $\alpha_0$ | 1.96838（0.000）***<br>3.53 | 1.734303（0.000）***<br>8.19 | 2.494875（0.000）***<br>5.92 | 2.11822（0.000）***<br>14.94 |
| $\beta_1$ | 0.3135354（0.000）***<br>7.43 | 0.3337897（0.000）***<br>15.30 | 0.126641（0.005）***<br>2.80 | 0.3426398（0.000）***<br>27.10 |
| $\beta_2$ | 0.1622711（0.000）***<br>8.32 | 0.0899796（0.000）***<br>7.04 | 0.1215022（0.000）***<br>3.59 | 0.0287274（0.024）**<br>2.26 |
| $\beta_3$ | 0.333414（0.000）***<br>3.62 | 0.377657（0.000）***<br>9.38 | 0.4480173（0.000）***<br>5.14 | 0.3421248（0.000）***<br>11.64 |
| $\beta_4$ | -0.0038393（0.758）<br>-0.31 | 0.0143895（0.029）**<br>2.19 | 0.0072553（0.331）<br>0.97 | -0.0069147（0.071）*<br>-1.81 |
| $\beta_5$ | 0.0196687（0.303）<br>1.03 | 0.012788（0.296）<br>1.05 | 0.0040242（0.797）<br>0.26 | 0.0267966（0.001）***<br>3.21 |
| $R^2$ | 0.7899 | 0.7817 | 0.7519 | 0.5867 |
| F（Wald）检验 | Prob > F = 0.0000 | Prob > F = 0.0000 | Prob > F = 0.0000 | Prob > F = 0.0000 |

说明：Hausman 检验结果显示，模型 A ~ 模型 C 为固定效应模型，而模型 D 是随机效应模型；***、** 和 * 分别表示参数在 1%、5% 和 10% 水平上显著，参数估计值下方为 t 检验统计量，小括号内为 t 检验对应的 P 值。

由表 5 – 10 模型估计结果可知：

其一，模型 A ~ D 的 $R^2$ 分别为 0.7899、0.7817、0.7519 和 0.5867，并且都通过了解释变量的联合显著性 F（Wald）检验，表明模型在整体上显著，对样本数据的拟合情况良好。

其二，预期对 4 类地区商品住宅价格都产生了显著的正向影响。由表 5 – 10 可知，市场参与者的房价预期都通过了显著性 $t$ 检验，对 4 类地区均产生了与理论分析一致的正向影响。从作用力度上看，预期对 D 类地区的影响最强，预期房价每上涨 1%，现实的房价将上涨 0.3426%；对 B 类地区的作用力度次之，预期房价上涨 1%，现实房价将上涨 0.3338%；对 A 类地区的作用力度再次之，预期房价上涨 1%，现实房价将上涨 0.3135%；对 C 类地区的影响力度最小，预期房价上涨 1%，现实房价仅上涨 0.1266%，作用力度仅为 D 类地区的 1/3 左右。从整体上看，4 类地区随着房价水平的下降，预期的作用力度反而表现出上升趋势（C 类地区除外）。这一结论在一定程度上解释了 4 类地区房价水平之间存在差异的原因。

其三，土地交易价格对 4 类地区商品住宅价格的影响存在差异。从理论上看，土地作为商品住宅的生产要素，地价是房价的重要组成部分，地价上涨会推动房价上涨；另外，土地价格上涨会造成未来房价上涨和住房供给不足的预期，无形中增加了当期的住房需求，在住房短期供给存在刚性的条件下，会对房价产生正向影响。从表 5 – 10 的实证结果来看，土地交易价格的确对 4 类地区的房价都产生了显著的正向作用，但是作用力度存在差异。土地价格的上涨对 A 类地区房价上涨的推动作用最大，地价每上涨 1%，房价上涨 0.1622%；对 C、B 两类地区房价的推动力度依次递减；对 D 类地区房价的作用力度最小，地价每上涨 1%，房价仅上涨 0.0287%。与 D 类地区相比，A ~ C 类地区房地产业相对成熟，可盘活的土地面积已不多，新增土地供给有限，因此土地因素对商品住宅价格的影响更大。

其四，竣工房屋造价对 4 类地区的商品住宅价格均具有统计上显著的正向影响。从作用力度上看，房屋造价的上涨对 C、B、D、A 类地区房价上涨的推动作用依次递减。造价每上涨 1%，房价分别上涨 0.4480%、0.3777%、0.3421% 和 0.3334%。比较模型 A ~ D，发现房屋造价均为这 4 类地区房价波动的主要因素。

其五，贷款利率对 4 类地区商品住宅价格的影响效果存在不确定性。由表

5－10 可知，利率对 B、D 两类地区的影响在统计上是显著的，而对 A、C 两类地区的影响不显著。从作用方向来看，对 B 类地区产生了正向影响，利率每上升 1 个单位，房价上涨 0.0144%；对 D 类地区产生了负向影响，利率每上升 1 个单位，房价下降 0.0069%。由此可见，对于天津、江苏、福建、广东、海南、浙江等地区，贷款利率对供给的作用更明显，造成开发成本上升和供给减少，进而对房价产生正向影响；而对于河北、山西、内蒙古等地区，由于购房者的融资渠道单一，更加依赖于银行贷款，所以贷款利率的上涨对需求的抑制作用更明显，对房价产生了负向影响。

其六，城镇人口数量只对 D 类地区产生了统计上显著的正向影响。由表 5－10 可知，人口数量对 A、B、C 类地区房价的影响在统计上都不显著的，只对 D 类地区产生了显著影响，人口每增加 1%，商品住宅价格上涨 0.0268%。由此可见，对于河北、山西、内蒙古等地区，需求拉动是房价的波动的重要影响因素，而在其他地区该因素的作用并不明显。

其七，竣工房屋造价与预期对商品住宅价格的作用强度最大。比较 4 类地区的 $\beta_1 \sim \beta_5$，显示竣工房屋造价与价格预期对房价的作用力度最大。这一结论说明在样本期内，4 类地区商品住宅价格的波动性上涨是成本推动与预期引致的投资（机）性需求拉动双重作用的结果。

## 5.5 本章小结

本章对第 4 章建立的商品住宅价格模型进行了住宅市场的实际应用研究。确定了实证检验面板计量模型之后，按中国 30 个地区 2001 年 1 月～2015 年 12 月房价波动的阶段性特征和不同地区房价动态变化趋势的差异性划分为不同阶段、不同类地区，采用面板数据模型、面板聚类等方法，定量的、对比的考察了不同时间、不同类地区的预期房价效应。研究结论不仅检验了第 4 章所建模型的可靠性和可操作性，也为管理者、市场参与者认识预期与商品住宅价格之间的动态的、数量的关系提供了科学依据。

主要研究结论有：

第一，预期房价效应的检验。在全样本期内市场参与者的预期对商品住宅价格产生了统计上显著的正向影响。以 2004 年、2009 年、2014 年为界将样本期划分为4段，预期在各个阶段也都产生了统计上显著的正向影响。从作用力度上看，预期对房价的影响程度随着时间的推移在不断加强。该结论在一定程度上解释了样本期内商品住宅价格的波动。

第二，面板聚类后预期房价效应的检验。按商品住宅销售价格指标进行面板聚类，将30个地区划分为4类。市场参与者的房价预期对4类地区均产生了统计上显著的正向影响。从作用力度上看预期对D类、B类、A类、C类地区的影响力度依次递减，大体上表现出随着房价水平的下降而上升的趋势（C类地区除外）。上述结论在一定程度上解释了4类地区房价水平之间存在差异的原因。

# 6 预期视角下住房宏观调控的效果研究①

房地产业关乎国计民生，是国家的支柱产业之一，其公共属性决定了政府必须发挥管理和调控职能，以保证市场运行在正确的轨道之上，否则将会对国民经济、金融体系，以及普通百姓的生活产生极大的影响。纵观 1998 年以来政府的调控实践，发现对其干预的频率和力度都在不断加大。尤其是 2003 年之后，政府出台了一系列调控政策试图解决房价上涨过快，供需失衡问题，但是政策实施的效果往往并不理想。

住房宏观调控效果是指政府通过货币政策、土地政策、税收政策、保障房政策等手段，对住房市场的需求、供给水平变动的影响情况。包括能否达到政策出台的预期目的，在多大程度上对住房市场的运行产生作用和影响。衡量住房宏观调控的效果，一方面可以根据调控政策的影响力来判断，政策的影响力越大，住房调控的效果越好；另一方面可以根据调控效果与预期目标的偏离程度来判断，

① 本章 6.1、6.2 的主要内容是在李斌完成的山西省软科学研究项目“快速城市化背景下公众预期对山西省房地产业的影响研究”（2014041025－2）研究报告基础上所形成。本章 6.3 的主要研究成果是在李斌、张所地合著的《住房供给调控中异质环境的作用效果研究》基础上形成，该文发表于《中国管理科学》2015 年第 23 卷 2 期，第 139～147 页。本章 6.4 的主要研究成果是在李斌、张所地合著的《预期视角下住房需求调控效果的城市差异研究》，以及李斌、张所地合著的《基于预期视角的商品住宅需求调控研究》两篇论文基础上形成。前者发表于《数理统计与管理》2015 年第 34 卷 4 期，第 685～695 页；后者发表于《软科学》2014 年第 28 卷 6 期，第 65～69 页。

对预期目标实现的程度越高，调控政策的效果越好。本章主要通过第一个衡量标准来分析政策实施效果。

本章在预期视角下从理论和实证两方面深入探讨住房宏观调控的作用过程以及作用效果，研究工作有利于形成科学、合理的调控思路与方法，有利于提高住房宏观调控的精准性、有效性和针对性，从而能更合理地配置行政资源和房地产资源，调节各类市场主体的行为，最终达到宏观调控的目的。

## 6.1 预期影响住房调控效果的路径分析

当住房宏观调控政策出台后，投资者会关注住房市场的走势和房价的波动趋势，并采取各种应对措施，寻找好的投资机会或改变投资策略来实现利润最大化。自住者关心自己的收支情况和房价波动情况，从而调整消费时间，消费数量。房地产企业更关心土地、资金等要素的获取成本和行业发展前景，从而做出供给决策。这样，市场参与者的预期就随着住房宏观调控政策的出台而产生和存在。由于未来宏观经济形势和房地产市场走势的不确定性，市场参与者对于宏观调控的预期也具有不确定性，从而会影响调控政策传导的通畅性，并影响住房调控的效果。以下对预期影响宏观调控效果的路径进行了归纳。

### 6.1.1 政府行为的完全信息动态博弈模型分析

如果住房价格上涨过快，增速已经超过了政府认为的合理速度，可能会造成房地产投资过热，容易形成价格泡沫，也可能导致整个经济的过热风险；可能会导致银行信贷结构的不合理，加剧银行信贷风险，进而影响金融安全和社会稳定；会造成大量普通群众买不起房，直接影响城镇居民家庭住房条件的改善，制约居民的消费能力。这些后果都会对政府的效用产生负向影响。如果房价增长缓慢，甚至出现负增长，房地产企业无利可图，供给必然减少，市场将出现萧条现象，房地产业对其他行业的带动作用就不能充分发挥，对经济增长的贡献水平也将下降，居民住房需求的满足受到制约，这些后果也会对政府的效用产生负向影响。

因此，可以假设政府的效用函数为：

$$U(EG,HPR)=\alpha_1 EG-\alpha_2(HPR-HPR^*)^2 \tag{6.1}$$

其中，$EG$ 表示经济增长率，$HPR$ 为住房价格增长率，$HPR^*$ 是政府认为合理的且能承受的住房价格增速，$\alpha_1$ 和 $\alpha_2$ 是常系数，且有 $\alpha_1>0$，$\alpha_2>0$。政府既不希望房价增长过快，也不愿意看到价格过低，市场低迷。因此，如果住房价格能有合理、稳定的增长率，政府会因其对经济增长的贡献而容忍这一增速。

通过前述分析可知，预期是影响住房宏观调控的重要因素。如果政府出台调控政策的目标是希望房价能以某一个合理稳定的速度增长，而市场参与者又可以预期到调控政策的目的，则他们可以通过调整所持资产的种类和数量，或者调整消费支出项目等手段来提前防范，抵消政策实施的效果。但在短期内，市场参与者调整资产或者调整支出的难度较大，无法对政策提前防范，则这种未预期到的房价增速会对经济增长率产生影响。假设经济增长率函数可以表示为：

$$EG=\beta_1 EG^*+\beta_2(HPR-HPR^e) \tag{6.2}$$

其中，$EG^*$ 表示经济平均增长率，$HPR^e$ 是市场参与者的预期房价增长率，$\beta_1$ 和 $\beta_2$ 是常系数，且有 $\beta_1>0$，$\beta_2>0$。如果房价增长率超出了市场参与者的预期，则经济增长速度会有所提高。

在房价持续快速上涨，已经超过政府认为的合理水平时，政府将出台调控政策控制房价，避免市场过热风险，改善居民住房水平。假设此时政府出台政策的目标是将住房价格增速控制在合理的水平，即：

$$HPR=HPR^* \tag{6.3}$$

如果市场参与者相信政府可以实现目标，即：

$$HPR^e=HPR^* \tag{6.4}$$

而且政府也会努力实现这一目标，则由（6.1）~（6.4）式可知政策执行后政府效用的大小是：

$$U_1=\alpha_1\beta_1 EG^* \tag{6.5}$$

此时，房价的增长速度是：

$$HPR_1=HPR^* \tag{6.6}$$

然而，尽管政府出台某项政策的目标明确，而且市场参与者也相信政府可以实现目标，但是政府在政策的执行过程中，可能不会努力实现这一目标。因为此时政府面临的问题是：

$$\begin{aligned}&\max_{HPR} U(EG,HPR)=\alpha_1 GE-\alpha_2(HPR-HPR^*)^2\\&s.t.\ EG=\beta_1 EG^*+\beta_2(HPR-HPR^e)\\&HPR^e=HPR^*\end{aligned} \tag{6.7}$$

求解（6.7）式，可得政府的效用为：

$$U_2 = \alpha_1\beta_1 EG^* + \frac{\alpha_1^2\beta_2^2}{4\alpha_2} \tag{6.8}$$

房价的增长速度为：

$$HPR_2 = HPR^* + \frac{\alpha_1\beta_2}{2\alpha_2} \tag{6.9}$$

由（6.5）、（6.8）可知 $U_2 > U_1$，因此调控政策出台后，虽然市场参与者相信政府，但是政府可能并不会下决心执行政策来实现目标，而是通过选择性地执行政策，令房价增速 $HPR_2 = HPR^* + \frac{\alpha_1\beta_2}{2\alpha_2} > HPR_1 = HPR^*$，从而最大化自身的效用，这样先前出台的调控政策会低效甚至失效。

政府此前出台多轮调控政策的前后不一致，中央政府与地方政府偏好不同所导致的政策执行难，政府调控的决心不强甚至放任自流的态度，都会减弱市场参与者对政府的信任。经过多回合的博弈之后，市场参与者认为政府仍然会倚重房地产业在经济增长中的重要贡献，出台某项调控政策想要实现的目标是不可信的，因为政府并不会努力实现这个目标，因此市场参与者对于房价增长率的预期与政策目标发生偏离。此时，政府面临的问题不再是（6.7）式，而是：

$$\begin{aligned} &HPR \in \arg\max_{HPR} U(EG, HPR) = \alpha_1 GE - \alpha_2(HPR - HPR^*)^2 \\ &s.t.\ EG = \beta_1 EG^* + \beta_2(HPR - HPR^e) \end{aligned} \tag{6.10}$$

求解最优化问题（6.10），可得此时政府的效用为：

$$U_3 = \alpha_1\beta_1 EG^* + \alpha_1\beta_2\left(HPR^* + \frac{\alpha_1\beta_2}{2\alpha_2} - HPR^e\right) - \frac{\alpha_1^2\beta_2^2}{4\alpha_2} \tag{6.11}$$

对于政府而言，最优的房价增长率为：

$$HPR_3 = HPR^* + \frac{\alpha_1\beta_2}{2\alpha_2} \tag{6.12}$$

由于市场参与者对于政府房价调控有了一定的经验积累，如果他们可以预期到政府的最优房价增长率，即新出台的调控政策的可能结果，他们可能更会相信这个结果而非此前政策出台时所定的目标，则有：

$$HPR^e = HPR_3 \tag{6.13}$$

根据（6.11）～（6.13），可以求出政府的效用：

$$U_4 = \alpha_1\beta_1 EG^* - \frac{\alpha_1^2\beta_2^2}{4\alpha_2} \tag{6.14}$$

此时，政府与市场参与者博弈的结果是：政府执行调控政策后的房价增长率 $HPR_3$ 大于其出台政策时的目标 $HPR^*$，政府获得的效用 $U_4$ 小于努力实现调控目标条件下的效用 $U_1$，经济增长率 $EG$ 等于实现调控目标条件下的增长率 $EG^*$，即：政府并没有享受到高房价增长带来的经济的更快增长，自身的效用也有所降低。

由以上分析可知，由于政府在政策执行过程中实现调控目标的决心不强，为了实现自身效用最大化而背弃调控初衷的行为，都会使市场参与者对宏观调控失去信心，现实的均衡结果是一个较高的房价增长率和较低的政府效用，宏观调控政策低效甚至失效。

### 6.1.2 预期的惯性和放大作用

由前文分析可知，目前我国商品住宅市场参与者的预期应该是理性预期与非理性预期并存的状态，从平均上来看是一种介于理性预期与非理性预期之间的有限理性预期。由于房价上涨、供不应求等直接可感受的信息成为市场参与者形成预期的主要因素，使得这种有限理性预期具有惯性，要么过于乐观，要么过去悲观，很容易走向极端，对经济系统的运转产生实质性的影响，即可能对住房调控政策的实施产生“干扰”，甚至“对抗”。

就目前住房市场的现实而言，此前几轮调控政策低效后出现房价“报复性”反弹的经验，房地产企业积极的宣传与坚挺的定价，大量的“刚需”被迫积累有待释放等等原因，都会促成市场参与者形成房价继续上涨的预期。而现有的调控政策又不能很好地打破这种涨价预期的惯性，甚至强化了这种预期，必然会对调控政策的效果产生影响。预期在惯性发展过程中，不断放大房价将要上涨的信息，对住房市场的过热起到了推波助澜的作用。

### 6.1.3 预期的诱因与调控政策的关系

在 3.2 中，我们详细分析了我国商品住宅市场预期形成的诱因，包括经济、政策、社会、区域等因素。要改变公众预期，宏观调控政策主要有两条方式可以选择：一是取代现有影响公众预期的主要因素，直接主导公众预期的改变；二是弱化现有因素对公众预期的影响作用，使公众更加理性。然而，从 2003 年以来住房调控几个阶段的实践经验来看，政府出台的政策不仅没有取代已有的影响预期的因素，而且弱化现有因素的作用也非常有限，甚至在有些时间有些政策还强化了已有因素，使得市场参与者的乐观预期难以打破，影响了调控政策的效果。其中，典型诱因对调控效果影响的分析如下：

（1）土地供应政策

我国的法律规定，国家是城市土地的唯一所有者，因此国家在城市土地的供应中处于垄断地位，使得土地供应不足成为一种常态。在土地供给不能对需求增长做出响应的条件下，城市土地需求上升只能表现为土地价格上涨。通过对住房调控政策的梳理不难发现，2002 年国土资源部的 11 号文件规定通过招标、拍卖、挂牌方式出让国有土地使用权，2004 年国土资源部的 71 号文件规定的“8·31”大限，2007 年国土资源部规定要合理控制单宗土地供应规模，2009 年国土资源部国土资发［2009］106 号文件要求要严格建设用地管理，促进批而未用土地利用，2011 年国土资源部要求要建立健全异常交易地块上报制度，2012 年国土资源部国土资发［2012］2 号文件提出要严格土地利用总体规划实施管理等等，都是政府从土地供应上抑制房地产过热的举措，这些“收紧地根”的政策贯穿于住房市场化改革后的中国住房调控史，时刻提醒人们不要指望土地供给通过市场自动恢复均衡，造成了市场参与者对于未来土地供给仍会不足的预期，进而形成对未来住房供给不足房价继续上涨的预期，市场参与者会通过投资、投机或提前购买等行为来获取收益、规避损失，进一步造成了商品住宅市场的供不应求。抑制商品住宅市场过热的调控政策，反而强化了人们的过热预期，极大地降低了调控政策的有效性。

（2）持续宽松的金融环境

长期以来，我国商品住宅市场的发展都处于较为宽松的货币环境中，2008 年国际金融危机过后，这一问题变得更为明显。2008 年应对金融危机的一系列刺激内需的救市政策出台后，尤其是 4 万亿元投资政策，不仅意味着有相当比例的资金直接或间接进入到了房地产业，而且造成了流动性过剩，引发了国内通货膨胀预期。人们为了应对通货膨胀，实现资产保值，房地产领域内的投资、投机行为大量增加，加剧了市场的供需矛盾，促使市场参与者形成乐观预期，反过来又进一步刺激资金流向商品住宅产业，市场更加活跃。

此外，降息等宽松的贷款政策在增加了自住性需求的同时，也刺激了投资

（机）需求。这是因为，在低利率环境下，自住购房者的购房成本低；对于投资者而言，如果商品住宅价格按照“房价收入弹性”所决定的趋势线按10%的年率上升，而货币资产价值按管制利率3%上升，则随着时间的推移持有商品住宅资产与持有货币资产之间的收益差距就会很大，见图6-1。在这种低利率情形下，市场参与者普遍认为持有住宅资产更加有利，预期商品住宅的消费、投资（机）活动都会大大增加，形成市场繁荣、价格上涨的预期，进一步造成市场的供不应求。

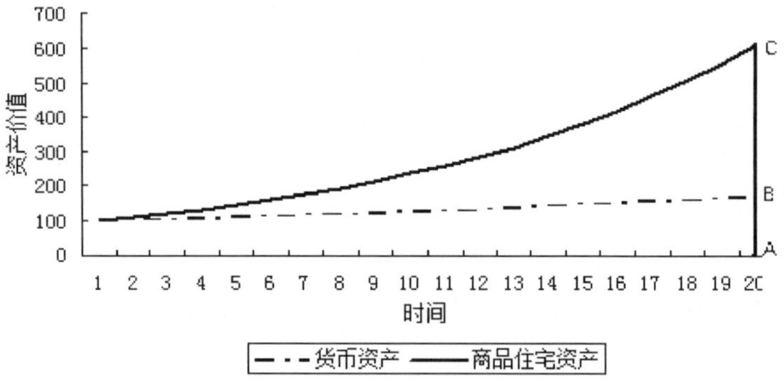


**图6-1　商品住宅资产与货币资产的收益比较①**

（3）经济增长与城市化

我国宏观经济形势的持续向好，是商品住宅市场得以快速发展的关键因素。这是因为经济增长势头良好，预示着投资、生产、生活活跃，居民的整体收入水平也会提高，消费能力也随之增强，整个社会对住宅商品的购买力也会增强，旺盛的需求会刺激市场参与者形成房价上涨预期。

随着经济的发展，大量农民工涌入城市打工，部分富裕起来的农民进入城市购房置业，大量来自农村的大中专院校毕业生选择留在城市工作生活，这些因素都造成了城市人口规模的迅速膨胀，促使住房需求的不断加大。1998年以来我国城镇人口年均增长3.98%，意味着人均居住水平保持不变的条件下，存量住宅面积需要年增长4%左右。此外，随着收入水平的提高，城市居民对住房的改善

① 假设两种资产在初始时刻的价值均为100；在第20期，货币资产的价值变为AB，商品住宅资产的价值变为AC，两者收益的差距为BC。

性需求也日益增加。居民对商品住宅的刚性需求与改善性需求，会促使市场参与者形成需求增长、市场繁荣的预期，影响调控政策的实施效应。

### 6.1.4 预期的导向性管理

政府出台调控政策时，要注意政策对于市场参与者预期的导向性作用。连续的、一致的政策，可以稳定市场参与者的预期；相反，相机的、矛盾的政策则会造成市场参与者预期的非理性与紊乱。

2003~2007年间出台的一系列调控政策，表现政府抑制房价过快上涨的决心，引导广大市场参与者形成了房价稳定或者将要下降的预期。然而，2008年金融危机过后出台的刺激内需的救市政策，打破了市场参与者已形成的房价预期，向人们传递了这样一个信号，即商品住宅市场仍有持续上升的空间，进而诱发人们形成房价还会持续上涨的预期。2009年以来，尽管政府不断加大调控力度，但是收效甚微，甚至还出现了房价“越调越高”的局面。这就是因为市场参与者对于相机、反复的调控政策已经失去了信心，或者感到无所适从，无法形成政府所希望的降价预期，必然会影响调控政策的实施效应。

## 6.2 住房调控政策对商品住宅供需的作用路径

政府干预房地产市场是必要的，但这种干预并不是取代市场本身的自行调节机制，而是弥补市场机制的不足和缺陷。政府出台有些调控政策的目的是抑制（或刺激）供给，出台有些政策的目的是抑制（或刺激）需求，有些政策是要对供需双方进行综合性调节。但现实中，调控政策实施后的效果可能与政府的目标相差甚远，甚至起到了完全相反的效果。例如，在需求过旺时，出台的政策可能抑制了供给，在供给不足时，出台的政策可能刺激了需求等等，都会加剧住房市场的过热或萧条。因此，政府制定住房宏观调控政策时，必须准确把握已存在的供求关系，遵循住房市场短期和长期的供求变化规律，科学进行住房供需管理。亟待学术界围绕宏观调控政策对商品住宅供需的作用机理展开深入分析，以此作为住房调控的基础。

所谓商品住宅供给管理是指通过增加（或减少）商品住宅供给量以改变供给曲线的位置，进而达到供给的相对增长（或减少），以实现房价调控目标和稳定房地产业发展的政策工具。商品住宅需求管理是指通过降低（或增加）商品住宅需求来达到房价适中和房地产行业稳定发展的政策工具。而现有的住房宏观调控方面的研究成果，往往都忽视了预期对于调控效果的影响，而且一般都未将调控政策的对象进行区分，只是笼统地分析房价或房价增长率在调控前后的变化。这样就无法得知不同类型的调控政策（或组合）对于住房市场供给、需求的不同影响方向与程度，也无法得知调控政策实施后供给、需求双方的变化最终如何影响住房市场的走势，自然也无法出台具有针对性的、合理有效的调控政策。本节将在6.1研究内容基础上，在预期视角下分析主要的住房调控手段对商品住宅市场供需的影响，探讨住房调控政策的作用原理。

### 6.2.1 货币政策

由2.3文献综述可知，国内外研究成果普遍显示货币政策与房地产市场关系紧密，是住房调控的重要手段。

从货币政策操作的工具来看，大致可以分为价格型政策工具和数量型政策工具。前者主要包括利率政策和汇率政策，后者则主要包括公开市场操作和存款准备金率。目前国内住房宏观调控主要运用利率、存款准备金率和信贷政策工具。

（1）利率政策

①对住房供给而言，利率是资金使用成本的反映，利率水平的高低，直接决定了房地产企业的开发成本，同时影响其利润空间，进而影响其投资规模。如果贷款利率上升，如由$r_0 \to r_1$则房地产企业的资金成本增加，单位项目资金需求上升，在无法将此成本有效转加给购房者时利润空间受到压缩，房地产企业的投资量和开发量受到抑制，商品住宅市场的供给量就会减少，由$S_0 \to S_1$（见图6-2）；反之亦然。

②对住房需求（包括自住型、投资型）而言，由于住宅商品价值量大，大多数购房者受收入的限制缺乏全款购房的能力，需要采用抵押贷款的方式来突破自己的预算约束，利率的变化对购房者的还款额度与购房成本影响较大。当贷款利率提高，由$r_0 \to r_1$，则自住购房者还本付息的成本增加，住房消费支出占总支出的比重提高，收入水平不变时，购房者的福利水平下降，必然会打击部分潜在购房者，使得住房的有效需求减少；对于投资型购房者来说，利率的提高，使住房利润的预期收益降低，理性的投资者会将资金转移出住房市场，转向其他更具

投资回报率的市场进行投资。所以，利率的提高会抑制商品住宅市场的需求，使得需求曲线由 $D_0 \to D_1$；反之亦然。

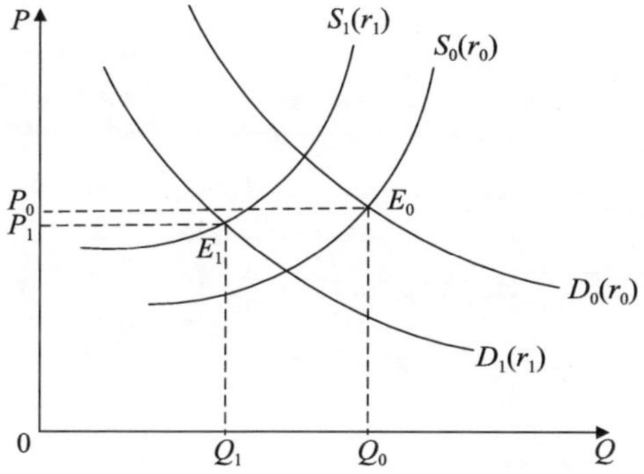


**图 6－2　利率上升对商品住宅市场的影响**

由图 6－2 可知，利率水平的上升使得商品住宅市场的供需都发生变化，从而使均衡房价发生变化。房价变化的方向和幅度取决于商品住宅供、需双方对利率变化的弹性的大小。从住房市场的实际运行情况分析，近年来住房需求方对利率比较敏感，利率调整对住房需求影响比较明显。

（2）信贷政策

①对住房供给而言，银行信贷支持参与了土地储备、交易以及房地产开发和销售的全部过程，利用信贷政策对房地产市场进行调控实际上是将房地产市场的房地产品的供求调控转化为资金的需求与供给的调控。当央行收缩房地产开发信贷总量或规定提高房地产开发的项目资本金比例时，房地产企业从银行可获得的资金减少，同时经营杠杆与财务杠杆作用被抑制，在不增加其他融资渠道的情况下，房地产企业的投资量和开发量会下降，商品住宅供给减少，反之亦然。

例如，2003 年央行 121 号文件《关于进一步加强房地产信贷业务管理的通知》，从贷款对象资质、发放科目、土地储备等方面提出要加强房地产开发企业的贷款管理，是房改之后政府首次采取的抑制房地产过热的措施。该文件的出台，短期内会对房地产企业资金的获取数量和速度有一定的影响。长期来看，政府对开发商贷款的严格审批和数量控制相当于增加了商品住宅的开发成本，根据 Dipasquale 和 Wheaton（1996）提出的四象限模型，该干预行为将使第三象限内的开发曲线向左上方平行移动，结果是商品住宅开发量减少，相应的住宅存量也减少了，市场租金不得不提高，收益率不变时商品住宅价格会提高，在图 6－3 中的虚线框位置达到了新的均衡。

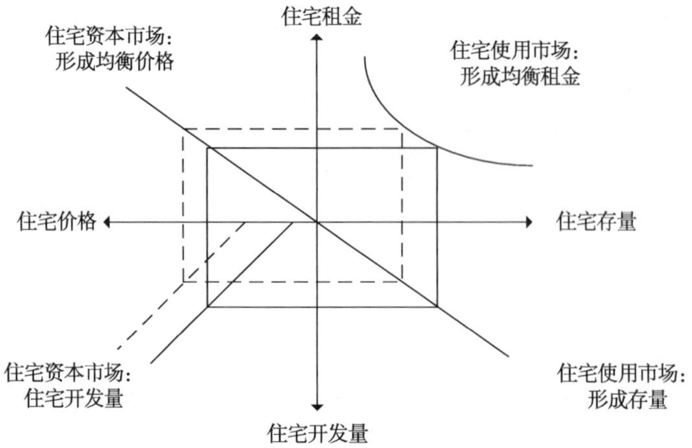


**图 6－3　针对房地产企业从紧的信贷政策对商品住宅市场的影响**

②对住房需求而言，如果提高了个人住房抵押贷款首付比例，则购房者从银行可获得的资金将会减少，房地产市场的需求量也会下降。例如，2010 年 4 月 21 日国务院发布的“新国十条”规定，对购买首套自住房且套型建筑面积在 90 平方米以上的家庭，贷款首付款比例不得低于 30%；对贷款购买第二套住房的家庭，贷款首付款比例不得低于 50%，贷款利率不得低于基准利率的 1.1 倍；对贷款购买第三套及以上住房的，贷款首付款比例和贷款利率应大幅度提高。由于央行实行极为严格的差别化住房信贷政策，投资、投机性需求受到了相当程度的抑制。

政府的差别化信贷政策，提高了购买二套或多套房的信贷门槛，短期内对投资（机）需求有一定的抑制作用。长期来看，首付比例和贷款利率的提高，使投资住房的所有权成本增加，消费者会更倾向于租房而不是持有房屋，愿意持有房屋的当前期望收益率提高，使第二象限资本化率曲线顺时针方向转动，房屋租金上升而房价会出现下降，在图 6－4 中的虚线框位置达到了新的均衡。

（3）存款准备金率

存款准备金率也是政府进行住房市场调控的工具之一。如果上调存款准备金率，则会导致货币乘数变小，从而降低了整个商业银行体系创造信用、扩大信用

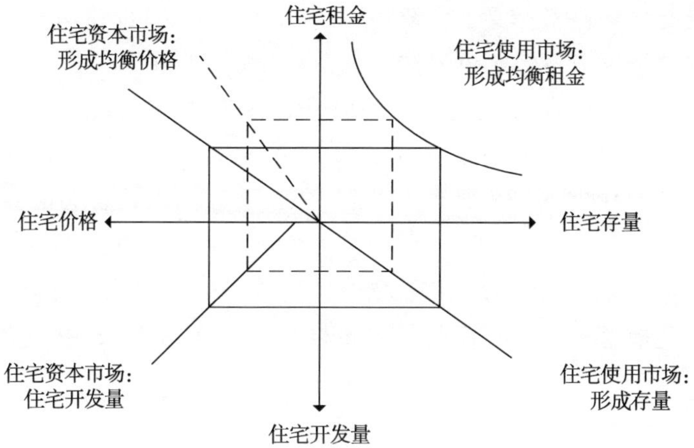


**图 6-4 针对购房者从紧的信贷政策对商品住宅市场的影响**

规模的能力，这样会有效降低经济体系的流动性，使得银行对待贷款的态度更加谨慎，回收贷款也更加紧迫，可以限制房地产企业从银行获得的金融资源支持规模，甚至可能造成房地产资金链的断裂，从而抑制商品住宅的投资与开发；也可以在一定程度上限制购房者从银行获取贷款的数量，从而对消费和投资需求起到抑制作用。

### 6.2.2 土地政策

土地作为房地产的生产要素，在住房调控中处于重要地位。从土地政策操作的工具来看，大体可分为两大类工具：一类是数量型工具，例如土地规划、土地计划等；另一类是价格型工具，例如土地出让方式、价格管制等。

从理论上讲，住房市场与土地市场之间存在引致需求效应。当住房市场需求旺盛，价格上涨时，追求利润最大化的房地产企业会增加住房供给，从而间接引起对住房建设用地需求的增加。因此，一般而言，住房建设用地供给会直接影响住房供给。由于土地归国家所有，政府可以凭借其所拥有的土地垄断权调整土地供给，如调整土地供应总量、供应结构、供应方式、供应节奏、空间布局等实现对房地产市场的调控，也可以通过调整地价来实现对住房市场的调控，因为地价是房价的重要组成部分。

例如，2004 年国土资源部、监察部《关于继续开展经营性土地使用权招标拍卖挂牌出让情况执法监察工作的通知》，要求对经营性土地使用权招标拍卖挂牌出让情况进行执法监察，要求各地在 2004 年 8 月 31 日前将历史遗留问题处理完毕。此文件的下发被房地产业界称之为“8 · 31”大限。

政策出台后，由于商品住宅生产的时滞，短期内并不会对住宅供给产生影响。长期来看，政府采用招标、拍卖、挂牌方式出让土地，会提高土地要素价格，进而提高商品住宅的开发成本；以“熟地”形式出让，会减缓土地供应速度，进而降低企业开发能力。该干预行为将使第三象限的开发曲线顺时针并且向左上方移动，结果是商品住宅开发量减少，相应的住宅存量也减少了，市场租金提高，商品住宅收益率不变时商品住宅价格提高，在图 6 – 5 中的虚线框位置达到新的均衡。

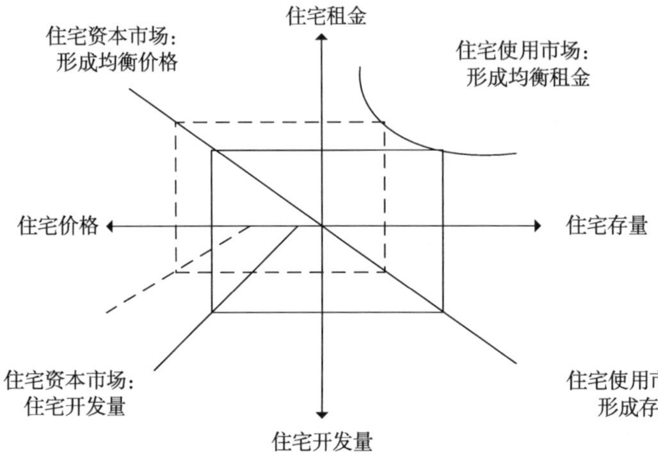


**图 6 – 5　土地出让方式变革对商品住宅市场的影响**

此外，还有与土地相关的税收政策，在此也归纳为土地政策范围。土地税收政策主要包括土地取得税、保有税和流转税三个工具。例如，增加土地取得税，就会增加土地成本，进而减少土地供应量；增加保有税，就会使房地产开发企业倾向于抛售土地，进而增加土地供应量；增加流转税，就容易使房地产开发企业倾向于保有土地，闲置土地就会增加，市场上的土地供应量也会减少。政府可以通过土地税收政策调整土地供给，从而实现对住房市场供给的调控。

### 6.2.3　税收政策

现有的关于税收政策对住房市场的影响的研究多以资产资本化定价理论为支

撑，该理论认为资产价格等于其未来现金流入的现值。随着税率提高，预期的资产未来收益会降低，从而导致资产价格下降。因此，资本化理论主张高税负会导致房价降低。从税收政策操作的工具来看，主要有土地增值税（销售）、营业税（销售）、个人所得税（个人住房转让）、房产税（保有）、契税等等。政府设置这些税种，会直接影响房地产企业或者购房者的成本与利润，进而影响住房市场的供给与需求。

例如，2000 年财政部和国税总局发出的财税［2000］125 号文件——《关于调整住房租赁市场税收政策的通知》，要求从 2001 年开始对按政府规定价格出租的公有住房和廉租住房，暂免征收房产税、营业税；对个人按市场价格出租的居民住房，其应缴纳的营业税暂减按 3% 的税率征收，房产税暂减按 4% 的税率征收；对个人出租房屋取得的所得暂减按 10% 的税率征收个人所得税。

由于税收方面的优惠政策对物业收入有补充作用，使得投资者对房地产当前所必需的有效收益要求有一定程度的降低。这种情况将会促使第Ⅱ象限的资本化率曲线按照逆时针方向旋转。结果是商品住宅价格提高，开发量增加，相应的住宅存量也增加，市场租金会降低，住宅需求上升，在图 6－6 中的虚线框位置达到了新的均衡。

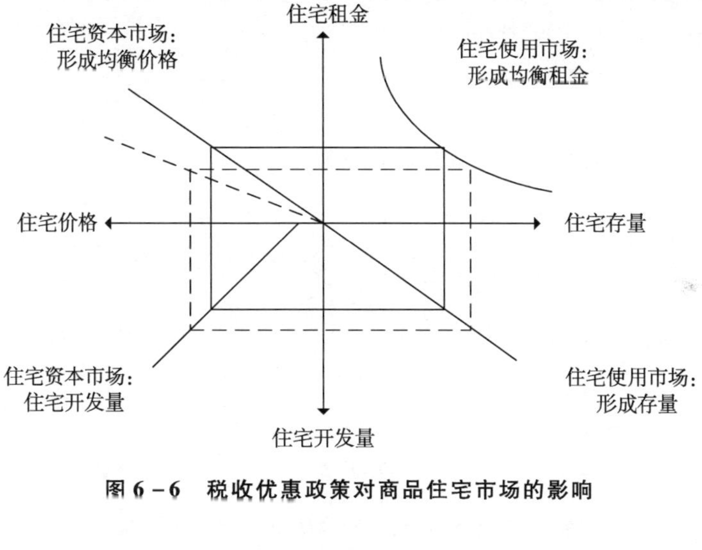


**图 6－6　税收优惠政策对商品住宅市场的影响**

### 6.2.4 保障房政策

从保障房政策操作的工具来看，目前主要有经济适用房、廉租房租金补贴、廉租房实物配租、政策性租赁房等。

（1）经适房、公租房、廉租房建设

政府加大经济适用房、公租房、廉租房建设，短期内可直接增加住房市场的供给，缓解住房短缺问题。此外，政府当前对保障房建设出台了许多优惠政策，例如提供优惠贷款、减免税收、降低土地成本甚至免费供应土地、简化行政审批手续等形式，这些政策可以降低房地产企业投资成本，可以在短期内间接地增加住房供给。廉租房、公租房、经适房等较低档次的住房短期内供给增加，使得这一档次的住房租金和房价下降，会使一部分居民退出普通商品住宅的购买行列，需求曲线由 $D_0$ 左移到 $D_1$。需求的减少在短期内会造成商品住宅价格的下降和房地产企业利润的减少，进而可能造成房地产企业对于商品住宅投资和开发量的减少，供给曲线由 $S_0$ 左移到 $S_1$。随着低档次住房租金和价格的下降，可能造成低档次住房的私人投资的收益减少，那么私人对于低档住房的投资也会减少，人们对低档住房的维修投入减少，低档住房被加速淘汰，那么又会有一部分中低收入人群因低档次住房的减少而转向普通商品住宅市场，需求增加，需求曲线由 $D_1$ 较大幅度地移动到 $D_2$（见图 6－7）。

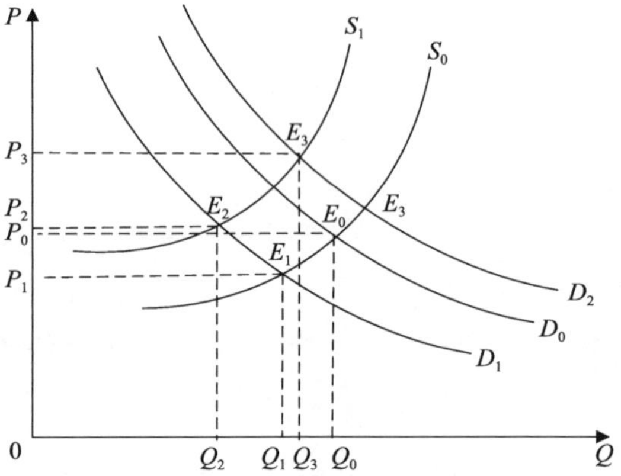


**图 6－7 保障房建设对商品住宅市场的影响**

（2）住房补贴

住房补贴不会直接增加住房供给，只会导致住房需求增加。当住房补贴的力度和范围不大时，低收入人群可能会将这部分收入作为非住房消费支出，因此对商品住宅的供给需求影响甚微。当住房补贴力度较大时，会增加低档住房需求，进而导致低档住房价格和租金价格上涨；住房补贴可能会直接增加一部分商品住宅的需求，也可能由于低档住房价格和租金上涨而导致普通商品住宅需求增加，使得需求曲线由 $D_0$ 右移到 $D_1$（见图 6－8）。

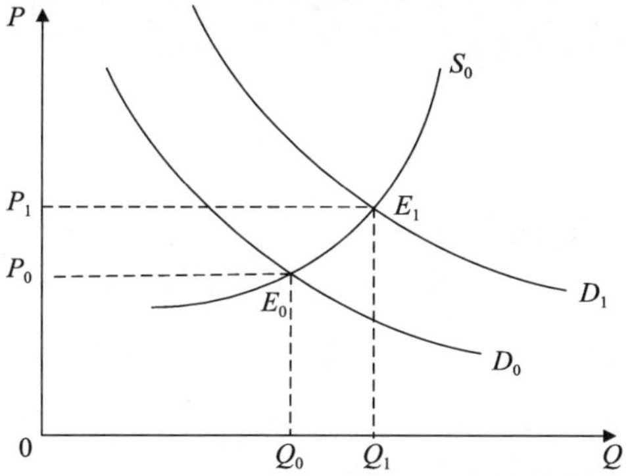


**图 6－8　保障房补贴对商品住宅市场的影响**

## 6.3　预期视角下商品住宅供给调控的实证分析

通过第 4、5 两章以及 6.1 的分析可知，预期是国内商品住宅市场运行的关键影响因素，政府部门应对其予以充分的重视。在建立住房调控模型时应该植入预期，并在传统的住房调控体系中，积极寻求引导和管理预期的措施来完善住房调控手段，以提高住房调控的有效性。本节将预期与政策工具引入住宅供给分析框架，建立了考虑预期和城市差异的商品住宅供给调控动态模型，并通过设置异质预期环境（理性预期、近视预期及无预期）和异质城市环境（4 种类型城市）围绕住房调控政策的实施对中国 35 个大中城市商品住宅供给的影响效果进行了量化分析和比较分析，探析了不同实施环境下住房供给调控的效果。因为法律手段难以量化考察，所以本节主要考察住房调控的经济手段和行政手段。

“异质环境”这一概念起源于生态学领域，是指在同一空间内部存在微环境之间的差异，某些异质的微环境因子可导致其他因子在不同的微空间内表现出不同的特征。后来，该概念又被引入遗传学、信息技术等领域。本书将该概念引入住房调控领域，将政策实施的环境表述为异质环境，并在其他微环境因子同质的假定下，重点考察两类微环境因子——预期和城市。这两类异质微环境因子形成两类异质微环境——异质预期环境和异质城市环境。前者体现在市场参与者由于知识、经验、心理上的差异，导致的预期形成机制的差异；后者体现在城市间由于经济、社会发展的差距，导致的住宅市场发展水平的差异。对预期形成机制和市场发展水平差异的忽视，即对政策实施环境异质性的忽视，会造成调控效果的不确定，亟待学术界围绕异质环境下的住房调控展开深入分析，以此作为政策制定与分类干预的依据。

### 6.3.1 商品住宅供给调控模型

由于政府是通过对住房新增供给的规模和增长速度进行调控，进而促使总供给向均衡方向移动，因此住房新增供给是住房供给调控的直接作用对象。DiPasquale 和 Wheaton（1996）将住宅总供给视作住宅市场的存量，将住宅当期建设量视作流量，建立了住宅存量—流量模型：

$$S_t - S_{t-1} = \Delta S_t = c_{t-1} - \delta S_{t-1} \tag{6.15}$$

其中，$S_t$ 表示第 $t$ 期的住宅总供给（存量），$c_{t-1}$ 表示 $t-1$ 期的住宅新建设量（流量），$\delta$ 表示住房损坏率，$\Delta S_t$ 表示第 $t$ 期住宅存量的增量。

住宅当期的建设量是一种暂时的流量，仅在实际存量达到由土地租金理论确定的长期均衡存量之前才是必要的，而长期均衡存量是住宅价格的直接函数。由此可得如下表达式：

$$c_t = \lambda(ES_t - S_t) \geqslant 0 \tag{6.16}$$

$$ES_t = -\beta_0 + \beta_1 P_t \tag{6.17}$$

其中，$ES_t$ 表示住宅长期均衡存量，$\lambda$ 表示住房实际存量和长期均衡存量之间的差异带来的住宅项目的开发速度，建设量不能为负值；$P_t$ 表示第 $t$ 期的住宅价格，$\beta_1$ 表示房价的上涨带动的土地开发速度。

由式（6.15）～（6.17），可得住宅存量调整模型：

$$\begin{aligned} &\Delta S_t = \lambda(-\beta_0 + \beta_1 P_{t-1} - S_{t-1}) - \delta S_{t-1} && \text{当 } -\beta_0 + \beta_1 P_{t-1} > S_{t-1} \\ &\Delta S_t = -\delta S_{t-1} && \text{当 } -\beta_0 + \beta_1 P_{t-1} < S_{t-1} \end{aligned} \tag{6.18}$$

本小节在上述住宅存量调整模型（6.18）的基础上，建立考虑预期环境和城市差异的住宅供给调控模型。首先对商品住宅市场做出如下假设：①住房调控政策实施的预期环境包括：市场参与者持理性预期、近视预期和无预期三种情形；②市场参与者的预期仅有 $\tau$ 期；③住宅市场按某种规则可分为 $k$ 类，是住房调控政策实施的 $k$ 类城市环境；④由于住宅商品生产周期长，其供给滞后 $\omega$ 期，且有 $\omega \leqslant \tau$；⑤住宅供给函数是线性函数。

王松涛（2011）的研究显示影响住宅新建设量的因素除了房价以外，还应包括成本因素，并将住宅存量调整模型（6.18）修正为：

$$\Delta S_t = c_t(P_t, X_t) - \delta S_{t-1} \tag{6.19}$$

其中，$X_t$ 为建造成本、人力成本、利率等外生因素。

而笔者认为，影响住宅新建设量的因素主要是房价预期、成本和住房调控政策。这是因为房地产企业进行商品住宅供给决策时首先要对预期收益与开发成本进行比较，只有当预期收益高于开发成本时企业才会增加供给。预期收益主要是根据商品住宅价格未来的走势，即预期价格的增长进行判断。因此，在住宅存量调整模型中应采用预期价格增长率指标，它比价格指标能更好地反映房地产企业的预期收益和供给意愿，而且还可以反映出房地产企业对未来商品住宅需求和市场状况的判断。相反的，土地、建筑及金融成本等因素会带来房地产企业预期收益和供给能力的降低。成本上升时，房地产企业若无法将此成本有效转嫁给购房者时利润空间受到压缩，且单位项目资金需求增加造成企业投资能力下降，进而影响房地产企业的供给决策。而 Evans（1992），Landies（2006），周晓蓉、李霞（2012）等研究表明，政府干预行为会对房地产企业的供给决策产生重要影响。因此，根据假设（2）～（4），将模型（6.19）修正为：

$$\Delta S_{k,t} = f_{k,t-\omega}(P^e_{k,t-\omega+\tau}, C_{k,t-\omega}, G_{k,t-\omega}) - \delta S_{k,t-\omega} \tag{6.20}$$

其中，$\Delta S_{k,t}$表示 $k$ 类城市第 $t$ 期的存量增量，$f_{k,t-\omega}$表示 $k$ 类城市第 $t-\omega$ 期的住宅新建设量，$P^e_{k,t-\omega+\tau}$表示 $k$ 类城市的房地产企业在 $t-\omega$ 期时对第 $\tau$ 期后的房价预期，主要反映房地产企业的供给意愿和对住房市场需求的判断，$C_{k,t-\omega}$表示 $k$ 类城市第 $t-\omega$ 期的开发总成本，主要反映房地产企业的供给能力，$G_{k,t-\omega}$表示 $k$ 类城市第 $t-\omega$ 期的住房调控政策，$S_{k,t-\omega}$表示第 $k$ 类城市 $t-\omega$ 期的住宅存量，$\delta$ 表示住房损坏率。

商品住宅开发包括土地、金融、建筑等成本（用集合 $D$ 将其囊括），成本函数可表示为：

$$C_{k,t-\omega}=g(C^{L}_{k,t-\omega},C^{F}_{k,t-\omega},C^{B}_{k,t-\omega}) \tag{6.21}$$

其中，$C^{L}_{k,t-\omega},C^{F}_{k,t-\omega},C^{B}_{k,t-\omega}$分别表示 $k$ 类城市第 $t-\omega$ 期的土地成本、金融成本和建筑成本。

住房宏观调控政策包括货币、土地、税收、保障性住房等（用集合 $H$ 将其囊括），则调控函数可表示为：

$$G_{k,t-\omega}=h(MI_{k,t-\omega},LI_{k,t-\omega},TI_{k,t-\omega},AI_{k,t-\omega},OI_{k,t-\omega}) \tag{6.22}$$

其中，$MI_{k,t-\omega},LI_{k,t-\omega},TI_{k,t-\omega},AI_{k,t-\omega},OI_{k,t-\omega}$分别表示 $k$ 类城市第 $t-\omega$ 期的货币、土地、税收、保障房和其他行政法律工具。

综合式（6.20）~（6.22），则考虑政策实施异质预期环境和异质城市环境的商品住宅供给调控动态模型可表示为：

$$\Delta S_{k,t}=\alpha_{k,j,t-\omega+\tau}P^{e}_{k,j,t-\omega+\tau}+\sum_{m\in G}\beta_{k,m,t-\omega}C_{k,m,t-\omega}+\sum_{n\in H}\gamma_{k,n,t-\omega}G_{k,n,t-\omega}-\varphi_{k,t-\omega}\delta_{k,t-\omega}S_{k,t-\omega}+\varepsilon_{k,t} \tag{6.23}$$

其中，$\Delta S_{k,t}$表示 $k$ 类城市第 $t$ 期商品住宅的新增供给；$P^{e}_{k,j,t-\omega+\tau}$为 $k$ 类城市市场参与者在 $t-\omega$ 期对 $\tau$ 期后的 $j$ 类房价预期，$j=1,2,3$ 分别对应理性预期、近视预期和无预期；$C_{k,m,t-\omega}$为 $k$ 类城市在 $t-\omega$ 期住宅开发的第 $m$ 种成本，$m\in G$；$G_{k,n,t-\omega}$为 $k$ 类城市在 $t-\omega$ 期的第 $n$ 种住房宏观调控，$n\in H$；$\delta_{k,t-\omega}$为 $k$ 类城市在 $t-\omega$ 期的住房损坏率；$S_{k,t-\omega}$为 $k$ 类城市在 $t-\omega$ 期的住宅存量；$\varepsilon_{k,t}$为 $k$ 类城市第 $t$ 期的随机扰动项，且服从 $N(0,\sigma^2)$ 分布；$\alpha_{k,j,t-\omega+\tau},\beta_{k,m,t-\omega},\gamma_{k,n,t-\omega},\varphi_{k,t-\omega},\sigma^2$ 为模型待估参数。

模型（6.23）是一种综合考虑市场参与者预期类型、城市类型和政府干预的随机系统模型。当不考虑城市类型 $k$ 时，通过预期类型 $j$ 的变化可以实现异质预期环境下的比较分析；当不考虑预期类型 $j$ 时，通过城市类型 $k$ 的变化可以实现异质城市环境下的比较分析；当同时考虑 $k$ 和 $j$ 的变化时，可以探讨两种环境对商品住宅供给调控的叠加影响。在下文讨论中，商品住宅供给默认指商品住宅新增供给，不考虑 $k$、$j$ 同时变化，不考虑住房损坏率 $\delta$ 的影响。

### 6.3.2 计量模型、变量及数据说明

实证分析时，采用学界认可的指标对住房调控政策进行量化，最终确定住宅完成投资额、居民消费价格指数中的建筑材料价格指数、5 年以上贷款利率、法定存款准备金率、房地产企业国内贷款总额、土地交易价格指数、房地产企业购

置土地面积、经济适用房投资额分别作为商品住宅供给、建筑成本、价格型货币政策、数量型货币政策、信贷政策、价格型土地政策、数量型土地政策、保障房政策的代理变量。税收政策工具因数据无法获取不予分析。

由于我国住宅市场从1998年才开始真正发展，市场还不成熟，相关信息的公布制度还不完善，不同的市场主体对市场的认知程度、预期能力还存在差异，多数还是根据过去住宅价格波动的趋势来估计未来的房价走势。因此，实证部分设置了3种预期环境：理性预期、近视预期和无预期。为了使预期形成机制在保持实际性的前提下尽量简化，在只考虑价格滞后2期的情形下，近视预期房价增长率可表示为房价近期增长率的平均，即 $ME_t=\frac{1}{2}\times(\frac{P_{t-1}-P_{t-2}}{P_{t-2}}+\frac{P_{t-2}-P_{t-3}}{P_{t-3}})$；理性预期房价增长率可表示为房价的实际增长率，即 $RE_t=\frac{P_t-P_{t-1}}{P_{t-1}}$。

在不考虑城市类型 $k$ 的影响，仅考虑预期类型 $j$ 的变化，$\tau=1,\omega=1$ 的假设条件下，根据理论模型（6.23）可建立如下3个面板计量模型：

$$\ln HI_{i,t}=\alpha_0+\lambda_i+\alpha_1 RE_{i,t}+\alpha_2\ln BC_{i,t-1}+\alpha_3 LR_{i,t-1}+\alpha_4 SRD_{i,t-1}+\alpha_5\ln DL_{i,t-1}+\alpha_6\ln LP_{i,t-1}+\alpha_7\ln AL_{i,t-1}+\alpha_8\ln IAH_{i,t-1}+\varepsilon_{i,t} \tag{6.24}$$

$$\ln HI_{i,t}=\alpha_0+\lambda_i+\alpha_1 ME_{i,t}+\alpha_2\ln BC_{i,t-1}+\alpha_3 LR_{i,t-1}+\alpha_4 SRD_{i,t-1}+\alpha_5\ln DL_{i,t-1}+\alpha_6\ln LP_{i,t-1}+\alpha_7\ln AL_{i,t-1}+\alpha_8\ln IAH_{i,t-1}+\varepsilon_{i,t} \tag{6.25}$$

$$\ln HI_{i,t}=\alpha_0+\lambda_i+\alpha_2\ln BC_{i,t-1}+\alpha_3 LR_{i,t-1}+\alpha_4 SRD_{i,t-1}+\alpha_5\ln DL_{i,t-1}+\alpha_6\ln LP_{i,t-1}+\alpha_7\ln AL_{i,t-1}+\alpha_8\ln IAH_{i,t-1}+\varepsilon_{i,t} \tag{6.26}$$

其中，式（6.24）表示的模型记为理性预期模型Ⅰ，式（6.25）表示的模型记为近视预期模型Ⅱ，式（6.26）表示的模型记为无预期模型Ⅲ。模型Ⅰ~Ⅲ的参数统一解释为：$\alpha_0$ 为常数，$i$ 代表中国35个大中城市，$t$ 代表时间，$\lambda_i$ 用来控制不同城市的不随时间变化的特有性质；$\alpha_1$ 反映上一期对本期的房价预期增长率对住房供给的影响，$\alpha_2\sim\alpha_8$ 分别反映上一期的建筑材料价格、利率、存款准备金率、房地产开发国内贷款额、土地价格、房地产企业购置土地面积、经适房投资额对本期住房供给的影响，$\varepsilon_{i,t}$是随机误差项。

实证分析使用的数据是中国35个大中城市1999~2010年的年度面板数据。将5年以上贷款利率值按照天数加权法形成年度数据，并且剔除每个城市的通货膨胀因素，得到各城市的实际贷款利率值；存款准备金率按照天数加权法形成年度数据，并作为35个城市的公共政策；对建筑材料价格指数与土地交易价格指数进行定基处理（以 1998 年为基期），并剔除通货膨胀因素的影响；对于住宅投资额、经适房投资额剔除通货膨胀因素的影响；对比率数据外的所有指标进行对数处理。其中，本年住宅完成投资额、商品住宅销售价格、本年购置土地面积数据来源于历年《中国统计年鉴》，建筑材料价格指数、城市居民消费价格指数数据来源于国研网数据中心，贷款基准利率、法定存款准备金率数据来源于中国人民银行统计数据库，土地交易价格指数数据来源于《中国经济景气月报》，房地产企业国内贷款额、经济适用房投资额数据来源于历年《中国房地产统计年鉴》。实证分析使用的软件为 Stata12.0。

### 6.3.3 面板单位根检验

为了提高检验结果的可靠性，该部分同时采用最常用的 4 种检验方法：LLC，IPS，Fisher - ADF，Fisher - PP，面板单位根检验结果见表 6 - 1。

**表 6 - 1　　面板单位根检验结果**

| 变量 | 检验类型（C，T） | LLC 值 | IPS 值 | Fisher - ADF 值 | Fisher - PP 值 |
|---|---|---|---|---|---|
| $\ln HI_{i,t}$ | （C，N） | -10.7573*** (0.0000) | -1.09699 (0.1363) | 113.429*** (0.0008) | 89.6676* (0.0567) |
| $RE_{i,t}$ | （C，T） | -12.8722*** (0.0000) | -6.36657*** (0.0000) | 154.877*** (0.0000) | 211.952*** (0.0000) |
| $ME_{i,t}$ | （C，T） | -11.2309*** (0.0000) | -5.67862*** (0.0000) | 145.607*** (0.0000) | 212.060*** (0.0000) |
| $\ln BC_{i,t}$ | （C，T） | -12.3277*** (0.0000) | -1.84361** (0.0326) | 92.1402** (0.0393) | 142.300*** (0.0000) |
| $LR_{i,t}$ | （C，N） | -17.2196*** (0.0000) | -10.3039*** (0.0000) | 222.676*** (0.0000) | 263.784*** (0.0000) |
| $SRD_{i,t}$ | （C，N） | -9.49078*** (0.0000) | -14.6538*** (0.0000) | 318.937*** (0.0000) | 727.323*** (0.0000) |
| $\ln DL_{i,t}$ | （C，T） | -14.6793*** (0.0000) | -5.83328*** (0.0000) | 144.611*** (0.0000) | 203.718*** (0.0000) |
| $\ln LP_{i,t}$ | （C，T） | -6.03312*** (0.0000) | -0.55904 (0.2881) | 90.5583** (0.0241) | 84.1261* (0.0656) |

续表

| 变量 | 检验类型（C，T） | LLC 值 | IPS 值 | Fisher－ADF 值 | Fisher－PP 值 |
|---|---|---|---|---|---|
| $\ln AL_{i,t}$ | （C，N） | －9.00948*** | －5.34813*** | 147.410*** | 186.227*** |
| | | （0.0000） | （0.0000） | （0.0000） | （0.0000） |
| $\ln IAH_{i,t}$ | （C，T） | －6.62864*** | －1.43761* | 94.1592** | 97.5212** |
| | | （0.0000） | （0.0753） | （0.0287） | （0.0165） |

说明：检验类型中 C 代表截距项，T 代表趋势项，N 表示没有相应项；滞后长度按照 SC 信息准则确定；小括号内为 p 值。***、** 和 * 分别表示在 1%、5% 和 10% 水平上拒绝“有单位根”的原假设；限于篇幅，城市聚类后各变量单位根检验结果不予列出。

由表 6－1 可知，所有变量的水平值都是平稳的，可进一步进行建模分析。其中，$\ln HI_{it}$和 $\ln LP_{it}$通过了三个单位根检验，也认为其水平值是平稳的。

### 6.3.4 理性预期情形下的实证检验

（1）模型检验

模型设定检验的目的是确定模型是混合估计模型，固定效应模型（fixed effects model）还是随机效应模型（random effects models）。由于短面板数据具有截面数据的特征，因此还需要对数据进行组间异方差检验。经过上述两类检验最终才能确定模型估计方法。对模型（6.24）的检验过程如下：

①混合回归与固定效应的检验。混合回归与固定效应的检验是通过 $F$ 检验实现的。$F$ 检验的原假设是：$H_0: u_i$ 全部为 0，即混合回归模型是可以接受的；备择假设 $H_1: u_i$ 不全为 0。$F$ 检验的统计量定义为：

$$F = \frac{(SSE_r - SSE_u)/(N-1)}{SSE_u/(NT-N-k)} \sim F(N-1, NT-N-k) \tag{6.27}$$

其中，$SSE_r$ 表示混合回归模型（即约束模型）的残差平方和，$SSE_u$ 表示个体固定效应模型（即非约束模型）的残差平方和，$N$ 表示个体个数，$N-1$ 表示约束条件个数，$T$ 表示时期数，$k$ 表示未加约束的模型中被估参数的个数。如果拒绝原假设，则模型不应采用混合回归，而应该采用固定效应。F 检验的结果见表 6－2：

表 6－2 F 检验结果

| F 检验统计量 | P 值 |
|---|---|
| 11.48（34，342） | 0.0000 |

由于F检验的P值为0.0000，强烈拒绝了原假设，所以认为固定效应模型是优于混合回归模型的，每个城市应该有自己的截距项。然而，由于该F检验是在固定效应模型使用普通标准差后所得，并没有使用聚类稳健标准差，F检验并不是可靠的，因为普通标准差大约只是聚类稳健标准差的一半（篇幅所限，两类标准差不列出）。因此，进一步通过固定效应的最小二乘虚拟变量模型（LSDV）来考察（模型估计结果略）。由LSDV法估计结果可知，绝大多数个体虚拟变量均非常显著（P值为0.0000），故可以拒绝 $H_0$，认为存在个体效应，不应使用混合回归。

②混合回归与随机效应的检验。以上结果已基本确认了个体效应的存在，但是个体效应仍可能以随机效应的形式存在。Breusch 和 Pagan（1980）提出了检验个体效应的拉格朗日乘数检验（LM 检验），通过构建拉格朗日乘数来确定选择随机效应模型还是采用简单OLS估计的方法。其基本原理是若约束是有效的，那么最大化拉格朗日函数所得到的有约束的参数估计量应该位于最大化原始样本似然函数的参数估计值附近，该处对数似然函数的斜率应该趋近于0。因此，Breusch－Pagan 检验就是在有约束估计量处，通过检验对数似然函数的斜率是否趋近于0来检验约束是否有效。

原假设为：$H_0$：$\sigma_u^2=\sigma_v^2=0$，备择假设为：$H_1$：$\sigma_u^2\neq0$。LM 统计量为：

$$LM=\frac{NT}{2(T-1)}\left[\frac{\sum_{i=1}^{N}\left[\sum_{t=1}^{T}\widehat{\varepsilon}_{it}\right]}{\sum_{i=1}^{N}\left[\sum_{i=1}^{T}\widehat{\varepsilon}_{it}^{2}\right]}-1\right]^2 \tag{6.28}$$

在原假设下，统计量 LM 服从1个自由度的 $\chi^2$ 分布，即 $LM\sim\chi^2(1)$。若拒绝原假设，则说明模型中有一个反映个体特征的随机扰动项 $u_i$，不应使用混合回归。LM 检验结果见表6－3。

**表6－3　　LM 检验结果**

| LM 检验统计量 | P值 |
|---|---|
| 157.1（1） | 0.0000 |

由表6－3可知，LM检验拒绝了不存在个体随机效应的原假设，认为在随机效应与混合回归之间应该选择随机效应模型。

③固定效应与随机效应的检验。对于应该使用固定效应模型还是随机效应模

型来处理个体影响这个问题，一般采用 Hausman 检验方法判断，也就是要检验原假设 $H_0: u_i$ 与 $x_{it}$ 不相关。如果原假设成立，则固定效应与随机效应得到的估计结果都是一致的，但是随机效应更为有效。如果原假设不成立，则固定效应是一致的，而随机效应估计的结果是有偏的。因此，当 $H_0$ 成立时，固定效应与随机效应的估计量将共同收敛于真实的参数值，即 $\hat{\beta}_{FE} - \hat{\beta}_{RE} \xrightarrow{p} 0$。如果两者的差距过大，则倾向于拒绝原假设。Hausman（1978）提出的检验统计量为：

$$(\hat{\beta}_{FE} - \hat{\beta}_{RE})'[Var(\hat{\beta}_{FE} - \hat{\beta}_{RE})]^{-1}(\hat{\beta}_{FE} - \hat{\beta}_{RE}) \xrightarrow{d} \chi^2(K) \tag{6.29}$$

其中，$K$ 为 $\hat{\beta}_{FE}$ 的维度，即 $x_{it}$ 中所包含的随时间而变的解释变量的个数。如果该统计量大于临界值，则要拒绝 $H_0$。Hausman 检验结果见表 6－4。

**表 6－4　Hausman 检验结果**

| Hausman 检验统计量 | P 值 |
|---|---|
| 62.44（8） | 0.0000 |

由表 6－4 可知，由于 P 值为 0.0000，强烈拒绝了原假设，因此应该使用固定效应模型，而非随机效应模型。

④模型异方差检验。由于实证分析所采用的数据是短面板数据，具有截面数据的特征，而且采用固定效应模型，因此需要对其进行组间异方差检验。在短面板数据中，由于时间维度 T 较小，每个个体的信息较少，一般不考虑序列相关问题，只有在包含了较长序列的面板数据中才考虑序列相关性。

组间异方差检验的原假设 $H_0: \sigma_i^2 = \sigma^2 (i = 1, \cdots, n)$，可以进行似然比检验（LR）或修正的沃尔德检验（MW）。此处采用修正的沃尔德检验，结果见表6－5。

**表 6－5　组间异方差检验结果**

| $\chi^2$ 统计量 | P 值 |
|---|---|
| 1463.71（35） | 0.0000 |

表 6－5 显示，MW 检验强烈拒绝了“组间同方差”的原假设，即存在“组间异方差”。

（2）理性预期模型 I 估计结果与分析

由于异方差检验显示模型Ⅰ中存在显著的组间异方差，为了使模型估计结果更加可靠，故采用稳健型估计方法来考察参数的显著性，估计结果见表6－6。

使用OLS方法的估计结果见表6－7。对比表6－6与表6－7，表明两种估计方法所得的参数估值是没有差别的，只是稳健型估计的标准误差相对较大，因而其估计出的参数的显著性更加保守。

**表6－6　　理性预期模型Ⅰ稳健型OLS估计结果**

| 参数 | 估计值 | 标准误差 | t统计量 | P值 |
|---|---|---|---|---|
| $\alpha_0$ | 0.4873274 | 1.816667 | 0.27 | 0.790 |
| $\alpha_1$ | 0.475829 | 0.1921983 | 2.48 | 0.018 |
| $\alpha_2$ | 1.640791 | 0.3892152 | 4.22 | 0.000 |
| $\alpha_3$ | －0.0214894 | 0.0087065 | －2.47 | 0.019 |
| $\alpha_4$ | －1.037506 | 0.1606726 | －6.46 | 0.000 |
| $\alpha_5$ | 0.1945792 | 0.0541325 | 3.59 | 0.001 |
| $\alpha_6$ | 0.8263586 | 0.350853 | 2.36 | 0.024 |
| $\alpha_7$ | 0.2767933 | 0.0585346 | 4.73 | 0.000 |
| $\alpha_8$ | 0.0077302 | 0.0414852 | 0.19 | 0.853 |
| $R^2$ | | 0.9128 | | |
| $\bar{R}^2$ | | 0.9021 | | |
| 联合显著性F检验 | | Prob > F = 0.0000 | | |

**表6－7　　理性预期模型Ⅰ OLS估计结果**

| 参数 | 估计值 | 标准误差 | t统计量 | P值 |
|---|---|---|---|---|
| $\alpha_0$ | 0.4873274 | 1.133692 | 0.43 | 0.668 |
| $\alpha_1$ | 0.475829 | 0.180247 | 2.64 | 0.009 |
| $\alpha_2$ | 1.640791 | 0.265328 | 6.18 | 0.000 |
| $\alpha_3$ | －0.0214894 | 0.0109234 | －1.97 | 0.050 |
| $\alpha_4$ | －1.037506 | 0.1386151 | －7.48 | 0.000 |
| $\alpha_5$ | 0.1945792 | 0.0272642 | 7.14 | 0.000 |
| $\alpha_6$ | 0.8263586 | 0.115112 | 7.18 | 0.000 |
| $\alpha_7$ | 0.2767933 | 0.0344975 | 8.02 | 0.000 |
| $\alpha_8$ | 0.0077302 | 0.0276415 | 0.28 | 0.780 |
| $R^2$ | | 0.9128 | | |
| $\bar{R}^2$ | | 0.9021 | | |
| 联合显著性F检验 | | Prob > F = 0.0000 | | |

从表 6－6 可以看出，模型Ⅰ的 $\bar{R}^2=0.9021$，表明模型对样本观测值的拟合情况良好，且通过了除常数项外的其他解释变量的联合显著性 F 检验。在 $\alpha=0.05$ 的显著性水平下，解释变量中除了经适房投资以外，全部通过了 $t$ 检验。由表 6－6 可知：

①理性预期对商品住宅供给产生了重要影响。由模型估计结果可知，理性预期与住房调控政策（经适房政策除外）对 35 个大中城市的商品住宅供给都具有一定的解释力，且预期对住房供给的影响程度要大于土地（数量型）、信贷、利率以及经适房等政策。由符号看，理性预期对住房供给存在正向影响，这是因为房地产企业如果在上期预期本期房价上涨，则会加大投资开发力度，待本期价格上涨时出售以赚取更多的利润。由上述结论可知，在住房调控研究中，应该正视市场参与者预期的存在和重要性，否则难以得到与现实相符合的研究结论；政府进行住房供给管理时，必须采取有效的措施对预期进行引导和管理，进而通过企业预期的收缩（扩张）来抑制（刺激）住房供给的增加。

②各政策工具对商品住宅供给的作用力度不同。由表 6－6 可知，存款准备金率对住房供给的影响最大：该政策变量每增加 1 个单位，商品住宅供给减少 1.0375%；土地、信贷政策的影响次之；利率对住房供给的影响最小：该政策变量每增加 1 个单位，商品住宅供给仅减少 0.0215%；经适房政策对住房供给没有显著影响。

比较房地产企业国内贷款额与贷款利率对住房供给的影响程度，可知政府如果通过控制信贷规模来调节住房供给，效果是较为明显的，而通过贷款利率来调控住房供给则效果较为一般。这与任木荣和苏国强（2012）的分析结论是一致的。这是因为利率调控属于间接调控，是通过影响开发商的财务成本间接地影响其开发投资行为，进而影响住房供给。如果住房升值预期超过了成本的上升，或者开发商将这一成本转嫁给购房者，则利率上升的成本约束就会弱化，导致住房市场利率不敏感，利率调控效果就不显著。而信贷政策实施时，央行直接对贷款数量和结构进行控制，缩减房地产企业的信贷额度，会导致住房按揭贷款审批周期延长，甚至出现无款可贷的情况，直接影响住房供给，因此信贷政策的效果会更加有效。

③各政策工具对商品住宅供给的作用方向与理论分析基本一致。存款准备金率、贷款利率、房地产开发国内贷款额、土地购置面积等政策工具对住房供给产

生了与6.2.1分析方向一致的影响。这一结论不仅检验了前述理论分析的正确性，而且为政府出台调控政策提供了可信的制定依据。

土地交易价格、建筑材料价格等成本因素对住房供给存在正向影响。这可能是由于国内房地产市场最大的特殊性就在于各类市场主体对房价存在高度一致的上涨预期。因此，尽管建筑成本不断上涨，地价不断上涨，但在房价会继续上涨的乐观预期下，房地产企业认为房价上涨的幅度远大于成本上升的幅度，还是会加大开发投资力度。另一方面，地价的不断上涨，地方政府在“土地财政”的利益趋驱使下，可能凭借其所拥有的土地垄断权扩大土地供应数量，调整土地供应方式，以获取更多的利益，无形中加大的土地供应会带来住房供给的增加。

### 6.3.5 近视预期情形下的实证检验

(1) 模型检验

对模型（6.25）的检验结果见表6-8。

**表6-8 近视预期模型Ⅱ检验结果**

| 检验方法 | 原假设 | 统计量及P值 |
|---|---|---|
| F检验 | 真实模型是混合模型 | 11.79<br>(0.0000) |
| LM检验 | 真实模型是混合模型 | 161.43<br>(0.0000) |
| Hausman检验 | 真实模型是个体随机效应模型 | 63.21<br>(0.0000) |
| 修正的沃尔德检验 | 面板数据组间同方差 | 1585.63<br>(0.0000) |

说明：小括号内为各检验对应的P值。

表6-8显示，F检验的P值为0.0000，强烈拒绝原假设，即认为固定效应模型是优于混合回归模型的，每个城市应该有自己的截距项。进一步通过固定效应的最小二乘虚拟变量模型（LSDV）来考察（模型估计结果略），结果显示绝大多数个体虚拟变量均非常显著（P值为0.000），故可以拒绝$H_0$，认为存在个体效应，不应使用混合回归。LM检验强烈拒绝了不存在个体随机效应的原假设，认为在随机效应与混合回归之间应该选择随机效应模型；Hausman检验P值为

0.0000，因此应该使用固定效应模型，而非随机效应模型；修正的沃尔德检验强烈拒绝了“组间同方差”的原假设，即存在“组间异方差”。

（2）近视预期模型Ⅱ估计结果与分析

由于异方差检验显示模型Ⅱ中存在显著的组间异方差，为了使模型估计结果更加可靠，采用稳健型估计方法来考察参数的显著性，估计结果见表6-9。

**表6-9　近视预期模型Ⅱ稳健型OLS估计结果**

| 参数 | 估计值 | 标准误差 | t统计量 | P值 |
|---|---|---|---|---|
| $\alpha_0$ | 0.8541681 | 1.775253 | 0.48 | 0.633 |
| $\alpha_1$ | 0.6793901 | 0.2008022 | 3.38 | 0.002 |
| $\alpha_2$ | 1.605728 | 0.3751051 | 4.28 | 0.000 |
| $\alpha_3$ | -0.0203676 | 0.0088737 | -2.30 | 0.028 |
| $\alpha_4$ | -1.088224 | 0.1558943 | -6.98 | 0.000 |
| $\alpha_5$ | 0.1899551 | 0.0529092 | 3.59 | 0.001 |
| $\alpha_6$ | 0.8107473 | 0.3461411 | 2.34 | 0.025 |
| $\alpha_7$ | 0.2758916 | 0.0569451 | 4.84 | 0.000 |
| $\alpha_8$ | 0.0086331 | 0.042284 | 0.20 | 0.839 |
| $R^2$ | 0.9146 | | | |
| $\bar{R}^2$ | 0.9041 | | | |
| F检验 | Prob > F = 0.0000 | | | |

由表6-9可以得以下结论：

①$\bar{R}^2=0.9041$，说明模型对样本观测值的拟合情况良好，且通过了除常数项外的其他解释变量的联合显著性$F$检验。在$\alpha=0.05$的显著性水平下，解释变量中除了经适房投资以外，全部通过了$t$检验。

②近视预期对商品住宅供给产生了重要影响。近视预期与住房宏观调控政策（经济适用房政策除外）对35个大中城市的商品住宅供给都具有一定的解释力，且近视预期对住房供给的影响程度要大于土地（数量型）、信贷、利率以及经适房等政策工具。这与理性预期情形下的结论一致，不再赘述。

③近视预期情形下，各政策工具对商品住宅供给的影响方向和力度，基本与理性预期情形下的结论一致，不再赘述。

（3）近视预期下住房供给调控效果的模拟分析

在对模型（6.24）、（6.25）参数估计的基础上，可以设置有无预期、有无政府干预以及不同的政策组合条件等环境进行住房供给调控的数值模拟和比较分析。以35个大中城市各指标均值为样本数据，对不同条件下商品住宅供给变化的趋势进行数值模拟，使宏观调控的效果显化。

①有无预期的比较。图6－9中S1是近视价格预期环境下的商品住宅投资曲线，S2是无预期环境时的商品住宅投资曲线。由图6－9可以看出，样本期内房地产企业的预期具有扩大商品住宅供给的作用，并且随着时间的推移，这种作用有增大的趋势。

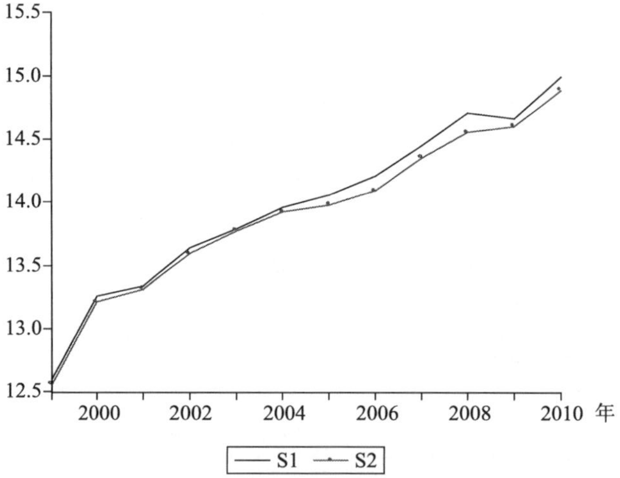


**图6－9　有无预期情形下商品住宅投资走势**

②有无货币政策的比较。图6－10中S3是不带任何政策工具时的投资曲线，S4是只带货币政策工具时的投资曲线。由图6－10可知，样本期内货币政策的实施（包括利率、存款准备金率和房地产开发信贷）对住房供给的影响具有明显的阶段性特征：2001年前半年以前货币政策的实施对住房供给有抑制作用；从2001年后半年开始，货币政策的实施具有扩大住房供给的作用，并且随着时间的推移刺激住房供给的作用有增大的趋势。

③有无土地政策的比较。图6－11中S3同前，S5是只带有土地政策工具时的投资曲线。由图6－11可知，样本期内土地政策的实施（包括对土地价格和交易量的管理）对住房供给具有明显的正向刺激作用，而且作用强度在样本期内基

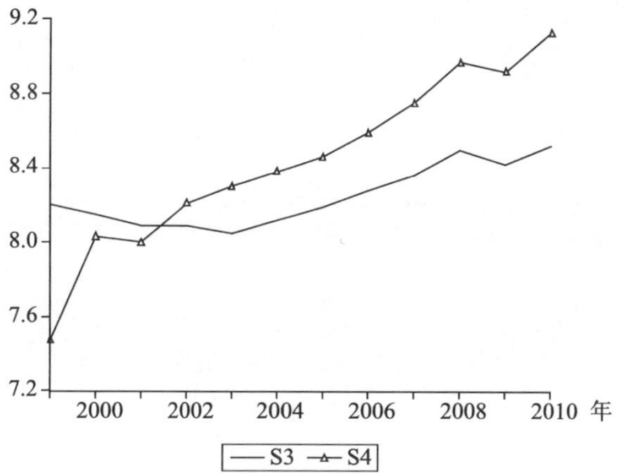


**图 6－10　有无货币政策时商品住宅投资走势**

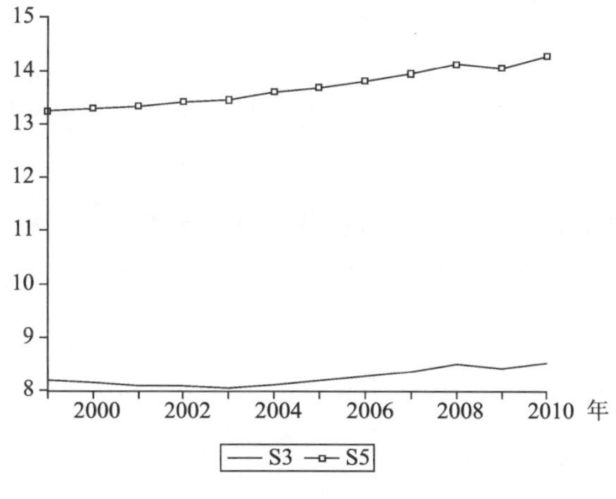


**图 6－11　有无土地政策时商品住宅投资走势**

本保持稳定。

④不同政策组合效果的比较。图 6－12 中 S3 同前，S6 是利率、存款准备金率和数量型土地政策工具组合下的投资曲线，S7 是利率、存款准备率和价格型土地政策工具组合下的投资曲线。由图 6－12 可知，选择不同的政策工具组合，对住房供给影响的效果是不同的。如果选择利率、存款准备金率和数量型土地政策工具，则该政策组合的实施会抑制住房供给；如果选择利率、存款准备金率和价格型土地政策工具，则该政策组合的实施会刺激住房供给。政策实践过程中，政府可以根据宏观调控的目的，选择不同的政策工具或组合，以实现政策出台的

预计目标。

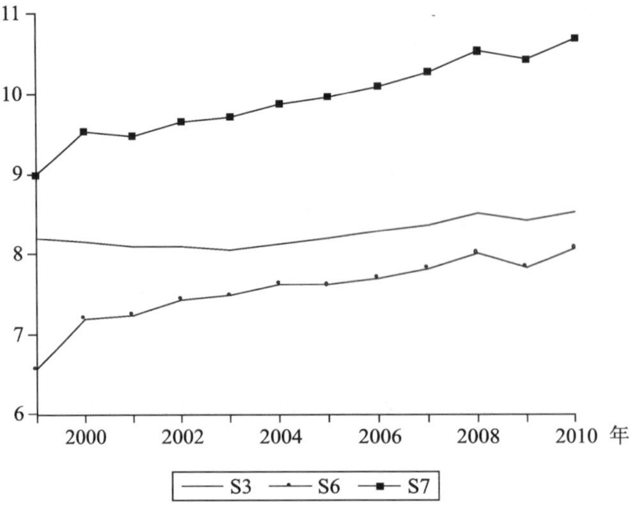


**图 6-12　无政策以及不同政策组下商品住宅投资走势比较**

### 6.3.6　异质预期环境下住房调控效果的比较分析

为商品住宅市场设置理性预期、近视预期、无预期的异质预期环境，住房调控政策作用效果的比较见表 6-10。

**表 6-10　异质预期情形下宏观调控政策对住房供给影响的比较**

| | 理性预期模型Ⅰ | 近视预期模型Ⅱ | 无预期模型Ⅲ |
|---|---|---|---|
| $\alpha_0$ | 0.4873 (0.790)<br>0.27 | 0.8542 (0.633)<br>0.48 | 0.2580 (0.889)<br>0.14 |
| $\alpha_1$ | 0.4758 (0.018) **<br>2.48 | 0.6794 (0.002) ***<br>3.38 | — |
| $\alpha_2$ | 1.6408 (0.000) ***<br>4.22 | 1.6057 (0.000) ***<br>4.28 | 1.6949 (0.000) ***<br>4.39 |
| $\alpha_3$ | -0.0215 (0.019) **<br>-2.47 | -0.0204 (0.028) **<br>-2.30 | -0.0209 (0.021) **<br>-2.41 |

续表

| | 理性预期模型Ⅰ | 近视预期模型Ⅱ | 无预期模型Ⅲ |
|---|---|---|---|
| $\alpha_4$ | -1.037506 (0.000)***<br>-6.46 | -1.0882 (0.000)***<br>-6.98 | -1.1074 (0.000)***<br>-7.40 |
| $\alpha_5$ | 0.1946 (0.001)***<br>3.59 | 0.1900 (0.001)***<br>3.59 | 0.1971 (0.001)***<br>3.62 |
| $\alpha_6$ | 0.8264 (0.024)**<br>2.36 | 0.8107 (0.025)**<br>2.34 | 0.8677 (0.018)**<br>2.48 |
| $\alpha_7$ | 0.2768 (0.000)***<br>4.73 | 0.2759 (0.000)***<br>4.84 | 0.2792 (0.000)***<br>4.78 |
| $\alpha_8$ | 0.0077 (0.853)<br>0.19 | 0.0086 (0.839)<br>0.20 | 0.0016 (0.969)<br>0.04 |
| $\bar{R}^2$ | 0.9021 | 0.9041 | 0.9004 |
| 联合显著性 F 检验 | 58.35<br>(0.000) | 58.95<br>(0.000) | 71.18<br>(0.000) |

说明：无预期模型Ⅲ的参数估计值是固定效应模型的稳健型标准差估计方法所得。限于篇幅，模型Ⅲ的检验过程与结果不再列出。***、** 和 * 分别表示在 1%、5% 和 10% 水平上显著；回归系数下方为 $t$ 检验统计量，小括号内为对应 $P$ 值。

由表 6-10 可以得到如下结论：

其一，异质预期环境下，同一政策工具对商品住宅供给的作用效果存在差异。比较模型Ⅰ～Ⅲ，显示存款准备金率、土地价格、房地产企业国内贷款额、房地产开发土地购置面积、贷款利率等政策工具在市场参与者持有理性预期、近视预期或者是无预期的假设条件下，对商品住宅供给的影响程度是不同的，这意味着政策实施效应与市场参与者的预期类型有关。以利率为例（限于篇幅，其他政策变量参数不再分析），在理性预期条件下贷款利率对供给的负向影响最大，在近视预期条件下贷款利率的负向影响最小，无预期条件下贷款利率的影响介于两者之间。利率是资金使用成本的反映，如果贷款利率上升，则房地产企业的资金成本增加，在无法将此成本有效转嫁给消费者时利润空间受到压缩，房地产企业的投资量受到抑制。异质预期环境下，市场参与者对未来房价走势的预期不同，对利润空间的判断也不同，所以该工具在住房调控中的作用也会因环境而异。现有理论研究或是政策实践对预期及其异质性的忽视，导致了无法得到具有针对性的、更加科学的结论，在一定程度上造成了住房调控的低效，因此在住房调控研究中考虑异质预期环境的影响并出台差别化的政策是必要的。

其二，预期对商品住宅供给具有重要影响，且理性预期的作用要小于近视预期。由模型Ⅰ和Ⅱ可以看出，两种预期对35个大中城市的商品住宅供给都具有显著的正向影响，且影响程度要大于土地（数量型）、信贷、利率以及经适房等政策工具。因此，在住房调控研究中必须重视市场参与者预期的存在和重要性，否则难以得到与现实相符合的研究结论。比较模型Ⅰ与模型Ⅱ，显示理性预期对商品住宅供给的作用要小于近视预期，理性预期每增加1个单位，商品住宅供给增加0.48%，近视预期每增加1个单位，商品住宅供给增加0.68%，约为前者的1.4倍。这一方面说明房地产企业进行供给决策时，普遍更注重历史价格波动的影响，并以此形成房价预期，另一方面也体现出预期环境的异质性。

其三，预期会弱化宏观调控政策的作用效果，且近视预期的弱化作用更大。比较模型Ⅰ～Ⅲ，显示在无预期时存款准备金率、房地产企业国内贷款额、土地交易价格、房地产企业购置土地面积等政策变量对住房供给的影响更大；而比较模型Ⅰ和Ⅱ，显示贷款利率、房地产企业国内贷款额、土地交易价格、房地产企业购置土地面积等指标在理性预期情形下对住房供给的影响更大。这说明了预期的存在会弱化货币政策和土地政策等政策工具的实施效果，而且与理性预期相比，近视预期对调控政策效果的弱化作用更大。该结论在一定程度上解释了目前国内住房调控政策低效甚至失效的原因，也在一定程度上说明了将预期引入住房调控研究框架的必要性。

由上述结论可知，在市场参与者持不同类型预期的情形下，住房宏观调控工具对商品住宅供给的作用效果存在显著差异，因此无论理论研究还是政策制定都应该考虑市场参与者预期的存在和形成机制的差别，并进行分类研究和调控，这样才有可能得到更加科学的结论和良好的效果。

### 6.3.7 异质城市环境下住房调控效果的比较分析

上文中对异质预期环境下住房供给调控的作用效果做了比较分析。但是，全国性的调控政策在不同的城市实施后，是否存在作用力度、作用方向上的效果差异就不得而知了。因此，需要对35个大中城市按照某种（某些）特征分类，从不同的分类入手，分别探讨各类城市调控政策的作用效果，以便得到更有针对性的结论。

针对国内商品住宅市场地区发展不平衡和住房调控效果不佳的现状，部分成果涉及了宏观调控中的城市（或地区）差异问题。如周京奎（2005）通过误差修正模型对2001年6月至2004年8月间北京、天津、上海和重庆4个城市的住宅价格与货币政策关系进行了实证分析和比较分析；王松涛（2011）对2003年6月至2007年9月间4个全国性政策工具对北京、上海、广州等6个城市的干预效果进行了定量和比较分析；熊方军、邓长荣、马永开（2007），陈会广、刘忠原、张耀宇（2012）以住房分类调控为目的，分别采用传统二维聚类法和Granger因果关系检验法，对中国30个省市和35个大中城市的房地产市场进行分类。上述成果已敏锐地洞察到了城市（或地区）差异导致的调控效果差异，但研究并不深入和全面。部分学者简单地按照东部、中部与西部等区位特征进行类型划分，笔者认为如果简单地对同一地理区位的城市实施相同的调控政策，可能在部分城市并不会取得良好的效果。只有在对发展不均衡的商品住宅市场进行分类的基础上，进一步研究调控政策实施效应的差异性，才可能为出台差别化的调控政策提供科学依据。因此，该部分将按照不同城市的商品住宅价格水平对35个大中城市进行面板聚类分析，探析不同类型城市宏观调控政策的作用规律。

（1）面板聚类结果

由于房价水平相似的城市，其住房市场供、需对比力量存在一定的相似性，且房价水平也是最能直接反映一个城市商品住宅市场发展水平的指标，因此该部分选择商品住宅销售价格指标进行聚类分析。通过对35个大中城市商品住宅销售价格面板数据的初步观测，发现1999~2010年间各城市房价普遍呈现上涨趋势。该直观结论无法对35个大中城市房价情况做出准确的判断和区分，因此以下采用聚类方法判别各城市商品房销售价格的层次类型和差异情况。然而，如果选取某一固定时期进行聚类分析，则会抹杀市场动态发展趋势，结果也会有所偏误。因此，此处的聚类方法选择将多元统计方法引入面板模型的面板聚类方法。选择平方欧氏距离作为面板数据的相似性指标，按照离差平方和法进行聚类分析，利用Stata12.0对35个大中城市样本数据的面板聚类结果见表6-11：

表 6－11　　35 个大中城市面板聚类结果

| 组类 | 城市 | 个数 |
|---|---|---|
| A | 北京、深圳 | 2 |
| B | 上海、广州、杭州、宁波、厦门 | 5 |
| C | 天津、大连、青岛、济南、武汉、南京、福州、海口、成都、太原 | 10 |
| D | 呼和浩特、石家庄、郑州、合肥、南昌、长沙、南宁、重庆、贵阳、昆明、西安、兰州、西宁、银川、乌鲁木齐、沈阳、长春、哈尔滨 | 18 |

由表 6－11 可以看出，根据样本期内商品住宅销售价格的动态发展趋势，将 35 个大中城市细分为 4 种类型，以便得到具有差别化的结论。A 类城市包括北京和深圳，是房价最高的城市，也是房地产业最发达的城市；B 类城市包括上海、广州、杭州、宁波和厦门，也是目前公认的高房价城市。A、B 类城市经济发达，辐射带动作用强，外来人口数量大，投资投机活跃，供给缺口明显。C 类包括天津、大连和青岛等城市，基本为沿海沿江城市，经济较为发达，生活环境良好，住房投资和消费也较活跃，是房价处于中上等水平的城市。D 类包括呼和浩特、石家庄和郑州等城市，基本分布在中西部内陆地区，经济发展水平较低，房地产业发展相对落后缓慢，是 35 个大中城市中房价较低的城市。以下将在城市面板聚类的基础上，对 4 类城市分别使用 Panel Data 模型进行估计和分析。

（2）城市分类估计结果

该部分以市场参与者持近视房价预期为假设条件，对 4 类城市面板模型参数估计结果见表 6－12。

表 6－12　　宏观调控政策对 4 类城市住房供给影响的比较

| | 模型 A | 模型 B | 模型 C | 模型 D |
|---|---|---|---|---|
| $\alpha_0$ | 12.12069*** | 7.641863** | 0.0304126 | －4.269166*** |
| | (4.63) | (2.66) | (0.85) | (－2.71) |
| $\alpha_1$ | 0.2398249 | 1.01305*** | 0.497096* | 0.7657846*** |
| | (1.24) | (4.08) | (1.92) | (2.74) |
| $\alpha_2$ | －1.637063*** | 0.8345682 | 0.497096*** | 1.224259*** |
| | (－3.01) | (1.35) | (4.15) | (3.44) |

续表

| | 模型 A | 模型 B | 模型 C | 模型 D |
|---|---|---|---|---|
| $\alpha_3$ | 0. 0182923<br>(1. 40) | −0. 0058106<br>( −0. 31) | −0. 0169771<br>( −1. 09) | −0. 0202662<br>( −1. 38) |
| $\alpha_4$ | −0. 1532229<br>( −1. 13) | −0. 8813346 ***<br>( −4. 32) | −1. 4056 ***<br>( −7. 63) | −0. 9381526 ***<br>( −4. 65) |
| $\alpha_5$ | −0. 0008634<br>( −0. 03) | 0. 0640891<br>(1. 51) | 0. 0783477 **<br>(2. 08) | 0. 193253 ***<br>(4. 76) |
| $\alpha_6$ | 1. 856097 ***<br>(5. 87) | 0. 4255725 ***<br>(3. 46) | 1. 337472 ***<br>(7. 55) | 2. 163014 ***<br>(9. 01) |
| $\alpha_7$ | 0. 0746695<br>(1. 61) | 0. 2401421 ***<br>2. 76 | 0. 027527<br>(0. 61) | 0. 2444407 ***<br>(4. 50) |
| $\alpha_8$ | 0. 139124 ***<br>(4. 24) | 0. 0384631<br>(0. 96) | 0. 0304126<br>(0. 85) | 0. 0113698<br>(0. 27) |
| $R^2$ | 0. 9821 | 0. 9485 | 0. 9475 | 0. 9157 |
| $\bar{R}^2$ | 0. 9711 | 0. 9337 | 0. 9378 | 0. 9035 |
| 联合显著性 F 检验 | Prob > F = 0. 0000 | Prob > F = 0. 0000 | Prob > F = 0. 0000 | Prob > F = 0. 0000 |

说明：A ~ D 类城市面板模型分别记为模型 A ~ D；经模型形式的 F 检验、LM 检验以及 Hausman 检验，确定模型 A 采用混合回归模型，模型 B ~ D 采用个体固定效应模型进行估计（限于篇幅，模型检验过程不再列出）；*** 、** 和 * 分别表示在 1%、5% 和 10% 水平上显著。

由表 6 – 12 可以得到如下结论：

①近视预期对除了 A 类城市以外的其他三类城市产生了统计上显著的正向影响。这说明 A 类城市的房地产企业可能更加注重市场供需的实际情况，而不会简单地依据房价上涨的历史经验做出供给决策。北京和深圳是中国房地产业最发达的城市，具有市场规模大、房价水平高的特点，房价上升的空间已经有限，价格快速上涨的趋势更可能会被平稳或缓慢增长的发展趋势所代替。因此，房地产企业的供给决策会以现实市场状态为依据，以减少投资风险。

B ~ D 类城市中，预期对 B 类城市住房供给的影响最大，对其他两类城市的影响较小。B 类城市中的上海是全国的经济中心，广州、杭州、宁波和厦门均为副省级城市，这 5 个城市不仅经济发展水平高，而且地理位置优越，生活环境良好。尽管房价已经在高位运行，但与A类城市的房价相比，还存在一定的上升空间。因此，房地产企业会以历史房价上涨的趋势形成预期并进行供给决策。对于C、D类城市而言，随着城市化进程的稳步推进，外来人口持续大量涌入城市造成了刚性需求不断增加。但是与B类城市相比，这两类城市的经济发展水平较低，房地产市场规模较小，房地产企业会结合房价预期和各城市的经济、社会以及房地产市场的发展现状做出供给决策，以降低投资风险。

②存款准备金率对除了A类城市外的其他三类城市都产生了统计上显著的负向影响。从作用力度上看，该政策变量对C类城市的影响最大，D类城市次之，对B类城市的影响最小，且对C类城市的影响力度约为B、D类城市的1.6倍和1.5倍。由于商品住宅开发所需资金量大，银行贷款成为房地产企业主要的资金来源之一。但是，对于A类城市而言，房地产企业的融资渠道相对丰富，除了银行贷款以外，房地产信托、股权融资、债券融资等融资工具相对发达，外资利用相对丰富，开发商可以通过银行信贷以外的丰富途径获取资金，因此存款准备金率的变化对A类城市的住房供给没有显著影响。而对于B~D类城市来说，存款准备金率的提高会降低银行的信用创造能力，并且造成流动性偏紧，房地产企业从银行获得贷款更加困难，甚至无款可贷。另外，房地产企业的自筹资金主要是由商品房销售额转化，而现有研究表明：购房贷款占房地产销售额比重基本保持在50%左右，即约50%的房地产销售额来自银行贷款。因此，存款准备金率的提高，银行对个人按揭贷款的态度也会变的谨慎，对房地产企业的自筹资金部分产生负向影响。由此可见，房地产企业的开发贷款以及近一半自筹资金都来自于银行体系，对于这些城市，尤其是C、D类城市，房地产开发的融资渠道相对单一，房地产投融资产品缺乏、滞后，因此开发商的选择余地有限，提高存款准备金率必然会对这些城市住房供给产生更大程度的影响。上述结论显示，存款准备金率对B~D类城市住房供给具有较明显的调控效果，是较为理想的政策工具之一。

③土地价格对4类城市的作用效果较为一致，对住房供给都产生了统计上显著的正向影响。这说明政府实施土地限价政策，在降低地价的同时，也会使住房供给减少；而对土地出让方式的完善，在使地价上升的同时也会增加住房供给。从作用力度上来看，地价对D类城市住房供给影响的程度最强，地价每增加1%，住房供给会增加约2.163%；对A、C两类城市的影响次之，地价每上升

1%，这两类城市的住房供给将增加1.3375%～1.8561%；对B类城市的影响最小，地价每上升1%，B类城市的住房供给仅增加0.4256%。土地作为商品住宅的生产要素，地价的上涨并没有减少住房供给，而是在房价上涨预期、开发商成本转嫁及地方政府“土地财政”等因素的影响下，促进了住房供给的增加。政府在出台土地政策调节住房供给时，要特别关注政策工具对地价的影响。

④房地产企业国内贷款额只对C、D类城市产生了统计上显著的正向影响。从作用力度上来看，该政策变量对D类城市供给的影响更大，而对C类城市的影响较小，前者大约为后者的2.5倍。现有研究显示：房地产开发贷款占房地产开发投资比重基本上维持在26%左右，即房地产开发投资中近三分之一来自银行贷款。而C、D类城市相比，后者房地产市场发展水平较低，房地产企业规模有限，各类融资产品发展更加滞后，可利用外资匮乏，银行贷款对于D类城市的房地产企业来说更为重要。因此，政府通过提高开发企业信贷门槛，规定信贷用途，罗列禁止发放贷款的条款等途径来控制信贷规模时，对D类城市住房供给的影响更大。

⑤房地产开发土地购置面积只对B、D类城市产生了统计上显著的正向影响。从作用力度上看，该政策变量对B、D类城市住房供给的影响程度基本相同，土地面积每增加1%，住房供给均增加约0.24%。该结果表明如果在A、C两类城市实施土地计划等控制土地供应数量的政策，则无法实现对住房供给的调控；而对B、D类城市而言，对土地面积的供应总量减少会抑制住房供给；而增加土地供应面积可以较有效地增加住房供给。政府可以凭借其所拥有的土地垄断权调整土地供给，进而实现对房地产市场的调控。

⑥经济适用房投资额只对A类城市产生了统计上显著的正向影响。从作用力度上看，当经济适用房投资额增加1%时，A类城市的商品住宅供给增加约0.1391%。这可能是由于北京、深圳两城市投资建设的经济适用房，可以使企业享受到城镇土地使用税、印花税减免等优惠政策，反而有利于企业供给商品住宅能力的提高。此外，随着经济适用房等低档住房投资力度加大和供给增加，低档住房的房价和租金下降，私人投资更愿意投入商品住宅开发领域来保持较高的投资收益水平。

⑦贷款利率对4类城市的影响在统计上都是不显著的。这说明样本期内利率政策的实施对4类城市住房供给的调控都是低效的，并没有达到预定目标。

⑧建筑成本对4类城市住房供给的影响效果存在不确定性。对A类城市具有统计上显著的负向影响，对C和D类城市具有统计上显著的正上影响，而对B类城市没有显著影响。从作用力度上看，建筑成本每提高1%，A类城市的住房供给减少1.637%，而C、D类城市的住房供给则会增加0.4971%和1.2243%。作为商品住宅的主要开发成本之一，建筑成本的高低直接影响单位项目所需资金数量，进而影响企业的开发能力。北京和深圳两城市，由于房价上升空间有限，房地产企业的投资行为较为理性，随着建筑材料价格的上升开发企业认为利润会减少因而减少供给，以避免投资损失；而对于C、D类城市而言，尤其是D类城市，房价的上升空间较大，开发商普遍受房价上涨预期的影响，虽然建筑成本上升，但是房地产企业预期未来房价上涨的幅度将远大于建筑成本上涨的幅度，或者可以将该成本的增加转嫁给购房者，所以依然可能增加供给。

由上述结论可知，由于住房宏观调控政策和市场参与者的预期对不同类型的城市的作用效果存在显著差异，因此无论理论研究还是政策制定都应该考虑按住房市场发展水平细化到不同的实施环境，这样才有可能实现差别化、精准化和科学化的调控。

## 6.4 预期视角下商品住宅需求调控的实证分析

如何抑制需求的非理性增长对房价的拉动作用已经成为政府部门面临的棘手问题，尽管政府出台了一系列调控政策，但干预效果却并不理想。预期是影响商品住宅市场运行的重要因素，而研究者和管理者还缺乏对它的关注和引导。本节基于国内商品住宅市场的特点，将预期与政策工具引入住宅需求分析框架，建立了考虑预期和城市差异的商品住宅需求调控模型，并通过设置异质预期环境（理性预期、近视预期及无预期）和异质城市环境（4种类型城市），围绕住房调控政策的实施对中国35个大中城市商品住宅需求的影响效果进行了量化分析和比较分析。

### 6.4.1 商品住宅需求调控模型

首先对商品住宅市场做出如下假设：①住房调控政策实施的预期环境包括：市场参与者持理性预期、近视预期和无预期三种情形；②市场参与者的预期仅有

$\tau$ 期，且 $\tau \geqslant 1$；③住宅市场按某种规则可分为 $k$ 类，是住房调控政策实施的 $k$ 类城市环境；④住宅需求函数是线性函数。

商品住宅同时具有消费品和投资品的特点，因此商品住宅需求既包括自住性需求又包括投资性需求。前者关注近期投入的最小化，主要受当期房价的影响；后者更加关注远期收益的最大化，主要受预期房价的影响。由于商品住宅是高价耐用品，无论消费或投资都需要支付数量巨大的资金，这就要求购房者具有良好的资金存量或稳健的现金流，使得收入水平成为住房需求的重要影响因素。此外，中国目前正处于城市化加速发展的阶段，每年都有大量人口进入城市，使得城市人口数量也成为住房需求的重要影响因素。根据假设②、③，考虑预期和城市环境的商品住宅需求调控模型可表示为：

$$D_{k,t} = f'_{k,t}(P_{k,t}, P^e_{k,t+\tau}, IL_{k,t}, TP_{k,t}, G_{k,t}) \tag{6.30}$$

其中，$D_{k,t}$、$P_{k,t}$、$IL_{k,t}$、$TP_{k,t}$、$G_{k,t}$ 分别表示 $k$ 类城市第 $t$ 期的商品住宅需求、房价水平、收入水平、城市人口数量、住房调控政策，$P^e_{k,t+\tau}$ 表示 $k$ 类城市的购房者 $t$ 时对第 $\tau$ 期后的房价预期，主要反映购房者的购买意愿和对未来住房市场及国民经济发展水平的判断。式（6.30）表示第 $t$ 期的商品住宅需求由当期的房价、第 $\tau$ 期后的房价预期、居民当期的收入水平、人口数量和宏观调控政策所决定。由于式（6.30）中既有房价又有居民收入，将两者合并为房价收入比指标。房价收入比是目前国际上常用的衡量城市居民住房消费能力和房价水平的综合指标，用 $PIR_{k,t}$ 表示，用以衡量 $k$ 类城市居民 $t$ 时购买住宅的支付能力。

通过 6.2 的分析，可知影响商品住宅市场需求的主要政策因素是货币政策、保障房政策、土地政策、税收政策等（用集合 $H'$ 将其囊括），则调控函数可表示为：

$$G'_{k,t} = h'(MI_{k,t}, LI_{k,t}, TI_{k,t}, AI_{k,t}, OI_{k,t}) \tag{6.31}$$

其中，$MI_{k,t}, LI_{k,t}, TI_{k,t}, AI_{k,t}, OI_{k,t}$ 分别表示 $k$ 类城市中对商品住宅需求产生影响的货币、土地、税收、保障房和其他行政法律工具。

根据假设①、④，结合式（6.30）和（6.31），则考虑政策实施异质预期环境和异质城市环境的商品住宅需求调控模型可表示为：

$$D_{k,t} = \alpha_{k,j,t+\tau} P^e_{k,j,t+\tau} + \beta_{k,t} PIR_{k,t} + \gamma_{k,t} TP_{k,t} + \sum_{n \in H'} \lambda_{k,n,t} G'_{k,n,t} + \varepsilon_{k,t} \tag{6.32}$$

其中，$D_{k,t}$ 表示 $k$ 类城市第 $t$ 期的商品住宅需求；$P^e_{k,j,t+\tau}$ 为 $k$ 类城市市场参与者在 $t$ 期对 $\tau$ 期后的 $j$ 类房价预期，$j=1,2,3$ 分别对应理性预期、近视预期和无预期；$PIR_{k,t}$、$TP_{k,t}$分别表示 $k$ 类城市 $t$ 期的房价收入比和城市人口；$G'_{k,n,t-\omega}$为 $k$ 类城市在 $t$ 期的第 $n$ 种住房宏观调控，$n \in H'$；$\varepsilon_{k,t}$为 $k$ 类城市第 $t$ 期的随机扰动项，且服从 $N(0,\sigma^2)$分布；$\alpha_{k,j,t+\tau},\beta_{k,t},\gamma_{k,t},\lambda_{k,n,t},\sigma^2$ 为模型待估参数。

模型（6.32）是一种综合考虑市场参与者预期类型、城市类型和政府干预的随机系统模型。当不考虑城市类型 $k$ 时，通过预期类型 $j$ 的变化可以实现异质预期环境下的比较分析；当不考虑预期类型 $j$ 时，通过城市类型 $k$ 的变化可以实现异质城市环境下的比较分析。

### 6.4.2 计量模型、变量及数据说明

实证分析时，采用学界认可的指标对住房调控政策进行量化，最终确定商品住宅销售面积、房价收入比、城市年末总人口、5 年以上贷款利率、法定存款准备金率、土地交易价格指数、经济适用房投资额分别作为商品住宅需求、居民购房能力、城市人口数量、价格型货币政策、数量型货币政策、土地政策、保障房政策的代理变量，并分别记为：$SRA_{i,t}$、$PIR_{i,t}$、$TP_{i,t}$、$LR_{i,t}$、$SRD_{i,t}$、$LP_{i,t}$、$IAH_{i,t}$。税收政策工具因数据无法获取不予分析。

在不考虑城市类型 $k$ 的影响，仅考虑预期类型 $j$ 的变化，$\tau=1$ 的假设条件下，根据理论模型（6.32）建立如下 3 个面板计量模型：

$$\ln SRA_{i,t} = \beta_0 + \lambda_i + \beta_1 RE_{i,t+1} + \beta_2 PIR_{i,t} + \beta_3 \ln TP_{i,t} + \beta_4 LR_{i,t} + \beta_5 SRD_{i,t} + \beta_6 \ln LP_{i,t} + \beta_7 \ln IAH_{i,t} + \varepsilon_{i,t} \tag{6.33}$$

$$\ln SRA_{i,t} = \beta_0 + \lambda_i + \beta_1 ME_{i,t+1} + \beta_2 PIR_{i,t} + \beta_3 \ln TP_{i,t} + \beta_4 LR_{i,t} + \beta_5 SRD_{i,t} + \beta_6 \ln LP_{i,t} + \beta_7 \ln IAH_{i,t} + \varepsilon_{i,t} \tag{6.34}$$

$$\ln SRA_{i,t} = \beta_0 + \lambda_i + \beta_2 PIR_{i,t} + \beta_3 \ln TP_{i,t} + \beta_4 LR_{i,t} + \beta_5 SRD_{i,t} + \beta_6 \ln LP_{i,t} + \beta_7 \ln IAH_{i,t} + \varepsilon_{i,t} \tag{6.35}$$

其中，（6.33）式表示的模型记为理性预期模型Ⅰ，（6.34）式表示的模型记为近视预期模型Ⅱ，（6.35）式表示的模型记为无预期模型Ⅲ。模型Ⅰ～Ⅲ的参数统一解释为：$\beta_0$ 为常数，$i$ 代表中国 35 个大中城市，$t$ 代表时间，$\lambda_i$ 用来控制不同城市的不随时间变化的特有性质；$\beta_1$ 反映 $t$ 时对 $t+1$ 时的房价预期增长率对商品住宅需求的影响，$\beta_2 \sim \beta_7$ 分别反映第 $t$ 期房价收入比、城市人口数量、贷款利率、存款准备金率、土地交易价格、经适房投资额对商品住宅需求的影响，$\varepsilon_{i,t}$是随机误差项，包括遗漏的解释变量、观测误差、设定误差和随机因素的

影响。

房价收入比是指一个国家或一个城市某一时期上市销售的全部住房的每套平均价格，与这个国家或城市居民同一时期户均年收入的比值。城市的平均房价收入比通常用家庭年平均总收入与一套房屋的平均价格之比来计算，即：

$$\text{房价收入比} = \text{每户住房总价} \div \text{每户家庭年总收入} \tag{6.36}$$

其中，每户住房总价和每户家庭年总收入的计算公式分别如下：

$$\text{每户住房总价} = \text{人均住房面积} \times \text{每户家庭平均人口数} \times \text{单位面积住宅平均销售价格} \tag{6.37}$$

$$\text{每户家庭年总收入} = \text{每户家庭平均人口数} \times \text{家庭人均全部年收入} \tag{6.38}$$

因此，城市平均房价收入比计算公式为：

$$\text{城市平均房价收入比} = \frac{\text{人均住房面积} \times \text{单位面积住宅平均销售价格}}{\text{家庭人均全部年收入}} \tag{6.39}$$

实证分析使用的数据是中国具有代表性的 35 个大中城市 1999 ~ 2010 年的年度面板数据，使用的统计分析软件是 Stata12.0。将 5 年以上贷款利率值按照天数加权法形成年度数据，并且剔除每个城市的通货膨胀因素，得到各城市的实际贷款利率年度值；存款准备金率按照天数加权法形成年度数据，并作为 35 个城市的公共政策；对于土地交易价格指数数据进行定基处理（以 1998 年为基期），并且剔除通胀影响；对于经适房投资额进行剔除通货膨胀因素的处理；各城市人均住房面积数据用所在省份的城镇人均住房建筑面积数据替代，家庭人均全部年收入选取城市人均 GDP 指标替代；对比率数据外的所有指标进行对数处理。本年商品住宅销售面积、商品住宅销售价格数据来源于历年《中国统计年鉴》；城市居民消费价格指数数据来源于国研网数据中心；贷款基准利率、法定存款准备金率数据来源于中国人民银行统计数据库；土地交易价格指数数据来源于《中国经济景气月报》；经济适用房投资额数据来源于历年《中国房地产统计年鉴》；城市人均 GDP、年末总人口数据来源于历年《中国城市统计年鉴》；城镇人均住房建筑面积数据来源于历年各省统计年鉴、历年《中国统计年鉴》《新中国六十年统计资料汇编 1949 ~ 2008》。

### 6.4.3 面板单位根检验

为了提高检验结果的可靠性，该部分同时采用 4 种检验方法：LLC，IPS，Fisher - ADF，Fisher - PP，面板单位根检验结果见表 6 - 13。

表 6-13　　面板单位根检验结果

| 变量 | 检验类型（C，T） | LLC 值 | IPS 值 | Fisher - ADF 值 | Fisher - PP 值 |
|---|---|---|---|---|---|
| $\ln SRA_{i,t}$ | （C，T） | -8.60240*** (0.0000) | -2.68585*** (0.0036) | 110.314*** (0.0015) | 169.957*** (0.0000) |
| $RE_{i,t+1}$ | （C，T） | -13.7625*** (0.0000) | -6.57711*** (0.0000) | 157.285*** (0.0000) | 200.801*** (0.0000) |
| $ME_{i,t+1}$ | （C，T） | -12.8722*** (0.0000) | -6.36657*** (0.0000) | 154.877*** (0.0000) | 211.952*** (0.0000) |
| $PIR_{i,t}$ | （C，T） | -10.6810*** (0.0000) | -0.08216 (0.4673) | 88.0235* (0.0715) | 86.0033* (0.0940) |
| $\ln TP_{i,t}$ | （C，T） | -10.1644*** (0.0000) | -1.27603 (0.1010) | 105.855*** (0.0037) | 165.556*** (0.0000) |
| $LR_{i,t}$ | （C，N） | -17.2196*** (0.0000) | -10.3039*** (0.0000) | 222.676*** (0.0000) | 263.784*** (0.0000) |
| $SRD_{i,t}$ | （C，N） | -9.49078*** (0.0000) | -14.6538*** (0.0000) | 318.937*** (0.0000) | 727.323*** (0.0000) |
| $\ln LP_{i,t}$ | （C，T） | -6.03312*** (0.0000) | -0.55904 (0.2881) | 90.5583** (0.0241) | 84.1261* (0.0656) |
| $\ln IAH_{i,t}$ | （C，T） | -6.62864*** (0.0000) | -1.43761* (0.0753) | 94.1592** (0.0287) | 97.5212** (0.0165) |

说明：检验类型中 C 代表截距项，T 代表趋势项，N 表示没有相应项；滞后长度按照 SC 信息准则确定；小括号内为 p 值；***、** 和 * 分别表示在 1%、5% 和 10% 水平上拒绝“有单位根”的原假设；限于篇幅，城市聚类后的各变量单位根检验结果不予列出。

由表 6-13 可知，所有变量的水平值都是平稳的，可进一步进行建模分析。其中，$PIR_{it}$、$\ln TP_{it}$ 和 $\ln LP_{it}$ 可以通过三个单位根检验，也认为其水平值是平稳的。

### 6.4.4　理性预期情形下的实证检验

（1）模型检验

模型设定检验的目的是确定模型是混合估计模型，固定效应模型还是随机效应模型。由于短面板数据具有截面数据的特征，因此还需要对数据进行组间异方差检验。经过上述两类检验最终才能确定模型估计方法。对模型（6.33）的检验结果如下：

**表 6－14　　　　理性预期模型 I 检验结果**

| 检验方法 | 原假设 | 统计量及 P 值 |
|---|---|---|
| F 检验 | 真实模型是混合模型 | 17.58<br>(0.0000) |
| LM 检验 | 真实模型是混合模型 | 604.41<br>(0.0000) |
| Hausman 检验 | 真实模型是个体随机效应模型 | 24.07<br>(0.0011) |
| 修正的沃尔德检验 | 面板数据组间同方差 | 793.73<br>(0.0000) |

说明：小括号内为各检验对应的 P 值。

由表 6－14 可知，由于 F 检验的 P 值为 0.0000，强烈拒绝原假设，即认为固定效应模型是优于混合回归模型的，每个城市应该有自己的截距项。进一步通过固定效应的最小二乘虚拟变量模型（LSDV）来考察（模型估计结果略），显示绝大多数个体虚拟变量均非常显著（P 值为 0.000），故可以拒绝 $H_0$，认为存在个体效应，不应使用混合回归。LM 检验拒绝了不存在个体随机效应的原假设，认为在随机效应与混合回归之间应该选择随机效应模型；Hausman 检验 P 值为 0.0011，拒绝了原假设，因此该使用固定效应模型，而非随机效应模型；修正的沃尔德检验强烈拒绝了“组间同方差”的原假设，即存在“组间异方差”。

（2）理性预期模型 I 估计结果与分析

由于异方差检验显示模型中存在显著的组间异方差，为了使模型估计结果更加可靠，采用稳健型估计（结果见表 6－15）。

从表 6－15 可以看出，$\bar{R}^2=0.8353$，说明模型对样本观测值的拟合情况良好，且通过了除常数项外的其他解释变量的联合显著性 F 检验。在 $\alpha=0.05$ 的显著性水平下，解释变量中理性预期与经济适用房投资没有通过显著性 $t$ 检验，其他变量通过了 $t$ 检验。这一结论说明在样本期内 35 个大中城市商品住宅市场参与者的购房行为并不受理性房价预期的影响，但这并不能说明购房决策不受非理性预期的影响；样本期内经适房政策的实施对商品住宅需求没有显著影响。因为该模型中理性预期没有通过显著性检验，故在此处不对该模型做具体分析，下文中会针对近视预期及无预期情形展开研究。

**表 6－15　　理性预期模型 I 稳健型 OLS 估计结果**

| 参数 | 估计值 | 标准误差 | t 统计量 | P 值 |
|---|---|---|---|---|
| $\beta_0$ | －6. 268405 | 3. 246624 | －1. 93 | 0. 062 |
| $\beta_1$ | 0. 1912553 | 0. 1603987 | 1. 19 | 0. 241 |
| $\beta_2$ | －0. 179733 | 0. 0561957 | －3. 20 | 0. 003 |
| $\beta_3$ | 1. 623224 | 0. 5029209 | 3. 23 | 0. 003 |
| $\beta_4$ | －0. 018133 | 0. 0071385 | －2. 54 | 0. 016 |
| $\beta_5$ | －1. 406066 | 0. 1020265 | －13. 78 | 0. 000 |
| $\beta_6$ | 1. 065042 | 0. 3114091 | 3. 42 | 0. 002 |
| $\beta_7$ | 0. 0159107 | 0. 0380303 | 0. 42 | 0. 678 |
| $R^2$ | | 0. 8514 | | |
| $\bar{R}^2$ | | 0. 8353 | | |
| F 检验 | | Prob > F = 0. 0000 | | |

### 6. 4. 5　近视预期情形下的实证检验

（1）模型检验

对模型（6. 34）的检验结果如下：

**表 6－16　　近视预期模型 II 检验结果**

| 检验方法 | 原假设 | 统计量及 P 值 |
|---|---|---|
| F 检验 | 真实模型是混合模型 | 19. 35<br>(0. 0000) |
| LM 检验 | 真实模型是混合模型 | 634. 82<br>(0. 0000) |
| Hausman 检验 | 真实模型是个体随机效应模型 | 27. 78<br>(0. 0002) |
| 修正的沃尔德检验 | 面板数据组间同方差 | 886. 22<br>(0. 0000) |

说明：小括号内为各检验对应的 P 值。

表6－16显示，F检验的P值为0.0000，拒绝了原假设，认为固定效应模型是优于混合回归模型的。进一步通过固定效应的最小二乘虚拟变量模型（LSDV）来考察（模型估计结果略）显示绝大多数个体虚拟变量均非常显著（P值为0.000），故可以拒绝 $H_0$，认为存在个体效应，不应使用混合回归。LM检验拒绝了不存在个体随机效应的原假设，认为在随机效应与混合回归之间应该选择随机效应模型；Hausman检验P值为0.0002，拒绝了原假设，应该使用固定效应模型，而非随机效应模型；修正的沃尔德检验强烈拒绝了"组间同方差"的原假设，即存在"组间异方差"，为了使模型估计结果更加可靠，应该采用稳健型估计方法来考察参数的显著性。

（2）近视预期模型Ⅱ估计结果与分析

近视预期模型Ⅱ估计结果见表6－17：$\bar{R}^2=0.8483$，说明模型对样本观测值的拟合情况良好；通过了除常数项外的其他解释变量的联合显著性F检验；在 $\alpha=0.05$ 的显著性水平下，解释变量中近视预期、房价收入比、城市总人口、存款准备金率、土地交易价格通过了显著性 $t$ 检验；在 $\alpha=0.1$ 的显著性水平下，贷款利率通过了显著性检验。对表6－17中参数估计结果的分析如下：

**表6－17　　近视预期模型Ⅱ稳健型OLS估计结果**

| 参数 | 估计值 | 标准误差 | t统计量 | P值 |
|---|---|---|---|---|
| $\beta_0$ | -6.568801 | 3.153257 | -2.08 | 0.045 |
| $\beta_1$ | 1.125002 | 0.2535939 | 4.44 | 0.000 |
| $\beta_2$ | -0.2364624 | 0.0506002 | -4.67 | 0.000 |
| $\beta_3$ | 1.693785 | 0.4899582 | 3.46 | 0.001 |
| $\beta_4$ | -0.0135713 | 0.0067423 | -2.01 | 0.052 |
| $\beta_5$ | -1.396908 | 0.1093054 | -12.78 | 0.000 |
| $\beta_6$ | 1.010087 | 0.2860979 | 3.53 | 0.001 |
| $\beta_7$ | 0.0299051 | 0.035911 | 0.83 | 0.411 |
| $R^2$ | 0.8631 | | | |
| $\bar{R}^2$ | 0.8483 | | | |
| F检验 | Prob > F = 0.0000 | | | |

①近视预期对商品住宅需求产生了统计上显著的正向影响。近视房价预期增

长率每增加 1 个单位，商品住宅需求将增长 1.1250%。市场参与者如果预期未来房价上涨，则会增加现期的购买与囤积，以避免未来支付更高的购买成本或能以更高的价格抛出赚取利润。即使交易行为已超出原有预算，尽快购买也是更合理的选择。购房者这种行为直接的结果就是大量的潜在需求转化为现实需求，需求总量不断增加。相反，如果预期房价下降，则购房者的购买意愿下降，他们会选择持币而不是购买，使得大量现实需求转化为潜在需求沉淀下来，购房者这种行为直接的结果就是市场参与者迅速减少，交易量下滑，出现大量滞销、闲置住宅，市场中的购房需求萎缩。由此可见，尽管政府出台限购政策抑制过热的住房需求，如果市场中存在较一致的房价上涨预期，则会极大地弱化政策的实施效应。该结论对国内住房需求管理的低效和投资（机）性需求的非理性增长等现象给出了较合理的解释。可见，住房需求管理应该和预期管理相结合，只有两者相辅相成，相互配合，才能更好地规范、引导市场主体行为，实现政策出台的目标。

②各政策工具对商品住宅需求的作用力度不同。由表 6 - 17 可知，存款准备金率对住房需求的影响程度最大，该政策变量每增加 1 个单位，商品住宅需求减少 1.3969%；土地政策对住房需求的影响次之，地价每上涨 1%，商品住宅需求增加约 1.0101%；利率政策对住房需求的影响较小，贷款利率每增加 1 个单位，商品住宅需求减少 0.0136%；经济适用房政策对商品住宅需求没有显著影响。

③各政策工具对商品住宅需求的作用方向与理论分析基本一致。存款准备金率、贷款利率对住房需求产生了与 6.2.1 分析一致的影响。这一结论不仅检验了前述理论分析的正确性，而且为政府出台调控政策提供了可信的制定依据。

土地交易价格对城市商品住宅需求产生了显著的正向影响。这一结论体现出了土地政策在住房需求调控中的作用。土地作为商品住宅的生产要素，它对商品住宅需求的影响是一种间接影响。如果地价不断上涨，自然会提高住宅的开发成本，一方面开发商会提高住宅价格以保持一定的利润水平，另一方面单位项目所需资金增加可能会造成开发商的供给意愿和供给能力的降低。购房者在未来房价上涨及供给不足的预期之下，必然会通过提前购买或投资、投机等行为来规避损失、获取收益，造成了商品住宅市场需求的增加。可见，政府如果想通过控制地价来调控房价，可能会通过预期途径造成住房需求的增加，反而强化了地价、房价不断上涨的预期，极大地降低了调控政策的有效性。

④城市人口数量对商品住宅需求产生了显著的正向影响。由表 6 - 17 可知，城市人口每增加 1%，商品住宅需求约增加 1.6938%。这一结论与中国城市化进程稳步推进，城市人口规模不断扩大的现实相吻合。1999 年以来，中国快速发展的城市化对城市经济和社会发展起到了极大的推动作用，但这种量的扩张也造成了住房短缺等问题。大量农民工进入城市打工，部分富裕起来的农民进入城市购房置业，大量来自农村的大中专院校毕业生选择留在城市工作生活，这些因素都造成了城市人口规模的迅速膨胀，促使住房需求不断增加。同时，由于传统生活方式的改变与城市化的影响，家庭表现出核心化趋势，即家庭规模的小型化，也引起了住房需求的增加。如何促使城市化发展和城市人口规模保持一个合理发展轨迹，是政府在住房需求调控中必须考虑的问题，也是城市能否健康发展的重要问题。

⑤房价收入比对商品住宅需求产生了显著的负向影响。房价收入比是目前国际上常用的衡量城市居民住房支付能力的指标。而准确衡量住房支付能力、把握住房支付能力的变动态势，是认清住房市场状况和制定相关调控政策的关键。因为人均住房面积变化较为缓慢，所以房价收入比上升可以理解为房价上涨的速度超过了居民人均年收入增长的速度。此时，居民购买住宅的支付能力下降，如果居民的购房消费或投资倾向不变，那么居民对商品住宅的需求就会下降，反之亦然。根据上述分析，政府在对住房需求进行调控时，需要考虑居民的支付能力与住房市场的发展水平是否相匹配，除了对房价的调控以外，还可以通过调节居民的收入水平来调节其对住房的消费能力。

（3）近视预期下住房需求调控效果的模拟分析

在对模型（6.33）（6.34）进行参数估计的基础上，可以设置有无预期、有无政府干预以及不同的政策组合条件等环境进行数值模拟和比较分析。以 35 个大中城市各指标均值为样本数据，对不同条件下商品住宅需求变化的趋势进行数值模拟，使宏观调控的效果显化。

①有无预期的比较。图 6 - 13 中，D1 是近视价格预期环境下的商品住宅销售面积曲线，D2 是无预期时的商品住宅销售面积曲线（以下商品住宅销售面积简称为销售面积）。由图 6 - 13 可知，样本期内购房者的房价预期具有刺激购房行为，扩大需求的作用。随着时间的推移，预期对购房者的影响存在阶段性特征：2003 年以前，预期的作用较小且相对稳定；2003 ~ 2007 年随着房地产业作

为国民经济支柱产业地位的确立，整个市场对商品住宅产业发展持乐观态度，预期对购房需求的刺激作用逐渐变大；2008 年由于受国际金融危机的影响，购房者的行为变得谨慎，预期的作用迅速减弱；2009 年以后，预期对购房者的影响再次变大。购房者预期对住房需求的作用效果在一定程度上解释了住房需求的波动和宏观调控政策低效的原因，因此政府的宏观调控应与对购房者的预期管理相结合，发挥购房者预期的积极作用，降低其对整个市场的不利影响。

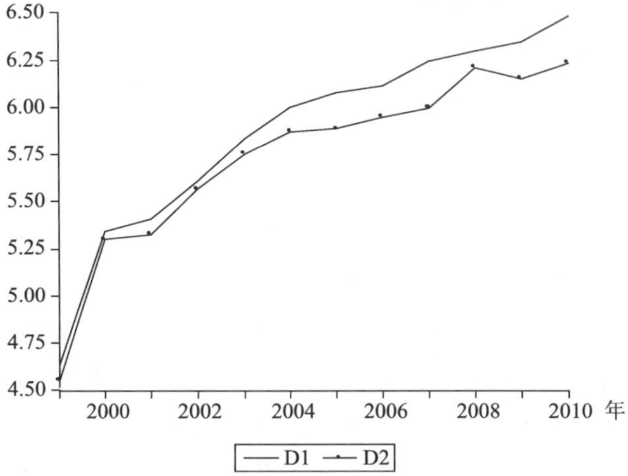


**图 6－13　有无预期情形下商品住宅销售面积走势**

②有无利率政策的比较。图 6－14 中 D3 是不带任何政策工具时的销售面积曲线，D4 是只带利率工具时的销售面积曲线。由图 6－14 可知，样本期内贷款利率工具的使用对住房需求产生了一定程度的抑制作用，但各年的作用力度存在差异。与其他年份相比，2003 年、2004 年和 2008 年利率工具对住房需求的抑制作用较小，这是因为这些年份政府为了扩大中低收入人群购房能力和刺激住房需求实行了较为宽松的利率政策。

③有无存款准备金率政策的比较。图 6－15 中 D3 同前，D5 是只带存款准备金率工具时的销售面积曲线。由图 6－15 可知，样本期内存款准备金率对住房需求产生了较明显的抑制作用，且作用力度基本保持稳定。与利率工具相比，存款准备金率对住房需求的抑制作用更为明显。

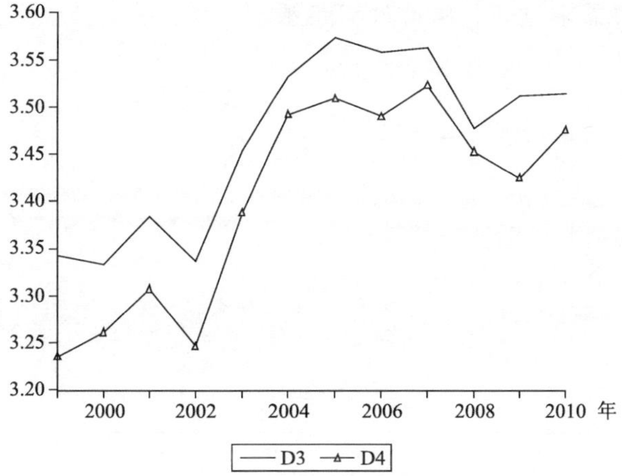


**图 6-14　有无利率政策商品住宅销售面积走势**

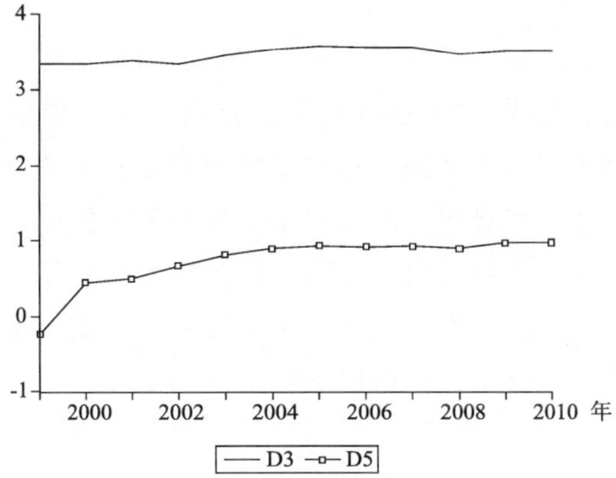


**图 6-15　有无存款准备金率政策商品住宅销售面积走势**

④有无土地政策的比较。图 6-16 中，D3 同前，D6 是只带价格型土地政策工具时的销售面积曲线。由图 6-16 可知，样本期内土地政策的实施对住房需求产生了明显的正向刺激作用，而且作用强度基本保持稳定。由于土地资源的稀缺性，使得土地供应不足成为一种常态。在土地供给不能对需求增长做出响应的条件下，只能表现为土地价格上涨。无论政府对土地价格还是土地交易面积的管制，都会给市场主体形成一种未来土地供应仍会不足，房地产企业开发能力受限，住房供给减少，房价不断上涨的预期。因此，市场参与者的购房意愿加强，大量潜在需求转化为现实需求，商品住宅需求增长。由该结论可知，政府难以通

过土地管制来解决需求过旺，房价过高问题。

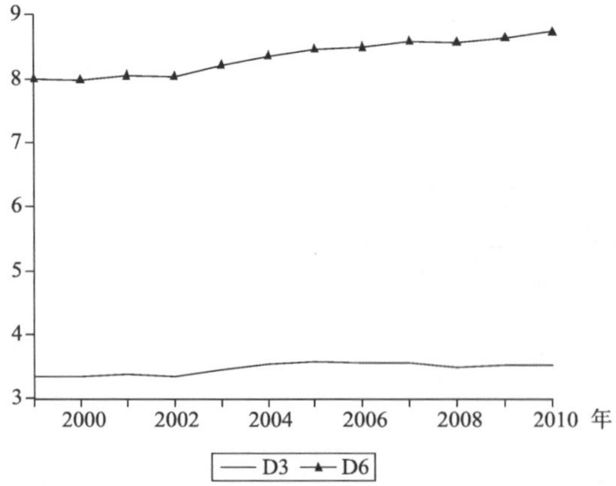


**图 6－16　有无土地政策商品住宅销售面积走势**

⑤不同政策组合的比较。图 6－17 中 D3 同前；D7 是带有利率、价格型土地政策工具时的销售面积曲线，D8 是带有存款准备金率、价格型土地政策工具时的销售面积曲线。由图 6－17 可知，样本期内利率和土地政策组合，以及存款准备金率和土地政策组合，都对住房需求产生了正向刺激作用。这说明土地政策对购房行为的刺激作用要大于货币政策对购房行为的抑制作用。因此，政府对非理性住房需求的管制，必须以适度的土地政策为前提，改变市场参与者地价、房价不断上涨的预期，并且充分发挥货币政策的抑制作用。

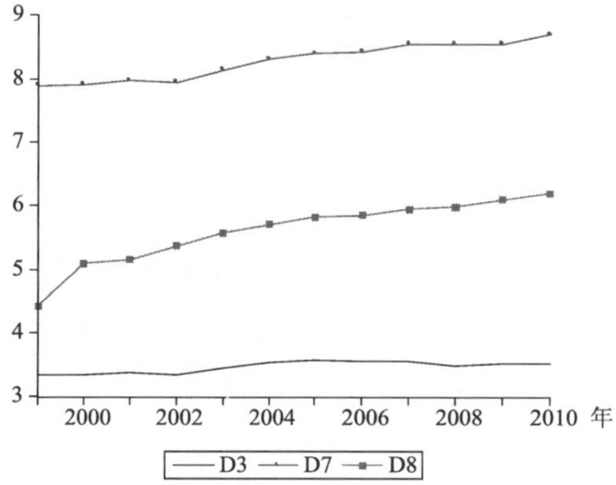


**图 6－17　不同政策组合下商品住宅销售面积走势**

### 6.4.6 异质预期环境下住房调控效果的比较分析

为商品住宅市场设置了理性预期、近视预期、无预期的异质预期环境，住房调控政策的作用效果比较见表6－18：

表6－18　异质预期情形下宏观调控政策对住房需求影响的比较

| | 理性预期模型Ⅰ | 近视预期模型Ⅱ | 无预期模型Ⅲ |
|---|---|---|---|
| $\beta_0$ | −6.2684 (0.062)* <br> −1.93 | −6.5688 (0.045)** <br> −2.08 | −6.4490 (0.050)** <br> −2.03 |
| $\beta_1$ | 0.1913 (0.241) <br> 1.19 | 1.1250 (0.000)*** <br> 4.44 | — |
| $\beta_2$ | −0.1797 (0.003)*** <br> −3.20 | −0.2365 (0.000)*** <br> −4.67 | −0.1878 (0.001)*** <br> −3.53 |
| $\beta_3$ | 1.6232 (0.003)*** <br> 3.23 | 1.6938 (0.001)*** <br> 3.46 | 1.6558 (0.002)*** <br> 3.38 |
| $\beta_4$ | −0.0181 (0.016)** <br> −2.54 | −0.0136 (0.052)* <br> −2.01 | −0.0172 (0.020)** <br> −2.44 |
| $\beta_5$ | −1.4061 (0.000)*** <br> −13.78 | −1.3969 (0.000)*** <br> −12.78 | −1.4363 (0.000)*** <br> −13.65 |
| $\beta_6$ | 1.0650 (0.002)*** <br> 3.42 | 1.0101 (0.001)*** <br> 3.53 | 1.0820 (0.001)*** <br> 3.50 |
| $\beta_7$ | 0.0159 (0.678) <br> 0.42 | 0.0299 (0.411) <br> 0.83 | 0.0156 (0.679) <br> 0.42 |
| $\bar{R}^2$ | 0.8353 | 0.8483 | 0.8353 |
| 联合显著性F检验 | 56.90*** <br> (0.000) | 61.07*** <br> (0.000) | 67.00*** <br> (0.000) |

说明：无预期模型的参数估计值是固定效应模型的稳健型标准差估计方法所得。限于篇幅，无预期模型的模型检验过程与结果不再列出。***、**和*分别表示在1%、5%和10%水平上显著；回归系数下方为$t$检验统计量，小括号内为对应$P$值。

由表6－18可以得到如下结论：

其一，异质预期环境下，同一政策工具对商品住宅需求的作用效果存在差异。比较模型Ⅰ～Ⅲ，表明存款准备金率、土地价格、贷款利率等政策工具在市场参与者持有理性预期、近视预期或者是无预期的假设条件下，对商品住宅需求的影响程度是不同的，这意味着政策实施效应与市场参与者的预期类型有关。以存款准备金率为例（限于篇幅，其他政策变量参数不再分析），在无预期条件下存款准备金率对需求的负向影响最大，在近视预期条件下的影响最小，理性预期条件下的影响介于两者之间。干预工具在住房调控中的作用会因环境而异，因此在住房调控研究中考虑异质预期环境的影响并出台差别化的政策是必要的。

其二，预期会弱化住房调控政策的实施效应。比较模型Ⅱ和Ⅲ，表明在住房市场不受近视预期影响的假设条件下，贷款利率、存款准备金率和土地交易价格等政策变量对住房需求的影响更大。这一结论说明了市场参与者的预期会弱化货币、土地等政策工具的实施效果，在一定程度上解释了目前国内住房需求调控低效甚至失效的原因。因此，政府的住房需求调控应该与引导和管理预期的措施配合，才可能使调控政策更加有效。

其三，商品住宅需求受近视预期的影响，而不受理性预期的影响。由模型Ⅰ和Ⅱ可以看出，市场参与者的理性房价预期对商品住宅需求的影响在统计上是不显著的；近视房价预期增长率每增加 1 个单位，商品住宅需求将增长 1.1250%。这说明购房者进行住房消费与投资决策时，更注重历史价格波动的影响，并以此形成房价预期。该结论与国内的现实情况相符合：我国商品住宅市场从 1998 年以后才开始真正意义上的发展，政府部门所建立的信息披露机制尚未完善，市场透明度不高，存在信息不对称现象；购房者经历的房地产周期有限，对市场的认知程度、信息的收集、处理、分析能力有限，多数还是根据过去住宅价格波动的趋势来估计未来的房价走势；购房者的许多预期结论与行为选择都是无意识做出的，心理因素、文化修养、思维定势、习俗惯例都会在不同程度上造成预期的非理性。

### 6.4.7 异质城市环境下住房调控效果的比较分析

上文中对异质预期情形下住房调控政策的效果做了比较分析。类似于 6.3.7 中的分析，全国性的调控政策在不同城市实施后，对商品住宅需求也可能存在作用力度、作用方向上的效果差异。因此，以下依据对 35 个大中城市按照商品住宅销售价格指标的聚类结果（见表 6-11），分别探讨各类城市中调控政策的作用效果。

该部分以市场参与者对房价持近视预期为假设条件，对4类城市面板模型参数估计结果见表6－19：

表6－19　　宏观调控政策对4类城市住房需求影响的比较

| | 模型A | 模型B | 模型C | 模型D |
|---|---|---|---|---|
| $\beta_0$ | －9.9374 (0.062)* | －4.9797 (0.366) | －1.7134 (0.339) | －12.3033 (0.000)*** |
| | －2.00 | －0.91 | －0.96 | －6.93 |
| $\beta_1$ | 1.3517 (0.009)*** | 0.8264 (0.002)*** | 1.2007 (0.001)*** | 0.6421 (0.018)** |
| | 2.99 | 3.34 | 3.39 | 2.38 |
| $\beta_2$ | －0.4266 (0.004)*** | －0.1275 (0.009)*** | －0.1157 (0.075)* | －0.0379 (0.442) |
| | －3.41 | －2.73 | －1.78 | －0.77 |
| $\beta_3$ | 1.1146 (0.062)* | 1.6050 (0.054)* | 0.9867 (0.000)*** | 1.3812 (0.000)*** |
| | 2.01 | 1.97 | 5.70 | 5.00 |
| $\beta_4$ | －0.0746 (0.028)** | 0.0216 (0.183) | －0.0062 (0.778) | －0.0158 (0.259) |
| | 2.42 | 1.35 | －0.28 | －1.13 |
| $\beta_5$ | －0.1639 (0.671) | －0.6591 (0.002)*** | －1.4339 (0.000)*** | －1.1932 (0.000)*** |
| | －0.43 | －3.34 | －6.31 | －6.92 |
| $\beta_6$ | 1.8264 (0.047)** | 0.4910 (0.000)*** | 0.90565 (0.001)*** | 2.3526 (0.000)*** |
| | 2.16 | 4.59 | 3.44 | 12.54 |
| $\beta_7$ | 0.1718 (0.015)** | 0.0244 (0.476) | 0.0035 (0.927) | 0.0507 (0.101) |
| | 2.74 | 0.72 | 0.09 | 1.65 |
| $R^2$ | 0.9215 | 0.9428 | 0.8841 | 0.8927 |
| $\bar{R}^2$ | 0.8872 | 0.9297 | 0.8661 | 0.8792 |
| 联合显著性F检验 | Prob > F = 0.0000 | Prob > F = 0.0000 | Prob > F = 0.0000 | Prob > F = 0.0000 |

说明：A～D类城市面板模型分别记为模型A～D；经模型形式的F检验、LM检验以及Hausman检验，确定模型A采用混合回归模型，模型B采用个体固定效应模型，模型C采用个体随机效应模型，模型D采用个体固定效应模型进行估计（限于篇幅，模型检验过程不再列出）；***、**和*分别表示在1%、5%和10%水平上显著；回归系数下方为$t$检验统计量，小括号内为对应$P$值。

由表6－19可以得到如下结论：

（1）近视预期对4类城市都产生了统计上显著的正向影响。这说明无论城市经济和房地产市场发展水平如何，市场参与者的投资、消费行为都会受到房价预期的影响。从作用力度来看，该变量对A类城市的影响最大，房价预期增长率每变动 1 个单位，房价上涨 1.3517%；对 B、C 类城市的影响次之；对 D 类城市的影响最小，房价预期增长率每变动 1 个单位，房价上涨 0.6421%，仅为 A 类城市影响力度的 1/2。这一结论说明，房价水平越高，购房者的行为越容易受房价预期的影响；随着城市房价水平和增速的下降，预期的作用力度会有所减弱。针对不同类型的城市，可以采取不同的预期管理措施。

（2）存款准备金率只对 B ~ D 类城市产生了统计上显著的负向影响。从作用力度上看，该政策工具对 C、D 类城市的影响程度较为接近，而对 B 类城市的影响程度较小，约为前者的 1/2。由于商品住宅是高价耐用品，而 C、D 类城市居民收入水平较低，住房投资、消费可能更加依赖于银行贷款。如果中央银行提高存款准备金率，C、D 类城市居民获取贷款更加困难，导致住房需求减少更多。因此，政府进行需求管理时，要注意这一政策工具对不同类型城市作用力度的差异，配合制定相应的信贷门槛，才有可能有针对性地解决问题。

（3）土地价格对 4 类城市的作用效果较一致，都产生了统计上显著的正向影响。从作用力度上看，该政策变量对 D 类城市住房需求的影响最大，地价每上涨 1%，住房需求将增加 2.3526%；对 A 类城市的影响次之；对 C 类城市的影响再次之；对 B 类城市的影响最小，地价每上涨 1%，住房需求将增加 0.491%，仅为 D 类城市影响程度的 1/5 左右。土地交易价格上涨，会给购房者带来房价上涨和供给减少的预期，市场参与者购房意愿提高，但是不同类型城市购房者会根据不同的房价历史走势和未来上涨空间，以及房地产企业的供给能力的差异形成不同的预期，因此需求增加幅度是不同的。这一结论表明，控制土地价格的政策，在影响住房供给的同时也会对住房需求产生影响，并且对 D 类房地产市场发展水平最低，房价最低的城市影响最大。政府在住房调控时，要重视土地政策对住房需求的间接影响。

（4）贷款利率只对 A 类城市产生了统计上显著的负向影响。该结论显示，在近视预期环境下，样本期内提高贷款利率只会对 A 类城市的住房需求产生抑制作用。但这并不能说明在理性预期或无预期环境下该工具低效。

（5）经适房投资额只对 A 类城市产生了统计上显著的正向影响。经济适用房等较低档次的住房供给增加，会使得这一档次的住房租金和房价下降，一部分居民退出普通商品住宅的购买行列。然而，实证结果显示，经济适用房投资额每增加 1%，A 类城市商品住宅需求反而会增加 0.1718%，而对其他 3 类城市的住房需求又不存在显著影响。因此，样本期内经济适用房政策的实施对于抑制商品住宅非理性需求是低效的，这可能是由于样本期内经适房投资力度有限，对商品住宅需求的分流作用还未表现出来。随着“十二五”期间3600万套保障房建设的开展，保障房政策对商品住宅需求的调控作用会逐渐显现。

（6）房价收入比只对A～C类城市产生了统计上显著负向影响。从作用力度上看，该指标对A～C类城市住房需求的影响程度依次递减，房价收入比每增加1个单位，住房需求依次减少0.4266%、0.1275%、0.1157%。正如前文分析，由于人均住房面积变化较为缓慢，因此房价收入比上升可以理解为房价上涨的速度超过了居民人均年收入增长的速度。此时，居民购买住宅的支付能力下降，如果居民的购房消费或投资倾向不变，那么居民对商品住宅的需求就会下降。作用力度的差异体现出A～C类城市居民对商品住宅消费和投资的倾向性不同。房价收入比上升相同单位，即居民的购房支付能力下降相同单位，A～C类城市居民对商品住宅的消费倾向是依次上升的。与A类城市相比，B、C类城市居民的对未来房价持更加乐观的预期，“居者有其屋”的传统观念，其他投资产品的发展滞后和经验缺乏，较高的“刚性需求”等等，都可能会造成住房消费倾向相对较高。因此，政府在对商品住宅进行需求调控时，一方面要有相应的收入政策进行配合，另一方面也要引导居民培养科学的消费理念和投资方式，这样才可能达到调控政策的预计目标。

（7）城市人口对4类城市的影响效果较为一致，都具有统计上显著的正向影响。从作用力度上看，该指标对B、D、A、C类城市的影响程度依次递减，城市人口每增加1%，住房需求依次增加1.6050%、1.3812%、1.1146%和0.9867%。影响程度上的差异可能是由于4类城市家庭核心化的程度不同造成的，也可能是由于4类城市住房需求中刚性需求和投资（机）性需求所占比重不同引起的。因此，政府的住房调控政策必须与城市发展规划，城市与人口发展战略等相互配合，此外还要建立、完善丰富的投资渠道。

## 6.5 山西省的实证分析

### 6.5.1 计量模型、变量及数据说明

限于山西省各城市土地交易数据的可获取性，该部分实证分析使用的数据是

山西省太原市、大同市、阳泉市、长治市、晋城市、朔州市、晋中市、运城市、忻州市、临汾市、吕梁市共11个地级市（包括省会城市）2009~2015年的年度面板数据，使用的统计分析软件是Stata12.0。采用学界认可的指标对住房调控政策进行量化，确定商品住宅销售价格、商品住宅预期价格、城镇年末总人口、人均可支配收入、1~3年贷款基准利率、普通商品住宅建设用地供应面积、经济适用住房建设用地供应面积分别作为房价、预期、城镇化水平、收入水平、货币政策、土地政策、住房保障政策的代理变量，并分别记为：$LNP_{i,t}$、$LNEP_{i,t+1}$、$LNCZ_{i,t}$、$LN\,\mathrm{SR}_{i,t}$、$I_{i,t}$、$LNTD_{i,t}$、$LNJSF_{i,t}$。税收、行政法律手段等政策工具因数据无法获取不予分析。建立如下面板计量模型：

$$LNP_{i,t} = \beta_0 + \lambda_i + \beta_1 LNEP_{i,t+1} + \beta_2 LNCZ_{i,t} + \beta_3 LNSR_{i,t} + \beta_4 I_{i,t} + \beta_5 LNTD_{i,t} + \beta_6 LNJSF_{i,t} + \varepsilon_{i,t} \tag{6.40}$$

其中，$\beta_0$ 为常数，$i$ 代表山西省11个地级市，$t$ 代表时间，$\lambda_i$ 用来控制不同城市的不随时间变化的特有性质；$\beta_1$ 反映 $t$ 时对 $t+1$ 时的房价预期对商品住宅价格的影响，$\beta_2 \sim \beta_6$ 分别反映 $t$ 时城镇化水平、收入水平、贷款利率、商品住宅建设用地供应量、经济适用住房建设用地供应量对商品住宅价格的影响，$\varepsilon_{i,t}$ 是随机误差项，包括遗漏的解释变量、观测误差、设定误差和随机因素的影响。

商品住宅销售价格指标按以下公式进行计算：

$$\text{商品住宅销售价格} = \frac{\text{商品住宅销售额}}{\text{商品住宅销售面积}} \tag{6.41}$$

在只考虑滞后2期的情形下，预期房价增长率可表示为：

$$E_{t+1} = \frac{1}{2} \times \left(\frac{P_t - P_{t-1}}{P_{t-1}} + \frac{P_{t-1} - P_{t-2}}{P_{t-2}}\right) \tag{6.42}$$

则预期房价为：

$$EP_{t+1} = P_t \times E_{t+1} \tag{6.43}$$

将1~3年以上贷款基准利率、5年以上个人住房公积金贷款利率值按照天数加权法形成年度数据，并作为11个城市的公共政策；对比率数据外的所有指标进行对数处理。将处理后的所有指标记为：$LNP_{i,t}$、$LNEP_{i,t+1}$、$LNCZ_{i,t}$、$LN\,\mathrm{SR}_{i,t}$、$I_{i,t}$、$LNTD_{i,t}$、$LNJSF_{i,t}$。

商品住宅销售面积、商品住宅销售额、城镇总人口数、人均可支配收入数据来源于《山西省统计年鉴》（2010~2016），Wind资讯数据库；1~3年贷款基准利率数据来源于中国人民银行统计数据库；普通商品住宅建设用地供应面积、经济适用住房建设用地供应面积来源于《中国房地产统计年鉴》（2010～2016），Wind 资讯数据库。

### 6.5.2 面板模型检验

（1）面板单位根检验

为了避免模型采用非平稳数据而造成“伪回归”问题，在建模之前需对面板数据的平稳性进行检验，即面板单位根检验。检验结果见表 6－20。

**表 6－20　　面板单位根检验结果**

| 变量 | 检验类型（C，T） | LLC 值 | IPS 值 | Fisher－ADF 值 | Fisher－PP 值 |
|---|---|---|---|---|---|
| $LNP_{i,t}$ | （C，N） | －5.08147*** | 0.32174 | 23.3537 | 32.9189* |
| | | （0.0000） | （0.6262） | （0.3820） | （0.0630） |
| $LNEP_{i,t+1}$ | （C，T） | －6.12133*** | 0.65559 | 14.9420 | 28.9287* |
| | | （0.0000） | （0.7440） | （0.8647） | （0.0969） |
| $LNCZ_{i,t}$ | （C，N） | －4.01743*** | －2.26396** | 41.8986*** | 53.7216*** |
| | | （0.0000） | （0.0118） | （0.0064） | （0.0002） |
| $LN\,SR_{i,t}$ | （C，N） | －9.70206*** | －1.40754* | 33.6229* | 86.6773*** |
| | | （0.0000） | （0.0796） | （0.0536） | （0.0000） |
| $I_{i,t}$ | （C，N） | －6.42203*** | －1.29363* | 32.6949*** | 263.784*** |
| | | （0.0000） | （0.0979） | （0.0000） | （0.0000） |
| $LNTD_{i,t}$ | （C，N） | －9.49078*** | －14.6538*** | 318.937* | 63.3270*** |
| | | （0.0000） | （0.0000） | （0.0663） | （0.0000） |
| $LNJSF_{i,t}$ | （C，N） | －7.96418*** | －1.35257* | 33.8213* | 44.7831*** |
| | | （0.0000） | （0.0881） | （0.0512） | （0.0028） |

说明：检验类型中 C 代表截距项，T 代表趋势项，N 表示没有相应项；滞后长度按照 SC 信息准则确定；小括号内为 p 值；***、** 和 * 分别表示在 1%、5% 和 10% 水平上拒绝“有单位根”的原假设。

由表 6－20 可知，所有变量的水平值都是平稳的，可进一步进行建模分析。其中 $LNP_{i,t}$ 和 $LNEP_{i,t+1}$ 可以通过两个单位根检验，也认为其可以参与建模。

（2）模型形式检验

模型设定检验的目的是确定模型是混合估计模型，固定效应模型还是随机效应模型。对模型（6.40）的检验过程如下：

①混合回归与固定效应的检验。检验结果见表 6 – 21。

**表 6 – 21　　F 检验结果**

| F 检验统计量 | P 值 |
|---|---|
| 6.07（10，49） | 0.0000 |

由于 F 检验的 P 值为 0.0000，强烈拒绝了原假设，因此认为固定效应模型是优于混合回归模型的，每个城市应该有自己的截距项。

②混合回归与随机效应的检验。检验结果见表 6 – 22。

**表 6 – 22　　LM 检验结果**

| LM 检验统计量 | P 值 |
|---|---|
| 0（01） | 1.0000 |

③固定效应与随机效应的检验。Hausman 检验结果见表 6 – 23。

**表 6 – 23　　Hausman 检验结果**

| Hausman 检验统计量 | P 值 |
|---|---|
| 31.77（5） | 0.0000 |

由表 6 – 23 可知，由于 P 值为 0.0000，强烈拒绝了原假设，因此应该使用固定效应模型，而非随机效应模型。

### 6.5.3　面板模型估计结果与分析

模型（6.40）估计结果见表 6 – 24。

**表 6 – 24　　面板模型 OLS 估计结果**

| 参数 | 估计值 | 标准误差 | z 统计量 | P 值 |
|---|---|---|---|---|
| $\beta_0$ | –3.559873 | 1.342135 | –2.65 | 0.008 |
| $\beta_1$ | 0.5351437 | 0.0746827 | 7.17 | 0.000 |
| $\beta_2$ | 0.2812913 | 0.0650921 | 4.32 | 0.000 |
| $\beta_3$ | 0.7143418 | 0.1874213 | 3.81 | 0.000 |

续表

| 参数 | 估计值 | 标准误差 | z 统计量 | P 值 |
|---|---|---|---|---|
| $\beta_4$ | -0.1546224 | 0.0774153 | -2.00 | 0.046 |
| $\beta_5$ | -0.0669878 | 0.0353395 | -1.90 | 0.058 |
| $\beta_6$ | 0.0193927 | 0.0205569 | 0.94 | 0.345 |
| $\bar{R}^2$ | | 0.8598 | | |
| F 检验 | | Prob > F = 0.0000 | | |

从表 6－24 可以看出，$\bar{R}^2=0.8598$，说明模型对样本观测值的拟合情况良好；通过了除常数项外的其他解释变量的联合显著性 F 检验；在 $\alpha=0.05$ 的显著性水平下，解释变量中预期、城镇化水平、收入水平、贷款利率通过了显著性 $t$ 检验；在 $\alpha=0.1$ 的显著性水平下，土地政策通过了显著性检验；经适房政策没有通过显著性 $t$ 检验。对表 6－40 中参数估计结果的分析如下：

（1）预期对商品住宅价格产生了统计上显著的正向影响

样本期内预期房价每上涨 1%，实际房价将增长 0.5351%。由此可见，即使山西省实施限购、差别化的信贷政策来抑制过热需求、调控房价，但如果市场中存在较一致的房价上涨预期，则会继续刺激人们的购房行为，极大地弱化政策的实施效应。

（2）城镇化水平对商品住宅价格产生了显著的正向影响

样本期内城镇人口每增加 1%，商品住宅价格增加 0.2813%。这一结论与山西省城镇化进程稳步推进，城市人口规模不断扩大的现实相吻合。由此可见，如何促使城市化发展和城市人口规模保持一个合理发展轨迹，是政府在住房调控中必须考虑的问题，也是省内城市能否健康发展的重要问题。

（3）贷款利率对商品住宅价格产生了显著的负向影响

样本期内贷款利率每增加 1 个单位，房价减少 0.1546%，说明了样本期内该工具起到了一定程度的抑制房价的作用。

（4）商品住宅建设用地供应面积对房价产生了显著的负向影响

样本期内土地供应每增加 1%，房价会下降 0.0670%。作为商品住宅的生产要素，土地对商品住宅需求的影响是一种间接影响。如果土地供应充足，开发商拿地相对容易，一方面地价平稳有利于降低住宅的开发成本，另一方面单位项目所需资金减少可能会提高开发商的供给意愿和供给能力。购房者在未来房价下降及供给充足的预期之下，必然会减少现期购买持币观望。相反，如果土地供应不足，地价上涨，不仅开发成本上升而且企业的供给能力下降，这些都会对房价产生正向影响。可见，政府如果试图通过紧缩性的土地政策（如限制供给，完善交易制度等）来抑制商品住宅市场的非理性需求，反而会强化地价、房价不断上涨的预期，提高购房者的购买意愿，极大地降低调控政策的有效性。

（5）经济适用住房建设用地供应面积对商品住宅价格未产生显著影响

这可能是由于样本期内山西省经适房投资、开发力度有限，对商品住宅需求的分流作用还未表现出来。随着“十三五”期间保障房建设的规范开展，保障房政策对商品住宅价格的调控作用应该会逐渐显现。

（6）人均可支配收入对商品住宅价格产生了显著的正向影响

样本期内收入水平提高 1%，房价会上涨 0.7143%。而自 1998 年以来，山西省城镇居民家庭人均可支配收入从 4098.73 元增长到了 2015 年的 25828 元，年均增速达 11.4%，必然会对房价产生正向影响。因此，政府进行住房调控时，需要考虑居民的支付能力与住房市场的发展水平的匹配问题。

### 6.5.4 住房调控工具在 11 个地级市的作用分析

在对面板模型（6.40）估计及分析基础上，继续对比性地考察货币政策、土地政策、保障房政策在 11 个城市的作用效果。得到的贷款利率、商品住宅建设用地供应面积、经适房建设用地供应面积的参数估计值见表 6－25。

**表 6－25　住房调控政策在 11 个城市的作用值估计**

| | $\beta_4$ | $\beta_5$ | $\beta_6$ |
|---|---|---|---|
| 太原 | －0.4298131 | 0.2938458 | 0.360839 |
| 大同 | －0.0824368 | －0.0078341 | －0.0343566 |
| 阳泉 | －0.4336977 | 0.072762 | 0.2208555 |
| 长治 | －0.2059642 | 0.0373497 | －0.0068085 |
| 晋城 | －0.1522416 | －0.0354555 | －0.0029327 |
| 朔州 | －0.3496228 | 0.1340921 | －0.1082061 |
| 晋中 | －0.0263676 | 0.1616685 | －0.4393573 |
| 运城 | －0.2499482 | 0.0959336 | 0.0434789 |
| 忻州 | －0.1962186 | －0.0658724 | 0.0699516 |

续表

| | $\beta_4$ | $\beta_5$ | $\beta_6$ |
|---|---|---|---|
| 临汾 | -0.4378067 | 0.2794393 | 0.1633236 |
| 吕梁 | -0.4810415 | 0.3778769 | 0.0556359 |
| $\bar{R}^2$ | | 0.9616 | |
| F 检验 | | Prob > F = 0.0000 | |

从表 6 - 25 可以看出，$\bar{R}^2 = 0.9616$，说明模型对样本观测值的拟合情况良好；通过了除常数项外的其他解释变量的联合显著性 F 检验。对表 6 - 25 中参数估计结果的分析如下：

（1）贷款利率在山西省 11 个地级市中都对房价产生了负向影响

从作用力度上看，该政策工具对太原、阳泉、临汾、吕梁的影响程度大且较为接近，而对大同、晋中的影响程度小，其他城市介于中间。由于商品住宅是高价耐用品，居民住房投资、消费依赖于银行贷款。如果中央银行提高贷款利率，每单位居住服务的实际成本上升，意味着生活成本的上升，前一类城市的居民为了保持生活水平不变，会更加理性地减少自住及投资性需求，对房价产生较大的负向影响。而大同、晋中等城市，购房者的行为欠缺理性，或因房地产企业的金融成本上升、供给能力受限等，都可能会使该工具对房价的负向作用弱化。因此，政府若利用该工具调控市场，一定要注意该政策工具对不同城市作用力度的差异，配合制定相应的信贷门槛，才有可能有针对性地解决问题。

（2）土地政策工具对山西省 11 个地级市的作用在方向和力度上都有差异

从作用方向上看，样本期内增加商品住宅用地供给会促使大同、晋城、忻州的房价下降，较好地发挥了抑制市场过热、调控房价的作用；但对其他 8 个城市的房价仍产生正向影响，意味着该干预手段的失效。从作用力度上看，对忻州房价的抑制作用最明显；对吕梁、太原、临汾的正向作用最明显，表明这些城市房价的上涨主要受需求因素的影响。尽管土地供应增加，房地产企业供应能力增强，但购房者会根据房价历史走势、经济增长及城镇化进程形成未来的乐观预期，增强现期的购买，对房价产生正向影响。但在不同的城市，市场参与者形成的预期程度不同，所以对房价的正向影响程度也会不同。这一结论表明，样本期内山西省各城市利用土地政策干预住房市场整体上看是低效甚至是无效的。政府在今后的住房调控中，必须重视土地政策对住房市场的传导，合理调整土地供应总量、供应结构、供应方式、供应节奏等，发挥其应有的作用。

（3）保障房政策工具对山西省 11 个地级市的作用在方向和力度上也有差异

从作用方向上看，样本期内增加经适房用地供给会促使大同、长治、晋城、朔州、晋中等 5 个城市的房价下降，较好地发挥了抑制市场过热、调控房价的作用；但对其他 6 个城市的房价仍产生正向影响，意味着该干预手段的失效。这可能是由于在样本期内，该 6 个城市的经适房建设规模相对于住房需求而言仍然有限，对商品房市场需求的分流作用尚未体现。因此，在未来的住房调控中，前 5 个城市应继续发挥保障性住房政策的积极作用，而后 6 个城市则要加强保障性住房建设规模、配套优惠政策力度，同时也要培养市场参与者形成合理预期、理性决策。

## 6.6 本章小结

本章从预期视角入手，分析了异质环境下住房宏观调控的实施效应。在对预期影响住房调控效果的路径，货币、土地等政策工具对商品住宅供给（需求）影响路径系统分析的基础上，将预期模式与城市的差异性引入了商品住宅供给和需求调控的分析框架，在住宅存量—流量模型基础上分别建立了考虑异质预期和异质城市的住房供给调控动态模型和住房需求调控模型；以中国 35 个大中城市为研究对象，在异质预期环境和异质城市环境下进行了住房宏观调控效果的量化、比较和模拟研究，识别出了最佳政策工具。研究结论为现实调控低效等问题提供了更多的解释与解决手段，也有利于提高住房调控的有效性。

主要研究结论有：

第一，政府住房调控的坚决性、预期的惯性和放大作用、预期的诱因与调控政策的关系、预期的导向性管理等原因，使得预期成为住房调控实施效应的重要影响因素。

第二，商品住宅供给调控的实证分析显示：异质预期环境下，同一政策工具对商品住宅供给的作用效果存在差异；预期对商品住宅供给的影响程度要大于土地（数量型）、信贷、利率以及经适房等政策；预期的存在会弱化货币和土地等政策的实施效果，而且与理性预期相比，近视预期对调控政策效果的弱化作用更大；模拟分析表明不同的政策工具组合对商品住宅供给的影响效果存在差异。异质城市环境下，近视预期对除了 A 类城市以外的其他三类城市产生了统计上显著的正向影响；B ~ D 类城市中，预期对 B 类城市住房供给的影响最大，对其他两类城市影响较小。

第三，商品住宅需求调控的实证分析显示：异质预期环境下，同一政策工具对商品住宅需求的作用效果存在差异；商品住宅需求受近视预期的影响，而不受理性预期的影响；近视预期会弱化利率、存款准备金率和土地等政策工具的实施效应；模拟分析表明不同的政策工具组合对商品住宅需求的影响效果存在差异。异质城市环境下，近视预期对 4 类城市都产生了统计上显著的正向影响。从作用力度来看，该变量对 A 类城市的影响最大，对 B、C 类城市的影响次之，对 D 类城市的影响最小。这说明无论房地产市场发展水平如何，市场参与者的投资、消费行为都会受到预期的影响，而且房价水平越高，购房者的行为越容易受预期的影响。

第四，山西省的实证分析显示：公众预期对商品住宅价格产生了统计上显著的正向影响。预期房价每增加 1%，商品住宅价格增长 0.5351%；各政策工具对商品住宅价格的作用效果不同。利率、土地政策对住房价格都产生了显著的负向影响，且影响程度依次递减；经适房政策对住房价格的影响在统计上并不显著；城镇化水平与收入水平对商品住宅价格都产生了显著的正向影响。贷款利率对山西省 11 个地级市的商品住宅价格都产生了显著的负向影响，但作用力度有差异，说明利率政策在山西省对需求方的影响要比对供给方的影响明显。土地、保障房政策工具对 11 个地级市房价的影响在方向和力度上都有差异。

# 7 预期视角下房价与回报的非线性关系研究①

近年来，商品住宅价格（以下简称“房价”）的不断攀升使其投资价值逐步被人们认可，日益活跃的投资活动又进一步拉动了房价的上涨。尽管政府多次出台差别化的信贷政策试图抑制投资性需求的非理性增长，引导住宅市场由投资向民生回归，但是调控效果却并不理想。从微观来看，获取回报是投资活动追逐的目标，市场参与者对房价与投资回报关系的认识直接影响其投资经营决策；从宏观来看，房价和投资回报是政府部门掌握市场发展动态和出台调控政策的重要依据，对两者关系的科学评价有利于引导市场主体客观认识经济运行规律，促进市场健康发展。因此，无论是政府还是投资者的行为决策都应以准确把握房价与回报的关系为前提，以科学的回报评估为基础，亟待学术界围绕房价与回报间的关系以及回报的评估方法展开深入分析。

① 本章的主要内容是在李斌、张所地、武斌合著的论文《房价与预期回报的非线性关系研究》，以及李斌完成的教育部人文社会科学研究青年基金项目“预期视角下房价与回报的非线性动态关系及评估研究”（12YJCZH098）研究报告基础上形成的。前者发表于《统计与决策》2016 年第 22 期，第 122 ~ 125 页；后者被太原中海地产有限公司所采纳。

## 7.1 相关文献回顾

### 7.1.1 房价与回报的关系研究

从20世纪60年代起，国内外学者开始对房地产价格与回报的关系及评估方法进行研究，主要成果有以下三类：

（1）应用Markowitz组合理论（MPT）、资本资产定价模型（CAPM）、套利理论（APT）等理论来研究房地产市场价格、回报与风险之间的关系，如廖理、沈超（2004），Cheng（2005），杨楠、邢力聪（2007），Young（2008），Lin和Liu（2008），Fan、Huszár和Zhang（2012）等。

（2）利用房地产市场价格的历史数据，建立房地产市场价格评估模型，先对房地产估价，用估价对回报进行估计，并考察这种估价回报的性能，如Miles、Cole和Guilkey（1990），Giaccotto和Clapp（1992），Corgel和deRoos（1999），Edelstein和Quan（2006）等。研究结果显示，估价过程平滑了真实回报的波动，估价回报的均值与真实回报有一定的偏差，估价回报的方差一般偏低。

（3）三是利用房地产市场价的历史数据构造能够表示房价和回报的关系并能进行评估的双重时序模型。Giaccotto和Clapp（1992）的研究中假设房地产市场真实价存在形如$p_t = rp_{t-1} + u_t$的递推关系，该假设中回报$r$是与$t$无关的常数，与现实有较大差距。张所地（1998，2005）的研究显示，回报$r$应该是随时间变化的随机序列。因此，应该假定房地产的真实价存在形如$p_t = r_t p_{t-1} + u_t$的递推关系，并且假定$r_t$在平均常数$r$附近波动，即$r_t = r + e_t$，于是在Giaccotto和Clapp（1992）研究成果基础之上，构造了一种能较好地反映房地产价格和回报之间关系的双重时间序列模型：

$$\begin{cases} p_t = r_t p_{t-1} + u_t \\ r_t = r + e_t \end{cases} \tag{7.1}$$

其中，$\{p_t\}$，$\{r_t\}$分别表示某类房地产的价格和回报序列，$\{u_t\}$，$\{e_t\}$是相互独立的正态白噪声。

张所地研究了模型（7.1）的统计建模方法，Zhang和Li（2006），Li和Zhang（2007）首次将该模型应用于房地产股票市场进行了实证分析，得到了有益结论，但研究中并未考虑市场预期的影响，也未在房地产销售市场进行实证分析。

近年来，随着房价持续快速上涨和住房调控效果不佳等问题的出现，国内外学者逐步认识到了市场主体预期的存在及其对房地产市场运行的重要推动作用。因此，在研究房价与回报的关系时，对预期的考虑是十分必要和重要的。本章以张所地（2005）的研究为基础，在预期视角下对商品住宅市场机制进行重新假设和统计建模分析，给出了易于操作且性能优良的预期回报评估方法，并且在商品住宅销售市场进行了实证研究，力图更好地揭示房价与预期回报之间的本质联系。研究结论可为市场参与者深入认识房地产市场运行机制，提高管理、投资决策的科学性提供参考依据和技术支持。

### 7.1.2 双重时序模型研究

国外学者对双重时序模型的研究始于 1986 年。瑞典学者 Tjφstheim（1986）首先提出了双重时序模型的概念，其一般形式为：

$$x_t - A_0(t-1,x) - \sum_{i=1}^{p} A_i(t-1,x)\varphi_{ti}x_{t-i} = B(t-1,x)e_t \tag{7.2}$$

其中，$\{x_t\}$为 $d$ 维时间序列；$\{e_t\}$为 $n$ 维残差序列，且是均值为零的独立同分布随机序列；$\{\varphi_t(p)\}$是块矩阵参数过程，$\varphi_t(p)=\{\varphi_{t1},\cdots,\varphi_{tp}\}$，且 $\varphi_{ti}$（$i=1$，2，$\cdots p$）为 $m\times d$ 矩阵。

假定$\{x_t\}$、$\{e_t\}$和$\{\varphi_t(p)\}$定义在相同的概率空间$(\Omega,F,P)$上，$F_t^X$ 和 $F_t^Q$ 分别为$\{x_u,u\leqslant t\}$和$\{\varphi_u(p),u\leqslant t\}$所生成的 $\sigma$－代数，则 $A_0(t,x)$、$A_i(t,x)$（$i=1$，2，$\cdots p$）、$B(t,x)$是关于 $F_t^X$ 可测的矩阵函数，并且维数分别为 $d\times 1$、$d\times m$ 和 $d\times n$。

关于双重时序模型的研究，主要有以下两方面成果：

（1）讨论双重时序模型存在平稳解的条件

Tjφstheim（1986）用特征函数方法导出了 $AR(1)-MA(1)$模型存在平稳解的条件及预报方法。在此基础上，张所地（1991）导出了 $AR(1)-MA(2)$模型存在平稳解的显式条件。$AR(1)-MA(2)$模型如下：

$$\begin{cases} x_t = \varphi_t x_{t-1} + e_t \\ \varphi_t = \alpha + \varepsilon_t + b\varepsilon_{t-1} + c\varepsilon_{t-2} \\ Ex_s e_t = 0, \text{当 } s<t, s,t\in I \end{cases} \tag{7.3}$$

其中，$\{e_t\}$、$\{\varepsilon_t\}$为相互独立的 i. i. d 随机序列，$Ee_t = E\varepsilon_t = 0$，$Ee_t^2 = \sigma^2 < \infty$，$E\varepsilon_t^2 = \delta^2 < \infty$，$\{e_t\}$和$\{\varepsilon_t\}$相互独立。$a, b, c, \delta^2, \sigma^2$ 为常数，是模型的参数。假设普通的 $MA(2)$模型（式（7.3）中第二式）满足可逆性条件，$I$ 为整数集，则模型存在平稳解的显式条件是：矩阵 $A$ 的特征根全在单位圆内，而矩阵 $A$ 是由模型（7.3）的参数 $a, b, c, \delta^2$ 的函数为元素的十阶方阵。

Pourahmadi（1986），卢祖帝（1998）等讨论了双重时序 $AR-MA$ 模型的高阶平稳解存在的充分条件，包括 4 阶，8 阶及一般 2m 阶，从而对 $AR(1)-MA(q)$模型进行了比较完整的讨论。

（2）双重时序模型的识别分析

①双重时序模型 $AR(1)-MA(0)$。

$AR(1)-MA(0)$模型见公式（7.1）。安鸿志（1988）利用样本四阶矩给出了 $AR(1)-MA(0)$模型的参数 $\Theta = (\alpha, \delta^2, \sigma^2)^T$ 的一种矩估计，但没有研究这种估计的性质。

苗奇谦、常学将（1991）利用矩方法，在假定第二重模型噪声方差已知的条件下，给出了 $AR(1)-MA(0)$的参数矩估计，具体表达式为：$\hat{\alpha} = \hat{y}(1)/\hat{y}(0)$，$\hat{\sigma}^2 = [1-(\hat{\alpha}^2+\delta^2)]\hat{y}(0)$，其中，由样本数据 $x_t$ 得 $\hat{y}(h) = \frac{1}{n}\sum_{t=1}^{n-h} x_t x_{t+h}$（h = 0，1）。在假定第二重模型噪声方差已知的条件下，通过对协方差函数渐近性质的研究，证明了该估计的相容性和渐近正态性。

张所地（1995）在不增加任何条件的情况下，给出了双重时序模型 $AR(1)-MA(0)$ 的参数 $\Theta = (\alpha, \delta^2, \sigma^2)^T$ 一种与前两种估计不同的矩估计 $\hat{\Theta} = (\hat{\alpha}, \hat{\delta}^2, \hat{\sigma}^2)^T$，其中：

$$\begin{cases} \hat{a} = \hat{R}(1)/\hat{R}(0) \\ \hat{\delta}^2 = \hat{V}(1)/\hat{V}(0) - [\hat{R}(1)/\hat{R}(0)]^2 \\ \hat{\sigma}^2 = [\hat{\Gamma}(1) - \hat{\Gamma}(0)\hat{V}(1)/\hat{V}(0)]/\hat{R}(0) \end{cases} \tag{7.4}$$

依据样本数据 $x_1$，$x_2$，…，$x_N$，可得到 $R(k), \Gamma(k), V(k)$的样本值。

李贤锦、胡锡健、杨玉琴（2011）将 MCMC 和贝叶斯方法引入 $AR(1)-MA(0)$模型估计问题，推导出了各参数服从的条件后验分布和贝叶斯估计，并利用后验分布对参数抽样和模拟分析。

②双重时序模型 $AR(1)-MA(1)$。

$AR(1)-MA(1)$模型形式如下：

$$\begin{cases} x_t = \varphi_t x_{t-1} + \varepsilon_t \\ \varphi_t = \alpha + l_t + b l_{t-1} \end{cases} \quad t \geqslant 0 \tag{7.5}$$

其中，$\{l_t\}$和$\{\varepsilon_t\}$是相互独立的 i. i. d 白噪声序列；$El_t = E\varepsilon_t = 0$，$E\varepsilon_t^2 = \sigma^2$，$El_t^2 = \delta^2$；$\{x_t\}$ 为一维时间序列。

华玉弟、杜秀丽、陈浩球（2000）利用矩估计方法，给出了模型 $AR(1)-MA(1)$的参数矩估计。在第二重模型 $MA(1)$噪声方差已知的条件下，通过对协方差函数渐近性质的研究，证明了该矩估计的相容性，即：$n \to \infty$ 时，$\hat{a} \xrightarrow{p} a, \hat{b} \xrightarrow{p} b, \hat{\sigma}^2 \xrightarrow{p} \sigma^2$。

胡桂荣（2000）同样利用矩方法，给出了 $AR(1)-MA(1)$模型的矩估计，并证明了该估计的渐近正态性。

③双重时序模型 $AR(1)-MA(2)$。

$AR(1)-MA(2)$模型形式见公式（7.3）。张所地（1993）给出了模型 $AR(1)-MA(2)$谱密度函数$f(\lambda)$谱估计$\hat{f}(\lambda)$，并证明了所给谱估计具有强相合性，即，当样本容量 $n \to \infty$ 时，$\hat{f}(\lambda) \xrightarrow{a.s.} f(\lambda), \lambda \in [-\pi, \pi]$。

④对数随机系数自回归模型 $AR(1)$。

对数随机系数自回归模型 $AR(1)$形式如下：

$$\begin{cases} x_t = \varphi_t x_{t-1} + \varepsilon_t \\ \ln\varphi_t^2 = \alpha + e_t \end{cases} \tag{7.6}$$

其中，$\{e_t\}$和$\{\varepsilon_t\}$是独立同分布序列，$Ee_t = E\varepsilon_t = 0$，$E\varepsilon_t^2 = \sigma^2$，$Ee_t^2 = \delta^2$。

华玉弟、杜秀丽、陈浩球（2000）讨论了该模型参数的矩估计及其相容性、自相关函数及谱密度。杜秀丽（2002）通过对 $AR(1)$模型协方差函数渐近性质的研究，证明了华玉弟、杜秀丽、陈浩球（2000）的矩估计具有渐近正态性。

通过以上文献综述，发现关于双重时序模型的统计虽然在研究上已经取得了一些成果，但是将该类模型用于经济、社会领域的实际应用研究成果极少，在房地产销售市场的应用研究还处于空白状态。由于线性结构只是对现实的一阶逼近，在很多情况下，线性模型并不能充分描述根本的随机机制。因此，能够更好地拟合现实的非线性模型成为解决实际问题的有效工具，将该类模型应用于房地产领域的探索工作具有重要的理论及现实意义。

## 7.2 房价与预期回报的非线性双重随机过程模型

### 7.2.1 基本假设与模型构建

（1）问题定义

资产的回报率（又称收益率）为：

$$r_t = (P_t - P_{t-1} + CF_t)/P_{t-1} \tag{7.7}$$

其中，$r_t$ 表示资产在 $t$ 期的回报率；$P_t$ 表示资产在 $t$ 期的价值；$CF_t$ 表示资产在 $t$ 期获取的现金收益。

一段时间内，$CF_t/P_{t-1}$ 保持不变（例如两次获取租金收入之间），则 $(P_t - P_{t-1})/P_{t-1}$ 成为房地产回报率的主要影响因素。因此，部分学者研究房地产投资回报时只考虑 $(P_t - P_{t-1})/P_{t-1}$，并且将其定义为房地产的回报率，把 $P_t/P_{t-1}$ 定义为房地产的回报。根据 Edwards（1996）给出的预期定义，本章将市场参与者为了追求效用最大化，对 $P_t/P_{t-1}$ 在未来的变化方向和变化幅度的事前判断定义为商品住宅的预期回报。

（2）基本假设

由于受众多不确定性因素的影响，房价 $P$ 是时变的随机序列，按 $P_t/P_{t-1}$ 定义的回报 $R$ 也是时变的随机序列。在考虑市场参与者预期的情形下，假设房价存在以下递推关系：

$$P_t = R_t^e P_{t-1} + u_t \tag{7.8}$$

其中，$P_t$ 是 $t$ 时期的房价，是可观察序列；$R_t^e$ 是市场参与者在 $t-1$ 时期对 $t$ 时期的回报预期，是不可观察序列；$u_t$ 是随机扰动项，且有 $E(u_t)=0$，$E(u_t^2)=\delta^2<\infty$。$u_t$ 与 $t$ 以前的 $P_s$ 无关，即 $E(P_s u_t)=0$，当 $s<t$ 时，$s,t\in I$。式（7.8）表明房价不仅受自身历史值的影响，还受市场参与者预期的影响，这种假设更符合国内房地产市场的现实，也更能充分地描述市场的随机机制。

根据市场参与者所持预期类型的不同，$R_t^e$ 有不同的形成机制。例如，如果市场参与者持静态预期，则有：$R_t^e = R_{t-1} + v_t$ （7.9）

持外推型预期，则有：$R_t^e = R_{t-1} + \alpha(R_{t-1} - R_{t-2}) + v_t$ （7.10）

持适应性预期，则有：$R_t^e = R_{t-1}^e + \beta(R_{t-1} - R_{t-1}^e) + v_t$ （7.11）

持近视预期，则有：$R_t^e = R_{t-1} + R_{t-1} \times E(\frac{\Delta R}{R}) = R_{t-1} + R_{t-1} \times \frac{1}{n-1}$

$$\sum_{i=1}^{n-1} \frac{R_{t-i} - R_{t-i-1}}{R_{t-i-1}}(n > 1) \tag{7.12}$$

持理性预期，则有：$R_t^e = E(R_t | I_{t-1}) = R_t + v_t$ (7.13)

其中，$R_t$ 是 $t$ 时期的商品住宅回报；$\alpha$ 表示外推预期调整系数；$\beta$ 表示适应性预期调整系数，决定了预期校正其过去误差的速度，且有 $0 < \beta < 1$；$v_t$ 是与 $u_t$ 独立的随机扰动项，且有 $E(v_t) = 0$，$E(v_t^2) = \sigma^2 < \infty$。

$\{R_t\}$是标的物在 $t$ 时期以前的价值所确定的随机过程，假定 $R_t$ 在平均常数 $R$ 附近波动，则有：

$$R_t = R + w_t \tag{7.14}$$

其中，$w_t$ 是与 $v_t$、$u_t$ 独立的随机扰动项，且有 $E(w_t) = 0$，$E(w_t^2) = \theta^2 < \infty$。

（3）模型构建

①理性预期回报情形。在市场参与者持理性预期的假设条件下（其他预期形成模式的研究方法类似），房价、理性预期回报与实际回报可以构成如下模型：

$$\begin{cases} P_t = R_t^e P_{t-1} + u_t \\ R_t^e = R_t + v_t \\ R_t = R + w_t \end{cases} \tag{7.15}$$

式（7.15）就是考虑理性预期时房价与预期回报的非线性关系模型，记为房价与理性预期回报的非线性双重时序模型。与线性模型相比，该模型可以更好地揭示房价与理性预期回报这两种随机波动序列的本质联系。

式（7.15）可以转化为如下形式：

$$\begin{cases} P_t = R_t^e P_{t-1} + u_t \\ R_t^e = R + \varepsilon_t \end{cases} \tag{7.16}$$

模型（7.16）恰好为 $AR(1) - MA(0)$ 模型，即房价与理性预期回报的非线性双重时序模型本质上是一个 $AR(1) - MA(0)$ 模型。其中，$\varepsilon_t = v_t + w_t$，且有 $E(\varepsilon_t) = E(v_t + w_t) = 0$，$E(\varepsilon_t^2) = E[(v_t + w_t)^2] = \sigma^2 + \theta^2 < \infty$；$u_t$ 与 $t$ 时期以前的 $P_s$ 无关，即当 $s < t$ 时，有 $E(P_s u_t) = 0$；$R$、$\delta^2$ 以及 $\sigma^2 + \theta^2$ 均为实常数，是该模型的参数。

对于双重时序模型（7.16），第 1 重时间序列模型 $AR(1)$ 是以随机序列

$\{R_t^e\}$为自回归系数的；第2重时间序列模型为$MA(0)$模型。由于存在两重模型的交互作用，使得这一模型的研究比常系数$AR(1)$模型要困难的多。现实中，只能获取$\{P_t\}$的观测数据，而$\{R_t^e\}$是不可观测的，这给模型的研究带来一定困难。

②非理性预期回报情形：以适应性预期为例。当市场参与者持非理性预期，此处以持适应性预期为假设条件时，预期回报见式（7.11）。由于$R_{t-1}^e$又可以看成是$R_{t-2}^e$与$R_{t-2}$决定的值，因此可以无穷推算，用公式可表示为：

$$R_t^e = \beta\sum_{k=1}^{\infty}(1-\beta)^{k-1}R_{t-k} + v_t \tag{7.17}$$

式（7.17）表明适应性预期回报可以表示为过去所有回报实际值加权平均数的函数，越近的回报数据，对预期回报的影响越大。当适应性预期调整系数$\beta=1$时，适应性预期回报转化为静态预期回报形式。以下在$\beta$已知的条件下展开建模分析。

房价、适应性预期回报与实际回报可以构成如下模型：

$$\begin{cases} P_t = R_t^e P_{t-1} + u_t \\ R_t^e = \beta\sum_{k=1}^{\infty}(1-\beta)^{k-1}R_{t-k} + v_t \\ R_t = R + w_t \end{cases} \tag{7.18}$$

式（7.18）就是考虑适应性预期时房价与预期回报的非线性关系模型，记为房价与适应性预期回报的非线性双重时序模型。与线性模型相比，该模型可以更好地揭示房价与适应性预期回报这两种随机波动序列的本质联系。

式（7.18）可以转化为如下形式：

$$\begin{cases} P_t = R_t^e P_{t-1} + u_t \\ R_t^e = \beta\sum_{k=1}^{\infty}(1-\beta)^{k-1}(R + w_{t-k}) + v_t \\ \quad\;\; = \beta\sum_{k=1}^{\infty}(1-\beta)^{k-1}R + \beta\sum_{k=1}^{\infty}(1-\beta)^{k-1}w_{t-k} + v_t = R' + \varepsilon'_t \end{cases} \tag{7.19}$$

其中，$R' = \beta\sum_{k=1}^{\infty}(1-\beta)^{k-1}R$，$\varepsilon'_t = \beta\sum_{k=1}^{\infty}(1-\beta)^{k-1}w_{t-k} + v_t$。

由式（7.19）可知，房价与适应性预期回报的非线性双重时序模型在本质上也是一个$AR(1)-MA(0)$模型。且有$E(\varepsilon'_t) = E(\beta\sum_{k=1}^{\infty}(1-\beta)^{k-1}w_{t-k} + v_t) = 0$，

$E(\varepsilon'^2_t) = E[(\beta\sum_{k=1}^{\infty}(1-\beta)^{k-1}w_{t-k}+v_t)^2] = \sigma^2 + (\beta\sum_{k=1}^{\infty}(1-\beta)^{k-1})^2\theta^2 < \infty$ ；$u_t$ 与 $t$ 时期以前的 $P_s$ 无关，即当 $s<t$ 时，有 $E(P_s u_t)=0$；$R$、$\delta^2$ 以及 $\sigma^2+(\beta\sum_{k=1}^{\infty}(1-\beta)^{k-1})^2\theta^2$ 均为实常数，是该模型的参数。

### 7.2.2 模型识别分析

(1) 理性预期模型的识别

将式（7.13）与式（7.14）代入式（7.8），有：

$$P_t=(R+v_t+w_t)P_{t-1}+u_t=RP_{t-1}+(v_t+w_t)P_{t-1}+u_t=RP_{t-1}+e_t \tag{7.20}$$

$$e_t=(v_t+w_t)P_{t-1}+u_t \tag{7.21}$$

选择 $R$ 使：

$$\sum_{i=2}^{t}e_i^2 = \sum_{i=2}^{t}(P_i-RP_{i-1})^2 = Min \tag{7.22}$$

由式（7.22）关于 $R$ 的一阶条件，可得：

$$2\times\sum_{i=2}^{t}(P_i-RP_{i-1})\times(-P_{i-1}) = 0 \tag{7.23}$$

进而得到参数 $R$ 的估计值为：

$$\hat{R}_t = \frac{\sum_{i=2}^{t}P_iP_{i-1}}{\sum_{i=2}^{t}P_{i-1}^2} \tag{7.24}$$

参数 $R$ 的递推关系式为：

$$\hat{R}_t = \hat{R}_{t-1} + \frac{\hat{e}_tP_{t-1}}{\sum_{i=2}^{t}P_{i-1}^2} \tag{7.25}$$

其中，$\hat{e}_i=P_i-\hat{R}_iP_{i-1}$（$i=2$，…，$t$）为房价一步向前预测误差。在 $F_{t-1}$ 的条件下，$e_i^2$ 的条件期望值为：

$$E(e_i^2|F_{i-1})=E(((v_i+w_i)P_{i-1}+u_i)^2|F_{i-1})=E(v_i+w_i)^2P_{i-1}^2+E(u_i^2)=(\sigma^2+\theta^2)P_{i-1}^2+\delta^2 \tag{7.26}$$

记 $\eta_i=\hat{e}_i^2-(\sigma^2+\theta^2)P_{i-1}^2-\delta^2$，$i=2$，$\cdots t$，则可以选择 $\sigma^2+\theta^2$ 和 $\delta^2$，使：

$$\sum_{i=2}^{t}\eta_i^2 = \sum_{i=2}^{t}(\hat{e}_i^2 - (\sigma^2+\theta^2)P_{i-1}^2 - \delta^2)^2 = Min \tag{7.27}$$

关于 $\delta^2$ 的一阶条件为：

$$\sum_{i=2}^{t}(\hat{e}_i^2 - (\sigma^2+\theta^2)P_{i-1}^2 - \delta^2) = 0$$

$$\sum_{i=2}^{t}\hat{e}_i^2 - \sum_{i=2}^{t}(\sigma^2+\theta^2)P_{i-1}^2 - (t-1)\delta^2 = 0 \tag{7.28}$$

关于 $\sigma^2+\theta^2$ 的一阶条件为：

$$\sum_{i=2}^{t}P_{i-1}^2(\hat{e}_i^2 - (\sigma^2+\theta^2)P_{i-1}^2 - \delta^2) = 0$$

$$\sum_{i=2}^{t}P_{i-1}^2\hat{e}_i^2 - (\sigma^2+\theta^2)\sum_{i=2}^{t}P_{i-1}^4 - \delta^2\sum_{i=2}^{t}P_{i-1}^2 = 0 \tag{7.29}$$

为了得到满足式（7.27）的 $\delta^2$ 和 $\sigma^2+\theta^2$ 的解，将式（7.28）乘以 $\sum_{i=2}^{t}P_{i-1}^2$，将式（7.29）乘以$(t-1)$，分别得到：

$$\sum_{i=2}^{t}\hat{e}_i^2\sum_{i=2}^{t}P_{i-1}^2 - (\sigma^2+\theta^2)(\sum_{i=2}^{t}P_{i-1}^2)^2 - \delta^2(t-1)\sum_{i=2}^{t}P_{i-1}^2 = 0 \tag{7.30}$$

$$(t-1)\sum_{i=2}^{t}\hat{e}_i^2P_{i-1}^2 - (\sigma^2+\theta^2)(t-1)\sum_{i=2}^{t}P_{i-1}^4 - \delta^2(t-1)\sum_{i=2}^{t}P_{i-1}^2 = 0 \tag{7.31}$$

由式（7.30）减去式（7.31），可得：

$$\sum_{i=2}^{t}\hat{e}_i^2\sum_{i=2}^{t}P_{i-1}^2 - (t-1)\sum_{i=2}^{t}(\hat{e}_i^2P_{i-1}^2) + (\sigma^2+\theta^2)(t-1)\sum_{i=2}^{t}P_{i-1}^4 - (\sigma^2+\theta^2)(\sum_{i=2}^{t}P_{i-1}^2)^2 = 0 \tag{7.32}$$

由式（7.32），可得 $\sigma^2+\theta^2$ 的解为：

$$(\sigma^2 \hat{+} \theta^2) = \frac{(t-1)\sum_{i=2}^{t}\hat{e}_i^2P_{i-1}^2 - \sum_{i=2}^{t}\hat{e}_i^2\sum_{i=2}^{t}P_{i-1}^2}{(t-1)\sum_{i=2}^{t}P_{i-1}^4 - (\sum_{i=2}^{t}P_{i-1}^2)^2} \tag{7.33}$$

由式（7.28）、(7.33)，可得 $\delta^2$ 的解为：

$$\hat{\delta}^2 = \frac{1}{t-1}(\sum_{i=2}^{t}\hat{e}_i^2 - (\sigma^2 \hat{+} \theta^2)\sum_{i=2}^{t}P_{i-1}^2) \tag{7.34}$$

张所地（2005）证明了 $AR(1)-MA(0)$ 模型的两阶段最小二乘估计具有强

相合性、渐近正态性及依概率收敛速度等优良性质，保证了在较大样本时所得参数估计是最优渐近估计，为该模型的实际应用提供了科学依据。

（2）适应性预期模型的识别

将式（7.14）、（7.17）代入式（7.8），有：

$$P_t = (\beta\sum_{k=1}^{\infty}(1-\beta)^{k-1}(R+w_{t-k})+v_t)P_{t-1}+u_t = \beta\sum_{k=1}^{\infty}(1-\beta)^{k-1}RP_{t-1}+e_t \tag{7.35}$$

$$e_t = \beta P_{t-1}\sum_{k=1}^{\infty}(1-\beta)^{k-1}w_{t-k}+P_{t-1}v_t+u_t \tag{7.36}$$

选择 $R$ 使：

$$\sum_{i=2}^{t}e_i^2 = \sum_{i=2}^{t}(P_i-\beta RP_{i-1}\sum_{k=1}^{\infty}(1-\beta)^{k-1})^2 = Min \tag{7.37}$$

由式（7.37）关于 $R$ 的一阶条件，可得：

$$2\times\sum_{i=2}^{t}(P_i-\beta RP_{i-1}\sum_{k=1}^{\infty}(1-\beta)^{k-1})\times(-\beta P_{i-1}\sum_{k=1}^{\infty}(1-\beta)^{k-1}) = 0$$

$$\sum_{i=2}^{t}(\beta P_iP_{i-1}\sum_{k=1}^{\infty}(1-\beta)^{k-1}-R\beta^2P_{i-1}^2(\sum_{k=1}^{\infty}(1-\beta)^{k-1})^2) = 0 \tag{7.38}$$

进而得到参数 $R$ 的估计值为：

$$\hat{R}_t = \frac{\sum_{i=2}^{t}P_iP_{i-1}}{\beta\sum_{k=1}^{\infty}(1-\beta)^{k-1}\sum_{i=2}^{t}P_{i-1}^2} \tag{7.39}$$

在 $F_{t-1}$ 的条件下，$e_i^2$ 的条件期望值为：

$$\begin{aligned}E(e_i^2\mid F_{i-1}) &= E((\beta P_{i-1}\sum_{k=1}^{\infty}(1-\beta)^{k-1}w_{i-k}+v_iP_{i-1}+u_i)^2\mid F_{i-1}]\\ &= \delta^2+P_{i-1}^2(\sigma^2+(\beta\sum_{k=1}^{\infty}(1-\beta)^{k-1})^2\theta^2) = \delta^2+\xi P_{i-1}^2\end{aligned} \tag{7.40}$$

其中，$\xi = \sigma^2+(\beta\sum_{k=1}^{\infty}(1-\beta)^{k-1})^2\theta^2$。

记 $\eta_i=\hat{e}_i^2-\xi P_{i-1}^2-\delta^2$，$i=2$，$\cdots t$，则可以选择 $\xi$ 和 $\delta^2$，使：

$$\sum_{i=2}^{t}\eta_i^2 = \sum_{i=2}^{t}(\hat{e}_i^2-\xi P_{i-1}^2-\delta^2)^2 = Min \tag{7.41}$$

关于 $\delta^2$ 的一阶条件为：

$$\sum_{i=2}^{t}(\hat{e}_i^2 - \xi P_{i-1}^2 - \delta^2) = 0$$

$$\sum_{i=2}^{t}\hat{e}_i^2 - \xi\sum_{i=2}^{t}P_{i-1}^2 - (t-1)\delta^2 = 0 \tag{7.42}$$

关于 $\xi$ 的一阶条件为：

$$\sum_{i=2}^{t}P_{i-1}^2(\hat{e}_i^2 - \xi P_{i-1}^2 - \delta^2) = 0$$

$$\sum_{i=2}^{t}P_{i-1}^2\hat{e}_i^2 - \xi\sum_{i=2}^{t}P_{i-1}^4 - \delta^2\sum_{i=2}^{t}P_{i-1}^2 = 0 \tag{7.43}$$

为了得到满足式（7.41）的 $\delta^2$ 和 $\xi$ 的解，将式（7.42）乘以 $\sum_{i=2}^{t}P_{i-1}^2$，将式（7.43）乘以 $(t-1)$，分别得到：

$$\sum_{i=2}^{t}\hat{e}_i^2\sum_{i=2}^{t}P_{i-1}^2 - \xi\left(\sum_{i=2}^{t}P_{i-1}^2\right)^2 - \delta^2(t-1)\sum_{i=2}^{t}P_{i-1}^2 = 0 \tag{7.44}$$

$$(t-1)\sum_{i=2}^{t}\hat{e}_i^2P_{i-1}^2 - (t-1)\xi\sum_{i=2}^{t}P_{i-1}^4 - \delta^2(t-1)\sum_{i=2}^{t}P_{i-1}^2 = 0 \tag{7.45}$$

由式（7.44）减去式（7.45），可得：

$$\sum_{i=2}^{t}\hat{e}_i^2\sum_{i=2}^{t}P_{i-1}^2 - (t-1)\sum_{i=2}^{t}(\hat{e}_i^2P_{i-1}^2) + (t-1)\xi\sum_{i=2}^{t}P_{i-1}^4 - \xi\left(\sum_{i=2}^{t}P_{i-1}^2\right)^2 = 0 \tag{7.46}$$

由式（7.46），可得 $\xi$ 的解为：

$$\hat{\xi} = \frac{(t-1)\sum_{i=2}^{t}\hat{e}_i^2P_{i-1}^2 - \sum_{i=2}^{t}\hat{e}_i^2\sum_{i=2}^{t}P_{i-1}^2}{(t-1)\sum_{i=2}^{t}P_{i-1}^4 - \left(\sum_{i=2}^{t}P_{i-1}^2\right)^2} \tag{7.47}$$

由式（7.42）、（7.47），可得 $\delta^2$ 的解为：

$$\hat{\delta}^2 = \frac{1}{t-1}\left(\sum_{i=2}^{t}\hat{e}_i^2 - \hat{\xi}\sum_{i=2}^{t}P_{i-1}^2\right) \tag{7.48}$$

### 7.2.3 预期回报量化的基本思想

预期回报不仅会影响市场参与者的消费、投资决策，也会影响政府部门对市场状态的事前判断和调控行为。然而，现实中预期回报是不可观测序列，而商品住宅价格是可观测序列。因此，能否利用前文所揭示的两者之间的非线性关系，在可获取资料较少的情况下，实现对预期回报的科学、动态测度是值得进一步探讨的问题。前文以预期为切入点，以非线性模型为手段，对房价与回报的关系进行了重新梳理，得到了房价与理性预期回报的非线性双重时序模型（7.15）和房价与适应性预期回报的非线性双重时序模型（7.18），可以利用这两个模型及参数估计实现对市场参与者理性预期回报和适应性预期回报的量化。

由于受不确定性因素的影响，商品住宅预期回报是时变的随机序列。如同把最可能的销售价格定义为市场价格，本章把最可能实现的预期回报定义为市场预期回报，市场预期回报是各类决策的依据，也是市场参与者量化分析的目标。市场预期回报是预期回报序列$\{R_t^e\}$的期望值，则对于理性预期回报来说，有：

$$E(R_t^e)=E(R_t+v_t)=E(R+v_t+w_t)=R \tag{7.49}$$

因此，理性预期回报的量化过程，就是对其均值 $R$ 的平均还原过程。利用式（7.24），可由历史房价序列实现对理性预期回报的量化。对于适应性预期回报来说，有：

$$\begin{aligned}E(R_t^e) &= E(\beta\sum_{k=1}^{\infty}(1-\beta)^{k-1}R_{t-k}+v_t) = E(\beta\sum_{k=1}^{\infty}(1-\beta)^{k-1}(R+w_{t-k})+v_t)\\ &= E(\beta R\sum_{k=1}^{\infty}(1-\beta)^{k-1}+\beta\sum_{k=1}^{\infty}(1-\beta)^{k-1}w_{t-k}+v_t) = R\beta\sum_{k=1}^{\infty}(1-\beta)^{k-1}\end{aligned} \tag{7.50}$$

利用式（7.39）、（7.50）可以实现对适应性预期回报的量化。

下文在模型（7.15）基础上，利用房价与理性预期回报的非线性关系进行理性预期回报量化的实证分析。

## 7.3 预期回报量化的实证分析

### 7.3.1 变量与数据说明

在量化商品住宅预期回报时，需要同质住宅的价格数据序列。异质住宅的价格数据需要经过格式化方法调整后才能使用，这就需要获取有关商品住宅的交易价格、区位特征、结构功能、租赁方式、重复销售等资料。实际上，这些资料或者说商品住宅领域中足够的交易样本是难以获得的。因此，实证研究选取中国35个大中城市商品住宅市场为研究对象，将各城市住宅平均价格序列看作是同质住宅的价格序列。由于国家统计局公布的35个大中城市的商品住宅平均销售价格数据是年度数据，时间序列短，反映的统计信息有限，不符合时间序列数据的使用要求，因此该部分采用中国35个大中城市的新建住宅销售价格指数指标作为商品住宅价格的替代指标进行实证研究。该指标原始数据来源于国家统计局与国研网数据中心，是2006年1月~2016年11月的月度数据。为了实现时间序列数据的连续、可比性，将公布的环比指数数据全部转化为定基指数数据（以2005年12月为基期），并且采用X12方法进行季节性调整，以显示时间序列的潜在趋势。由于现有的统计软件并没有可直接使用的计算模块，故使用VFP9.0编写相应模块，同时辅以Eviews6.0共同完成量化工作。

### 7.3.2 预期回报量化结果与分析

利用整理后的35个大中城市2006年1月~2016年11月的商品住宅价格序列，可以得到各城市2016年12月份的商品住宅预期回报量化值。按预期回报大小对35个城市降序排列，结果见表7-1。

**表7-1　2016年12月35个大中城市商品住宅预期回报量化值**

| 排序 | 城市 | 2016年12月 $R_t^e$ | 排序 | 城市 | 2016年12月 $R_t^e$ | 排序 | 城市 | 2016年12月 $R_t^e$ |
|---|---|---|---|---|---|---|---|---|
| 1 | 深圳 | 1.011442 | 13 | 长沙 | 1.004722 | 25 | 重庆 | 1.002730 |
| 2 | 厦门 | 1.009158 | 14 | 杭州 | 1.004621 | 26 | 银川 | 1.002692 |
| 3 | 北京 | 1.007686 | 15 | 南昌 | 1.004264 | 27 | 大连 | 1.002678 |
| 4 | 合肥 | 1.007418 | 16 | 济南 | 1.004017 | 28 | 青岛 | 1.002588 |
| 5 | 上海 | 1.007173 | 17 | 海口 | 1.003991 | 29 | 成都 | 1.002501 |
| 6 | 南京 | 1.007114 | 18 | 南宁 | 1.003627 | 30 | 沈阳 | 1.002445 |
| 7 | 广州 | 1.006619 | 19 | 宁波 | 1.003362 | 31 | 长春 | 1.002408 |
| 8 | 郑州 | 1.006270 | 20 | 西安 | 1.003321 | 32 | 哈尔滨 | 1.002271 |
| 9 | 福州 | 1.005834 | 21 | 乌鲁木齐 | 1.003278 | 33 | 昆明 | 1.002145 |
| 10 | 天津 | 1.005473 | 22 | 西宁 | 1.003168 | 34 | 太原 | 1.002084 |
| 11 | 武汉 | 1.005207 | 23 | 贵阳 | 1.00296 | 35 | 呼和浩特 | 1.001236 |
| 12 | 石家庄 | 1.004894 | 24 | 兰州 | 1.002953 | | | |

由表7-1可知，35个大中城市2016年12月的商品住宅预期回报估计值全部大于1，市场整体上表现出对未来的乐观预期：即市场参与者普遍预期下一期

（2016 年 12 月）投资于商品住宅能有较好的回报水平。这与国内住宅市场的现实情况相吻合：2006 年以来，住宅产业快速发展，全国各地都把住宅开发作为拉动当地经济的重要手段，导致相当一部分地区出现了高房价和投资热现象。全国商品住宅平均销售价格由 2006 年的 3119 元/平方米，上升到了 2015 年的 6473 元/平方米，年均增长 8.45%；全国住宅投资完成额由 2006 年的 13638.41 亿元，增加到了 2015 年的 64595.2 亿元，年均增速高达 18.86%[①]。两者的发展趋势见图 7－1。期间虽然受国际金融危机及多轮宏观调控的影响，住房市场发展速度有所减缓，但房价波动性上涨的大趋势并没有改变，商品住宅仍为投资者带来可观回报。投资增长和房价上涨之间已经形成了正向反馈效应，从而不断推动房价继续上涨，并进一步刺激了市场参与者乐观预期的形成。

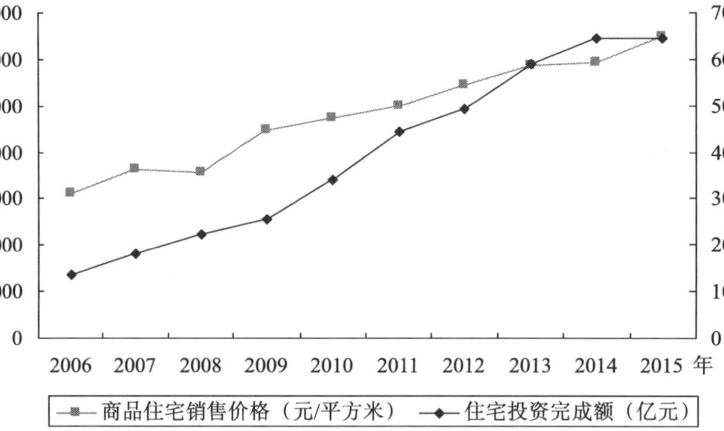


**图 7－1　商品住宅销售价格与投资额趋势图**

表 7－1 显示，2016 年 12 月商品住宅预期回报量化值排名前 10 位的城市中，包括一线城市北京、上海、广州、深圳，包括新一线城市天津、南京、郑州等；排名倒数 10 位的城市中，包括呼和浩特、银川等住宅产业相对落后的城市，也包括著名的旅游城市青岛、大连、昆明等。这说明市场参与者在一线城市或二、三线城市投资，预期回报的大小有优劣，但与目前的房价水平并不是完全一一对应的。这是因为市场参与者形成预期回报的过程，本质上是对样本期内平均回报

① 统计数据由《中国统计年鉴》（2007～2016）计算整理而得。

的还原过程。预期回报的大小并不是由各城市目前的房价水平决定的，而是由样本期内各城市房价的动态发展趋势所决定的。预期回报的量化结果，不仅可以为投资者及消费者提供决策依据，还可为政府在各城市实施差异化的宏观调控提供参考依据。

### 7.3.3 不同区域预期回报量化结果的比较分析

将35个城市按照国家统计局经济区域划分规定，划分到东部、中部、西部和东北4个地区，并计算各地区2016年12月预期回报的平均值，见表7－2。

**表7－2　4个地区2016年12月商品住宅预期回报均值表**

| 序号 | 地区 | 城市 | 2016年12月 $\bar{R}_t^e$ |
|---|---|---|---|
| 1 | 东部 | 北京、天津、石家庄、上海、南京、杭州、福州、青岛、济南、广州、深圳、海口、宁波、厦门 | 1.005998 |
| 2 | 中部 | 太原、合肥、南昌、郑州、武汉、长沙 | 1.004994 |
| 3 | 西部 | 呼和浩特、南宁、重庆、成都、贵阳、昆明、西安、兰州、银川、乌鲁木齐、西宁 | 1.002783 |
| 4 | 东北 | 沈阳、哈尔滨、大连、长春 | 1.002451 |

说明：地区预期回报均值是由各地区所包含城市的预期回报值平均而得。

由表7－2可知，在4个地区中，东部地区城市的预期回报平均值最高，反映出市场参与者对该类城市商品住宅投资价值的认可。东部城市基本为沿海沿江城市，经济发展水平最高，人居环境普遍良好，市场交易活跃，因此市场参与者预期回报最高。中部地区城市预期回报均值的大小次之。这可能是由于这些城市与东部城市相比，虽然商品住宅产业起步较晚，但是各类需求规模的扩大与产业相对落后的矛盾也刺激了住宅产业在样本期内以较快的速度发展，投资、投机活动也会因房价的稳中上涨获得良好的回报。西部和东北部地区城市的商品住宅预期回报平均值最低。这可能是由于这些城市的经济、社会发展水平决定了其住宅产业发展速度相对缓慢，房价上升空间已经较小，市场参与者的观望情绪较浓，对产业前景持相对保守的态度。

## 7.4 本章小结

本章对房价和预期回报的非线性关系进行了创新性研究。将预期引入了传统的房价与回报的分析框架，依据市场现状对市场机制进行了重新假设，构建了房价与理性（适应性）预期回报的非线性双重随机过程模型；利用模型参数矩估计，给出了预期回报的量化思路与方法，并且选择中国 35 个大中城市 2006 年 1 月 ~2016 年 11 月的新建住宅价格指数进行了预期回报量化的实证研究。本章采用非线性模型刻画了商品住宅市场的运行机制，更好地揭示了房价与预期回报这两种随机波动序列的本质联系。这种探索不仅弥补了前人研究的缺陷，也为一般的带预期的非线性随机系统的理论与应用研究提供了一种崭新的思路。研究结论有利于房地产市场的消费者、投资者和管理者深入认识市场运行机制，识别具有投资价值的城市和地区，并为其提供科学的决策依据和易于操作的预期回报评估方法。

主要研究结论有：第一，房价 $P$ 与预期回报 $R^e$ 之间是一种非线性关系，两者构成非线性双重时序模型能更好地拟合商品住宅市场这种非线性的随机系统。

第二，中国 35 个大中城市 2016 年 12 月的商品住宅预期回报测度值均大于 1；市场参与者预期投资于一线城市、新一线城市仍比投资于其他二、三线城市可获得更高的回报；东部城市平均预期回报最高，中部、西部、东北部城市预期回报依次降低。

# 8 研究结论与展望

## 8.1 主要研究结论

本书以预期理论、房地产经济学、行为经济学、城市经济学等理论为指导，综合运用计量经济、系统仿真、非线性随机系统辨识、博弈论等方法，深入分析了预期对商品住宅市场的作用机理，为管理者、房地产企业和购房者提供了科学的决策依据与技术支撑。研究结论如下：

（1）预期对商品住宅价格的影响研究

按照理论描述、建模分析、系统仿真、实证检验的研究思路层层推进：首先，对房价与预期的互动关系进行了理论刻画；其次，将金融市场 DSSW 模型的分析方法引入住宅市场预期的研究中，设定了信息观察者、动量交易者、理性套利者、基本面分析者 4 类异质交易者，建立了包含 4 类异质预期的商品住宅价格模型；再次，通过系统仿真探析了异质预期对住宅价格的单独影响和叠加影响；最后，采用面板数据模型、面板聚类等方法，定量的、对比的考察了中国 30 个省（市、自治区）2001 年 1 月 ~2015 年 12 月间的预期房价效应。研究结论为管理者、市场参与者深入认识预期与商品住宅价格之间的动态的、数量的关系提供了科学依据。

主要研究结论有：①预期通过对购房者需求、房地产企业供给的单独作用或共同作用，对商品住宅价格产生影响；商品住宅价格则在一定条件下对市场参与者的预期产生强化作用或是反转作用。②系统仿真研究表明：单独考虑某一种预期时，该类参与者比例越大，其行为参数往往对均衡价格的影响越大，但影响的方向是不确定的。考虑不同类型预期对于商品住宅价格的叠加作用时，理性套利者的存在会造成住宅价格的下降，动量交易者则会造成住宅价格的上涨，而基本面分析者和信息观察者对住宅价格影响的方向是不确定的；在价格动量为正的假设条件下，采取惯性策略的动量交易者对住宅价格产生了明显的推高作用，而基本面分析者、信息观察者、理性交易者则都对这种作用产生了抑制与缓和。③预期房价效应的实证检验表明：全样本期内动量预期对30个地区的商品住宅价格都产生了显著的正向影响；但是不同时间段内动量预期的影响力度存在差异，该结论在一定程度上解释了样本期内房价呈现波动性上涨的原因。将30个地区按照房价水平划分为4类，预期对4类地区均产生了统计上显著的正向影响；从作用力度上看预期对D类、B类、A类、C类地区的影响力度依次递减，大体上表现出随着房价水平的下降而上升的趋势（C类地区除外），该结论在一定程度上解释了4类地区房价水平之间存在差异的原因。

（2）预期对住房宏观调控效果的影响研究

按照理论、建模、实证的研究思路层层推进：首先，对预期影响住房调控效果的路径，货币、土地等政策工具对商品住宅供给（需求）影响路径系统分析；其次，引入预期模式与城市的差异性，在住宅存量—流量模型基础上分别建立了考虑异质预期和异质城市的住房供给调控动态模型和住房需求调控模型；最后，对35个大中城市进行了异质预期和异质城市环境下住房宏观调控效果的量化、比较和模拟研究。研究结论有利于提高住房调控的有效性，也为现实调控低效等问题提供了更多的解释与解决手段。

主要研究结论有：①政府住房调控的坚决性、预期的惯性和放大作用、预期的诱因与调控政策的关系、预期的导向性管理等原因，使得预期成为住房调控实施效应的重要影响因素，为近年来国内住房调控效果不佳的现状给出了一种新的解释。②商品住宅供给调控的实证检验显示：异质预期环境下，同一政策工具对商品住宅供给的作用效果存在差异；预期对商品住宅供给的影响程度要大于土地（数量型）、信贷、利率以及经适房等政策；预期的存在会弱化货币和土地等政策的实施效果，而且与理性预期相比，近视预期对调控政策效果的弱化作用更大；模拟分析表明不同的政策工具组合对商品住宅供给的影响效果存在差异。异质城市环境下，近视预期对除了A类城市以外的其他三类城市产生了统计上显著的正向影响；B~D类城市中，预期对B类城市住房供给的影响最大，对其他两类城市影响较小。③商品住宅需求调控的实证检验显示：异质预期环境下，同一政策工具对商品住宅需求的作用效果存在差异；商品住宅需求受近视预期的影响，而不受理性预期的影响；近视预期会弱化利率、存款准备金率和土地等政策工具的实施效应；模拟分析表明不同的政策工具组合对商品住宅需求的影响效果存在差异。异质城市环境下，近视预期对4类城市都产生了统计上显著的正向影响；从作用力度来看，该变量对A类城市的影响最大，对B、C类城市的影响次之，对D类城市的影响最小。这说明无论房地产市场发展水平如何，市场参与者的投资、消费行为都会受到预期的影响，而且房价水平越高，购房者的行为越容易受预期的影响。

（3）房价与预期回报间的非线性关系研究

按照理论分析、模型构建和实证研究的思路逐步推进：首先将预期引入了传统的房价与回报的分析框架，对市场机制进行了重新假设；其次构建了房价与理性（适应性）预期回报的非线性双重随机过程模型，并给出了预期回报的量化方法；最后对2006年1月~2016年11月间中国35个大中城市的住宅市场进行了预期回报量化的实证研究。与以往的研究相比，更好地揭示了房价与预期回报这两种随机波动序列的本质联系，有利于房地产市场的消费者、投资者和管理者深入认识市场运行机制，并为其提供科学的决策依据和易于操作的预期回报评估方法。

主要研究结论有：①房价 $P$ 与预期回报 $R^e$ 之间是一种非线性关系，两者构成非线性双重时序模型能更好地拟合商品住宅市场这种非线性的随机系统。②根据两者之间的非线性关系，利用可观测的房价序列可以实现对不可观测的预期回报序列的动态量化。③中国35个大中城市2016年12月的商品住宅预期回报测度值均大于1，市场整体上表现出乐观预期，而且市场参与者预期投资于一线城市或新一线城市仍比其他城市能获得更高的回报。将35个城市按所在地理位置，划分到东部、中部、西部、东北4个地区后，东部城市平均预期回报最高，中部、西部、东北部城市预期回报依次降低。

（4）预期的形成与扩散研究

按照影响因素、形成途径、扩散路径的思路逐层推进，理清了商品住宅市场预期的形成机理；将创新扩散的理论与方法引入了住宅市场预期研究，对住宅市场预期的扩散过程进行了建模与仿真分析，揭示了预期扩散的规律和关键影响因素。研究结论有助于管理者和市场参与者深入认识预期的形成机理，为预期管理和预期培养活动提供了可供借鉴的依据。

主要研究结论有：①在经济因素、政策因素、社会因素、区域因素、个别因素、市场参与者的特征因素等预期诱因的影响下，如果商品住宅市场预期形成的主、客观条件具备，则预期可能通过直接途径或间接途径形成。②在传染病扩散模型基础上建立了内部影响条件下预期的扩散模型，模型仿真研究表明：当其他条件不变时，预期单位时间传播率 $\lambda$ 的值越大，预期信息扩散（被认知）越快，被认同的速度也越快，预期信息饱和所需时间越短；若初始时刻预期信息认知者人数比例较大，则一开始预期信息的扩散和认同就会很快，这段时间是预期管理者需要高度重视的关键时间段；但随着预期信息的饱和，预期扩散和认同速度会逐渐放缓，甚至低于初始比例较小的情形；预期在市场参与者身上的潜伏期会随时间推移经历短→长→短→消失的过程；预期认同难度系数 $x$ 值越小，从认知状态发展到认同状态难度越小，预期信息被认同的速度越快。③在 BASS 模型基础上建立了内、外部影响条件下预期的扩散模型，系统仿真研究表明：当其他条件不变时，外部影响系数 $p$ 值越大，预期信息扩散越快，预期信息饱和所需时间越短；内部影响系数 $q$ 值越大，预期信息扩散越快，预期信息饱和所需时间越短；内、外部影响系数相比较，外部影响系数 $p$ 对预期扩散的影响更大，管理者应更加重视外部影响对预期扩散的作用。

## 8.2 政策建议

### 8.2.1 培养公众合理预期能力，提高其决策科学性的建议

通过本书前面章节的理论与实证分析，可知市场参与者预期对商品住宅市场的运行和住房宏观调控的实施效果都有重要影响。为了能制定更加合理的政策来促进市场的健康稳定发展，并对各类市场参与者的行为进行调节和引导，房地产业管理者在制定政策的过程中必须关注市场参与者预期的存在和作用，相关的调控政策要与预期管理相辅相成，相互配合。具体建议有：

(1) 充分重视市场参与者预期的存在和作用

在商品住宅市场运行过程中，市场参与者对相关经济变量和调控政策发展的预期是客观存在的，想要消除这种预期是不现实的。政府在制定和实施调控政策时，必须重视其存在和作用，并予以科学管理和引导。

具体操作中，行业管理者要对市场各类参与者关于经济变量和政策工具可能形成的预期进行事前估计和判断，从而科学地把握调控政策的出台时间、作用力度和作用方向；同时要强化市场参与者符合调控政策目标的预期及行为，弱化其相逆于调控政策目标的预期及行为，使市场参与者的行为决策有利于调控政策的实施，提高调控政策的传导性。

(2) 尽快完善市场信息公开制度，促使市场参与者能形成较正确的预期

充分的信息是市场参与者准确把握市场走势的基础，也是形成正确预期的基础。然而，中国商品住宅市场存在一个很大的问题就是信息不完全和信息不对称，政府、房地产企业和购房者在信息占有中处于不平等的地位。这可能会出现由于缺乏政府管理部门的市场调控信息，或者房地产企业利用信息优势向市场散布虚假信息等原因，造成市场参与者形成错误预期，进而影响其行为决策。因此，政府部门应该积极地向市场参与者提供相关信息这种公共品，减少信息的不对称性，引导其形成合理的预期和行为动机。

具体操作中，政府部门一方面要定期向社会发布全国及各城市房地产市场的相关数据，如各类房地产库存、去化周期、待售面积、销售价格、房屋造价、土地价格、投资完成额、销售额、销售面积、竣工面积、开工面积、空置率、房价收入比等数据；一方面要快速、准确地向社会发布住房调控的相关信息，如土地供应计划、保障性住房供应计划、城市发展规划，以及住房调控的目标和工具等信息；另一方面，聘请专业人员针对市场信息和调控信息进行权威解读，提高市场信息的透明度，促进市场参与者对于市场发展方向和政策发展方向的理解；此外，政府要不断提高信息发布的规范性和科学性，使市场参与者能够获取较全面、真实的信息。

(3) 科学平衡住房调控政策的稳定性和灵活性，促使公众能形成较稳定的预期

理性预期学派认为，政府和公众在进行预期的过程中处于不同的地位，政府的决策相对于公众的对策而言，总是被动的、滞后的，因而效果不大，所以政府

最明智的政策是长期保持不变的政策，政府政策只有通过长期作用才能显示其效果，这就是理性预期学派提出的核心命题“政策无效论”。因此，理性预期要求执行相对稳定的政策。然而，目前我国商品住宅市场参与者的预期正处于从非理性预期向理性预期的过渡阶段，同时具有理性和非理性预期的特征，因此政府在制定住房调控政策时，应当坚持政策的稳定性和灵活性相结合。

在过去的调控实践中，政府有时候促进房地产业发展，发挥其对经济增长的拉动作用。当房价涨幅过快时，政府又会担心过高的房价影响民生问题，进而否定之前的刺激政策，转而实行抑制房地产市场发展的调控政策；当经济受到国际金融危机等的负面影响时，政府又采取鼓励措施刺激房地产市场的快速发展以带动经济增长。调控政策出现的这种前后不一，差异性过大问题，失去了持续性和稳定性，使市场参与者的预期发生紊乱，导致政策的实施效果受到了极大影响。因此，政府在制定经济政策时必须考虑长期稳定性，要实现稳定与适时微调相结合，提高调控政策的传导效力与有效性，促使市场参与者形成稳定的预期，防止市场参与者发生预期紊乱，无所适从等问题。

具体操作中，首先，政府部门要明确调控的最终目标，制定明晰的市场规则；其次，政府要在基本调控制度的基础上根据本地区、各城市房地产市场的实际状况对政策做出调整，但调整的幅度不能过大，要通过多次的微调以保持政策的连贯性，切忌突然大幅度地进行政策的调整，通过连续的微调，向市场传达明确的政策信号，有助于引导公众的预期，促使市场自动进行调节；最后，由于市场化调控措施的力度更易调整、更具连贯性，能更好地引导公众预期，优于行政手段，因此在调控手段上，尽量多使用市场化的措施，少使用行政性的措施。

（4）合理安排保障性安居工程建设及土地供应，改善公众的“焦虑”预期

①推进保障性安居工程建设。保障性安居工程建设对于解决和改善中低收入居民住房问题，合理引导市场参与者的房价预期都具有重要地位。政府管理部门要因城施策，继续推进保障性住房体系建设，如根据各城市实际情况来确定经济适用住房供给，提高廉租房补贴覆盖范围，加大各类棚户区改造力度等，切实分流和划分房地产市场结构。

具体操作中，行业管理者一要积极探索租售并举的住房制度，将符合条件的外来人口逐步纳入公租房供应范围；二要合理确定各级财政专项资金的投入，将住房保障资金纳入各级财政年度预算安排，确保保障房建设和棚户区改造资金到

位；三要提高棚户区改造以及其他房屋征收项目货币化安置比例，将货币化安置作为棚户区改造的主渠道，并通过市场筹集房源、政府租金补贴的方式实现公租房保障；四要引导金融机构加大和规范金融支持，同时要积极探索融资渠道；五要完善保障房准入和退出制度，既要按照保障对象相应参考指标建立申报、审核和公示制度，使整个审批分配过程公正透明，又要根据保障对象的收入和资产变动情况，适时调整保障措施，使不需保障者退出保障体系，同时吸纳需要保障的人群进入保障体系；六要在建立完善相应的监督机制，要加强对保障房建设资金的运作监管，要加强对保障房分配的监管，同时要完善政策设计，加大惩罚力度。

②合理制定土地供应计划。在以往的政策调控实践中，土地政策的实施对市场参与者预期产生了重要影响。例如，严格控制农用地转为建设用地，并压缩建设用地占农用地的指标等措施使公众产生了未来土地供应不足和房价上涨的预期。因此，有计划地、合理地控制土地供给，进而调节房地产商品供给是能否科学预期的重要信号和手段。

具体操作中，政府管理部门一要制定科学的土地出让总量、出让结构计划，合理控制用地供应规模、布局和节奏，并定期向社会发布，形成对房地产供给的有效约束。商品住宅库存消化周期较长的市、县，应在每年年初制定土地供应计划时减少或暂停向房地产项目供地。二要严格执行土地供应计划，同时要加大对违反土地利用总体规划、违法占用土地的处理力度，让购房者形成未来房地产成本基本稳定的预期。

（5）通过大众媒体直接引导，促使市场参与者能形成合理的预期

对于市场参与者的预期，政府除了可以采取前述的政策制定和调整手段向市场发出明确的政策信号，还可以直接通过大众媒体等手段进行引导。

市场参与者预期形成的重要影响因素是社会从众心理。而社会从众心理倾向与公开的、半公开的以及非公开的舆论导向有关。特别是在现代社会中，大众传播媒介广泛发展，信息传送手段日益发达，传送速度和效率提高很快，舆论导向对市场主体、社会公众预期的形成具有十分重要的影响，有时甚至成为预期形成的决定性因素。

具体操作中，政府部门应该加强对媒体与舆论的引导和管理，充分利用微博、微信、短信、互联网、广播、电视等工具，真实反映部门声音和市场发展状

况，促使市场参与者形成合理预期，减少决策的非理性。

（6）提高政府部门的公信度，使市场参与者敢于将预期作为其决策依据

政府部门要提高自身的公信度是指要建立良好的信誉，使市场参与者相信将来的政策和政府最初宣布的政策承诺是一致。政府以往的调控行为传递了自身的信息，市场参与者据此来判断政府是否会实施此前制定的政策。如果根据以往行为，政府部门并未建立起良好的信誉，公众就会对政府有关调控住房市场的承诺不信任，影响到市场参与者的预期，进而影响调控效果。

具体操作中，政府部门在制定兼具稳定与灵活性的政策的同时，还需要通过实际行动建立自身良好的公信度，使市场参与者确立对调控政策的信任感，提高公众的信心，消除房地产企业的侥幸心理，削弱市场主体的预期对调控政策负面影响，从而有利于调控最终目标的实现。

### 8.2.2 促进住宅产业在新型城镇化发展中发挥作用、转型升级的建议

未来，商品住宅市场的需求会因城镇化的发展而持续增加。顺应新型城镇化的发展趋势，住宅产业就会有发展良机。房地产是城市的主要物质构成，对生态城市、宜居住区、绿色建筑、智能建筑的建设负有重要责任，对实现低成本、高效益、集约化、生态型的新型城镇化十分关键。因此，新型城镇化背景下，住宅产业应以集约高效为总目标、生态宜居为总要求、优化布局为新导向、服务城乡为落脚点。具体建议有：

（1）住宅产业要明确在新型城镇化背景下行业的转型方向

住宅产业在部分地区已经存在结构性过剩、投资盲目等现象。未来一定要把建设宜居住区、绿色建筑、智能建筑和推广运用低碳技术作为行业转型发展的重要任务。

具体操作中，一是要大力开发省地节能环保项目、大力推进住宅产业现代化；二是积极推进住宅性能认定，与国家倡导的绿色建筑标准靠拢；三是尽量减少毛坯房，扩大全装修房比例，推进主体结构与填充体基本分离，管线便于维修并延长寿命的建筑；四是房地产企业加强与上下游企业强强联合，减少采购成本，提高工程质量。

（2）住宅产业发展要与新型城镇化的生态文明理念相融合

住宅产业应以改善城市人居环境，促进人与自然的和谐发展为主线，努力实

现城市规划与住宅开发的居住区规划衔接，与产业发展衔接，为城镇化发展提供基础。

具体操作中，一是企业要将生态环保理念贯穿于住宅建设的全过程。在设计规划阶段就应充分评估到房屋建设对周边环境的影响，从而制定出土地利用效率较高的最优化建筑方案。在建设施工阶段应严格按照建筑方案施行，并注意减少建筑垃圾对周边环境的影响。在建筑竣工阶段应做好相应的收尾工作，对在施工过程中破坏的自然生态环境进行相应的修复。二是企业及政府要注重住宅周边配套服务设施的跟进。在住宅规划建设之初就应该在充分提高土地利用效率的前提下，优化设计居民生活配套服务设施的建筑方案。同时，在住宅交付使用后也应不断创新房地产物业服务的方式方法，将“大房地产业”的服务理念贯穿于住宅开发、建设和运营的全过程。

（3）住宅产业发展应注重探索中小城市和小城镇生态宜居发展模式

中小城市和小城镇住宅产业的发展模式与大城市住宅产业的发展模式应有所不同，必须进行分类指导、区别对待。

具体操作中，中小城市和小城镇生态宜居住宅的发展在充分提高土地利用效率的同时，更应该以“让居民望得见山、看得见水”为指导。真正使中小城市和小城镇的发展融入大自然，使住宅产业发展以生态宜居为总要求。

同时，政府和企业还要重视中小城市住宅建设的文脉传承。中小城市的住宅开发建设决不能简单照搬大城市的住宅发展模式。中小城镇不能成为大城市的缩小版，中小城镇的住宅产业也不应成为大城市住宅产业的克隆版。中小城镇住宅产业的发展必须突出所在地区历史文化特点，使建筑成为“活的历史”。

（4）引导房地产企业在新型城镇化进程中服务城乡，为百姓提供安居乐业之所

房地产业的发展要以民生发展为基础，以新型城镇化建设的需要为契机，找准切入点。新型城镇化的发展必定带动第三产业的发展，促进教育的发展，目前我国老龄化程度的提高也必然会对城市养老提出新要求。房地产业未来应该重视第三产业配套地产、教育地产和老年住宅建设，使其成为新的业务增长点。

具体操作中，一是政府要引导开发旅游地产。发展旅游业是扩大内需、促进消费的重要方面。旅游地产应该是为旅游服务的地产，不仅仅是旅游地资源的开发，还涉及旅游产品的开发、运营、管理和旅游服务体系的建设等一系列问题。

房地产企业可以建设特色休闲基地、旅游度假村、生态公园、农家乐等旅游房地产项目，而政府需要对当地的民生、旅游、住房市场等问题统筹安排，积极引导。二是政府要创新开发教育地产。随着农业转移人口市民化的推进，以及公众对子女教育的普遍重视，创新开发教育地产应成为房地产企业服务城乡的一个努力方向。农业转移人口市民化的推进，客观上要求一系列社会保障措施与之相配套。农业转移人口市民化群体的子女受教育问题一直是公众关注的热点问题，房地产企业可以通过教育地产的创新开发为此破题。三是政府应大力配套开发养老地产。随着国家人口年龄结构日益向老龄化转变，养老地产的开发建设将是未来的一项重任。养老地产是集住房、养老、服务等为一体的地产发展模式，这一模式是将养老作为房地产开发建设的主题。养老地产发展模式聚合医疗、娱乐、养生等服务模块，着力于打造全方位的养老主题社区。对于房地产企业来说，主要是如何改善老人居家养老条件、社区养老环境，特别是大的新建小区要将养老服务设施纳入居住小区配套规划建设，有能力的企业也应积极参与机构养老设施的建设，还可以开发休闲、养生养老与度假相结合的产品，以满足不同老人的养老需求。房地产企业将公益性和营利性相融合，在为所在地区经济文化发展做出贡献的同时，也可以发展壮大自己的产业。

## 8.3 进一步研究的展望

本书通过探索商品住宅市场预期的作用机理，揭示了预期对房价、供给、需求、住房调控和回报的影响规律，为行业管理者、房地产企业和购房者提供了决策支持和技术支撑，进而有利于商品住宅市场的健康、稳定发展。但是，由于商品住宅市场是一个极其复杂的随机系统，我国的商品住宅市场在快速发展过程中还不断呈现出新的状态和特征，仍有一些问题需要进一步深入地探讨：

第一，预期的空间溢出效应有待进一步研究。运用空间技术，将城市内部的预期扩散研究扩展到不同地区、不同城市之间的预期及住宅价格波动的溢出效应研究，探讨预期扩散的空间传导机制和空间联动性，有利于预期的培养和管理，促进合理预期的形成。

第二，住房调控中行政、法律手段的干预效果有待进一步研究。政府出台的行政命令、规定，国家的立法、司法活动对于规范商品住宅市场参与者的行为具有重要的影响，今后可以细化这部分政策工具数据的收集工作，进一步探讨其对商品住宅市场的干预效果，有利于提高住房宏观调控的有效性，有利于市场的健康稳定发展。

第三，预期的动态量化方法有待进一步研究。随着市场的不断成熟和参与者知识、经验、能力的积累，市场参与者预期行为的规则也处于不断的变化之中。因此，如何能科学合理的实现预期的动态量化，使评估结果与不断变化的实现更加相符，是关系到市场参与者决策成败的重要问题。

# 参考文献

## 一、英文部分

[1] Anderson T W, Hsiao C. Estimation of Dynamic Models with Error Components [J]. Journal of the American Statistical Association, 1981, 76 (375): 598-606

[2] Aoki K, Proudman J, Vlieghe G. House Prices, Consumption, and Monetary Policy: a Financial Accelerator Approach [J]. Journal of Financial Intermediation. 2004, 13 (4): 414-435

[3] Berrada T. Incomplete Information, Heterogeneity, and Asset Pricing [J]. Journal of Financial Econometrics, 2006, 4 (1): 136-160

[4] Bonzo D C, Hermosilla A Y. Clustering Panel Data via Perturbed Adaptive Simulated Annealing and Genetic Algorithms [J]. Advances in Complex Systems, 2002, 5 (4): 339-360

[5] Bostic R W, Longhofer S D, Redfearn C L. Land Leverage: Decomposing Home Price Dynamics [J]. Real Estate Economics, 2007, 35 (2): 183-208

[6] Bourassa S C, Hoesli M, Scognamiglio D, et al. Land Leverage and House Prices [J]. Regional Science and Urban Economics, 2011, 41 (2): 134-144

[7] Brock W A, Hommes C H. Heterogeneous Beliefs and Routes to Chaos in a Simple Asset Pricing Model [J]. Journal of Economic Dynamics and Control, 1998, 22 (8-9): 1235-1274

[8] Bywaters D, Thomas D G. The Role of Price Expectations in the U. K. Housing Market [Z]. University of Hertfordshire Business School Working Paper 2009

[9] Case K E, Shiller R J. Forecasting Prices and Excess Returns in the Housing

Market [J] . Journal of the American Real Estate and Urban Economics Association, 1990, 18 (3): 253 -273

[10] Cheng P. Asymmetric Risk Measures and Real Estate Returns [J] . The Journal of Real Estate Finance and Economics, 2005, 30 (1): 89 -102

[11] Cheshire P, Sheppard S. The Welfare Economics of Land Use Planning [J]. Journal of Urban Economics, 2002, 52 (2): 242 -269

[12] Clayton J. Rational Expectations, Market Fundamentals and Housing Price Volatility [J] . Journal of Real Estate Economics, 1996, 24 (4): 441 -470

[13] Corgel J B, DeRoos J A. Recovery of Real Estate Returns for Portfolio Allocation [J] . The Journal of Real Estate Finance and Economics, 1999, 18 (3): 279 -296

[14] Daniel P M, Paul T. Housing Renovations and the Quartile Repeat - sales Price Index [J] . Real Estate Economics, 2006, 34 (4): 567 -584

[15] Davidoff T. Labor Income, Housing Prices and Homeownership [J] . Journal of Urban Economics, 2006, 59 (2): 209 -235

[16] De Long J B, Shleifer A, Summers L H, et al. Noise Trader Risk in Financial Markets [J] . The Journal of Political Economy, 1990, 98 (4): 703 -738

[17] DiPasquale D, Wheaton W C. Urban Economics and Real Estate Markets [M] . Englewood Cliffs, N. J. : Prentice Hall, 1996

[18] Edelstein R H, Quan D C. How Does Appraisal Smoothing Bias Real Estate Returns Measurement [J]. The Journal of Real Estate Finance and Economics, 2006, 32 (1): 41 -60

[19] Edwards K D. Prospect Theory: a Literature Review [J] . International Review of Financial Analysis, 1996, 5 (1): 19 -38

[20] Evans A. Town Planning and the Supply of Housing, in the State of the Economy [M] . London: Institute for Economic Affairs Publisher, 1992: 81 -93

[21] Fan G Z, Huszár Z R, Zhang W N. The Relationships between Real Estate Price and Expected Financial Asset Risk and Return: Theory and Empirical Evidence [J] . The Journal of Real Estate Finance and Economics, 2012, 42 (1): 1 -28

[22] Fratantoni M, Schuh S. Monetary Policy, Housing and Heterogeneous Re-

gional Markets [J]. Journal of Money, Credit and Banking, 2003, 35 (3): 557 - 589

[23] Galí J, Gertler M. Inflation Dynamics: A Structural Econometric Approach [J]. Journal of Monetary Economics, 1999, 44 (2): 195 - 222

[24] Gaunersdorfer A. Endogenous Fluctuations in a Simple Asset Pricing Model with Heterogeneous Agents [J]. Journal of Economic Dynamics and Control, 2000, 24 (5 - 7): 799 - 831

[25] Giaccotto C, Clapp J M. Appraisal - Based Real Estate Returns under Alternative Market Regimes [J]. Journal of the American Real Estate and Urban Economics Association, 1992, 20 (1): 1 - 24

[26] Giaccotto G, Clapp J M. The Influence of Economic Variables on Local House Price Dynamics [J]. Journal of Urban Economics, 1994, 36 (2): 161 - 183

[27] Glenn O. The Growth of House Prices in Australian Capital Cities: What do Economic Fundamentals Explain [J]? The Australian Economic Review, 2007, 40 (3): 225 - 238

[28] Grimes A, Aitken A. Housing Supply, Land Costs and Price Adjustment [J]. Real Estate Economics, 2010, 38 (2): 325 - 353

[29] Holtemoller O, Schulz R. Investor Rationality and House Price Bubbles: Berlin and the German Reunification [J]. German Economic Review, 2010, 11 (9): 465 - 486

[30] Hong H, Stein J C. A Unified Theory of Underreaction, Momentum Trading, and Overreaction in Asset Markets [J]. The Journal of Finance, 1999, 54 (6): 2143 - 2183

[31] Hort K. The Determinants of Urban House Price Fluctuations in Sweden 1958 - 1994 [J]. Journal of Housing Economics, 1998, 7 (2): 93 - 120

[32] Huang H F, Tang Y. Residential Land Use Regulation and the US Housing Price Cycle between 2000 and 2009 [J]. Journal of Urban Economics, 2012, 71 (1): 93 - 99

[33] Hui E C. An Empirical Study of the Effects of Land Supply and Lease Conditions on the Housing Market: A Case of Hong Kong [J]. Journal of Property Man-

agement, 2004, 22 (2): 127 - 154

[34] Hwang M, Quigley J M. Economic Fundamentals in Local Housing Markets: Evidence from U S Metropolitan Regions [J]. Journal of Regional Science, 2006, 46 (8): 425 - 453

[35] Iacoviello M, Minetti R. The Credit Channel of Monetary Policy: Evidence from the Housing Market [J]. Journal of Macroeconomics, 2008, 30 (1): 69 - 96

[36] Jacobsen D H, Naug B E. What Drives House Prices [J]? Economic Bulletin, 2005, 76 (4): 29 - 41

[37] Jeanty P W, Partridge M, Irwin E. Estimation of a Spatial Simultaneous Equation Model of Population Migration and Housing Price Dynamics [J]. Regional Science and Urban Economics, 2010, 40 (5): 343 - 352

[38] Jud G D, Winkler D T. The Dynamics of Metropolitan Housing Price [J]. The Journal of Real Estate Research, 2002, 23 (1): 29 - 46

[39] Kangasharju A. Housing Allowance and the Rent of Low - income Households [J]. The Scandinavian Journal of Economics, 2011, 112 (3): 595 - 617

[40] Kasparova D, White M. The Responsiveness of House Prices to Macroeconomic Forces: Across - country Comparison [J]. European Journal of Housing Policy, 2001, 1 (3): 385 - 417

[41] Kim C H, Kim K H. Expectation and Housing Price Dynamics Following Deregulation in Korea [J]. International Real Estate Review, 1999, 2 (1): 126 - 142

[42] Kim J. Housing Price Hike and Price Stabilization Policy in Korea [A]. Residential Welfare and Housing Policies: the Experience and Future [C]. Seoul, Korea, 2005: 356 - 378

[43] Laferrere A, Blanc D L. How do Housing Allowances Affect Rents? An Empirical Analysis of the French Case [J]. Journal of Housing Economics, 2004, 13 (1): 36 - 67

[44] Landis J D. Growth Management Revisited [J]. Journal of the American Planning Association. 2006, 72 (4): 411 - 430

[45] Lastrapes W D. The Real Price of Housing and Money Supply Shocks: Time

Series Evidence and Theoretical Simulations [J]. Journal of Housing Economics, 2002, 11 (2): 40-74

[46] Lee C I. Does Provision of Public Rental Housing Crowd out Private Housing Investment? A Panel VAR Approach [J]. Journal of Housing Economics, 2007, 16 (1): 1-20

[47] LI B, Zhang S D. Expectation Diffusion in Commercial Housing Market—under the Internal Influence [A]. Conference Proceeding on Transformation of Resource-based Economy and Internationalization of Higher Education [C], Taiyuan 2012: 276-280

[48] LI B, Zhang S D. The Application of Nonlinear Doubly Time Series Model in Real Estate Price Forecasting [A]. Proceedings of the International Conference on Management of Technology [C], Taiyuan 2007: 309-313

[49] Lin Z G, Liu Y C. Real Estate Returns and Risk with Heterogeneous Investors [J]. Real Estate Economics, 2008, 36 (4): 753-776

[50] Mahajan V, Muller E, Bass F M. New Product Diffusion Models in Marketing: A Review and Directions for Research [J]. Journal of Marketing, 1990, 54 (1): 1-26

[51] Malpezzi S, Wachter S M. The Role of Speculation in Real Estate Cycles [J]. Journal of Real Estate Literature, 2005, 13 (2): 143-164

[52] Mayer C, Somerville C T. Land Use Regulation and New Construction [J]. Regional Science and Urban Economics, 2000, 30 (6): 639-662

[53] McDonald J F, Stokes H H. Monetary Policy and the Housing Bubble [J]. The Journal of Real Estate Finance and Economics, 2011, (2): 15-30

[54] Miles M, Cole R, Guilkey D. A Different Look at Commercial Real Estate Return [J]. Journal of the American Real Estate and Urban Economics Association, 1990, 18 (4): 403-431

[55] Miles W. Housing Investment and the U. S. Economy: How Have the Relationships Changed [J]? The Journal of Real Estate Research, 2009, 31 (3): 329-349

[56] Miller N, Liang P. Exploring Metropolitan Housing Price Volatility [J].

Journal of Real Estate Finance and Economics, 2006, 33 (1): 5 -18

[57] Miller N, Liang P, Sklarz M. House Prices and Economic Growth [J]. Journal of Real Estate Finance and Economics, 2009, 42 (4): 522 -541

[58] Muellbauer J, Murphy A. Booms and Busts in the UK Housing Market [J]. The Economic Journal, 1997, 107 (445): 1701 -1727

[59] Muth R F, Goodman A C. The Economics of Housing Markets [M]. Harwood Academic Publishers, 1989

[60] Negro M D, Otrok C. Monetary Policy and the House Price Boom Across U.S. States [J]. Journal of Monetary Economics, 2007, 54 (7): 1962 -1985

[61] Oates W E. Federalism and Government Finance: in Modern Public Finance [M]. Cambridge, M. A.: Haevard University Press, 1994

[62] Ooi J, Lee S. Price Discovery between Residential Land and Housing Markets [J]. Journal of Housing Research, 2007, 15 (2), 95 -112

[63] Pain N, Westaway P. Modelling Structural Change in the UK Housing Market: a Comparison of Alternative House Price Models [J]. National Institute of Economic and Social Research, 1996, 14 (4): 587 -610

[64] Rabe B, Taylor M P. Differences in Opportunities? Wage, Employment and House -Price Effects on Migration [J]. Oxford Bulletin of Economics and Statistics, 2012, 74 (6): 831 -855

[65] Raslanas S, Zavadskas E K, Kaklauskas A. Land Value Tax in the Context of Sustainable Urban Development and Assesment. Part I – Policy Analysis and Conceptual Model for the Taxation System on Real Property [J]. International Journal of Strategic Property Management, 2010, 14 (1): 73 -86

[66] Ren J, Shi S L. Multivariable Panel Data Ordinal Clustering and its Application in Competitive Strategy Identification of Appliance -wiring Listed Companies [A]. International Conference on Management Science & Engineering (16th) [C], Moscow, Russia, 2009: 253 -258

[67] Seko M. Housing Price and Economic Cycles [A]. Paper Presented at The International Conference on "Housing Market and the MacroEconomy" [C], Hong Kong, China, 2003. 7: 25 -26

[68] Seslen T N. Housing Price Dynamics and Household Mobility Decisions [D]. Thesis (Ph. D.) —Massachusetts Institute of Technology, Dept. of Economics, 2003

[69] Song Z, Favara G. House Price Dynamics with Heterogeneous Expectations [A]. Society for Economic Dynamics 2009 Meeting Papers [C], 2009

[70] Susin S. Rent Vouchers and the Price of Low - income Housing [J]. Journal of Public Economics, 2002, 83 (3): 109 - 152

[71] Taltavull P, McGreal S. Measuring Price Expectations: Evidence from the Spanish Housing Market [J]. Journal of European Real Estate Research, 2009, 2 (2): 186 - 209

[72] Tjφstheim D. Some Doubly Stochastic Time Series Models [J]. Journal of Time Series Analysis, 1986, 7 (1): 51 - 73

[73] Tse R Y C, Webb J R. Effects of Property Tax on Housing Returns [J]. Review of Urban and Regional Development Studies, 1999, 11 (2): 114 - 126

[74] Tse R Y C, Webb J R. Public vs. Private Real Estate in Hong Kong Using Adaptive Expectations [J]. Journal of Real Estate Portfolio Management, 2001, 7 (2): 143 - 149

[75] Wheaton W C. Real Estate "Cycles": Some Fundamentals [J]. Real Estate Economics, 1999, 27 (2): 209 - 281

[76] Wheaton W C. Vacancy, Search and Prices in a Housing Market Matching Model [J]. Journal of Political Economy, 2002, 98 (6): 1270 - 1292

[77] Wheaton W C, Nechayev G. The 1998 - 2005 Housing "Bubble" and the Eurrent "Correction": What's Different this Time [J]. Journal of Real Estate Research, 2008, 30 (1): 1 - 26.

[78] Wong K. Housing Market Bubbles and the Currency Crisis: the Case of Thailand [J]. The Japanese Economic Review, 2001, 52 (4): 382 - 404

[79] Wood G A, Flatau P. Microsimulation Modelling of Tenure Choice arid Grants to Promote Home Ownership [J]. Australian Economic Review, 2006, 39 (1): 14 - 34

[80] Young M S. Revisiting Non - normal Real Estate Return Distributions by

Property Type in the U. S. [J]. The Journal of Real Estate Finance and Economics, 2008, 36 (2): 233-248

[81] Zhang H. Effects of Urban Land Supply Policy on Real Estate in China: An Econometric Analysis [J]. Journal of Real Estate Literature, 2008, 16 (1): 55-72

[82] Zhang S D, Li B. Investment Returns on Real Estate - Empirical Study Applied with Nonlinear Time Series Evaluation Model [A]. Proceedings of the International Conference on Management of Technology [C], Taiyuan 2006

[83] Zorn T S, Sackley W H. Buyers' and Sellers' Markets: A Simple Rational Expectations Search Model of the Housing Market [J]. Journal of Real Estate Finance and Economics, 1991, 4 (3): 315-325

## 二、中文部分

[1] 蔡明超，黄徐星，赵戴怡．房地产市场反周期宏观调控政策绩效的微观分析 [J]．经济研究，2011 (S1): 80-126

[2] 曹琳剑．城市发展视角下的商品住宅价格作用机理及调控研究 [D]．天津大学博士学位论文，2010

[3] 陈多长，踪家峰．房地产税收与住宅资产价格：理论分析与政策评价 [J]．财贸研究，2004 (1): 57-60

[4] 陈国宏，王丽丽，蔡猷花．基于 Bass 修正模型的产业集群技术创新扩散研究 [J]．中国管理科学，2010 (5): 179-183

[5] 陈会广，刘忠原，张耀宇．房地产市场及其细分的调控重点区域划分理论与实证——以中国 35 个大中城市为例 [J]．资源科学，2012 (10): 1871-1880

[6] 陈利锋．不同抵押约束机制下的房地产市场调控政策效应——基于 NK-DSGE模型的分析 [J]．广东财经大学学报，2016，31 (04): 16-30

[7] 陈立中．住房保障政策瞄准效率及其影响因素——来自北京市廉租房和经济适用房政策的实证 [J]．财经科学，2010 (5): 39-46

[8] 陈林，朱卫平．基于二手市场与理性预期的房地产市场机制研究 [J]．管理科学学报，2011 (2): 61-70

[9] 陈强．高级计量经济学及 Stata 应用 [M]．北京：高等教育出版

社，2010

[10] 陈诗一，王祥．融资成本、房地产价格波动与货币政策传导［J］．金融研究，2016，(03)：1－14

[11] 程选，岳国强，任荣荣．关于房地产调控效果的研究之七：现行住房保障政策体系中的问题［J］．中国经贸导刊，2012（12）：17－19

[12] 程选，岳国强，任荣荣．关于房地产调控效果的研究之三：我国“房价上涨过快”的原因分析［J］．中国经贸导刊，2012（12）：8－10

[13] 程瑶．房地产税收政策调控效果实证研究——基于江苏省的调研数据［J］．中央财经大学学报，2012（2）：18－22

[14] 崔光灿，谌汉初，吕雪．差别化房地产税收政策对住房消费的影响［J］．财经科学，2011（5）：118－124

[15] 戴国强，张建华．货币政策的房地产价格传导机制研究［J］．财贸经济，2009（12）：31－37

[16] 邓卫，宋扬．住宅经济学［M］．北京：清华大学出版社，2008

[17] 丁冰．当代西方经济学流派［M］．北京：北京经济学院出版社，1993：193－194

[18] 董潘，丁宏，陶斐斐．房地产经济学［M］．北京：清华大学出版社，2012

[19] 杜晓华．我国货币政策对房地产市场价格影响的实证分析［J］．价格理论与实践，2012（7）：39－40

[20] 段忠东．房地产价格与通货膨胀、产出的非线性关系——基于门限模型的实证研究［J］．金融研究，2012（8）：84－96

[21] 段忠东，曾令华．宏观经济基本面对房地产价格影响的实证检验［J］．统计与决策，2010（15）：110－114

[22] 樊明等．房地产买卖行为与房地产政策［M］．北京：社会科学文献出版社，2012

[23] 高波，洪涛．中国住宅市场羊群行为研究——基于1999～2005动态面板模型的实证分析．管理世界，2008（2）：90－96

[24] 高波，毛中根．汇率冲击与房地产泡沫演化：国际经验及中国的政策取向［J］．经济理论与经济管理，2006（7）：38－43

［25］高苛，刘长滨．基于预期理论的住宅市场价格调控模型及其仿真分析［J］．土木工程学报，2008（4）：95－99

［26］韩蓓，蒋东生．房地产调控政策的有效性分析——基于动态一致性［J］．经济与管理研究，2011（4）：22－31

［27］韩冬梅，屠梅曾，曹坤．房地产价格泡沫与货币政策调控［J］．中国软科学，2007（6）：9－16，49

［28］贺京同，徐璐．主体行为、预期形成与房地产市场稳定［J］．浙江大学学报（人文社会科学版），2011（5）：175－187

［29］贺京同，战昱宁，万志华．房地产市场中的羊群行为及其对商品房交易量的影响［J］．浙江大学学报（人文社会科学版），2009（2）：172－180

［30］胡桂荣．AR（1）－MA（1）模型的矩估计及其渐近分布［J］．系统工程理论与实践，2000（3）：130－134

［31］黄静，屠梅曾．基于非平稳面板计量的中国城市房价与地价关系实证分析［J］．统计研究，2009（7）：13－19

［32］黄瑜．土地价格、居民收入对商品住宅价格影响的动态分析——基于状态空间模型的实证［J］．经济与管理研究，2010（10）：24－28

［33］贾生华，李航．房地产调控政策真的有效吗？——调控政策对预期与房价关系的调节效应研究［J］．华东经济管理，2013，27（11）：82－87

［34］贾生华，李航．噪声交易者预期与房地产泡沫——基于35个大中城市的实证研究［J］．审计与经济研究，2014，29（03）：85－92

［35］江世银．凯恩斯主义以前的预期理论评述［J］．云南财经大学学报，2010（1）：23－30

［36］江世银．预期理论史考察——从理性预期到孔明预期［M］．北京：经济科学出版社，2008：1－148

［37］金海燕．我国房地产宏观调控政策运行过程研究［D］．哈尔滨工业大学博士学位论文，2008.9

［38］凯恩斯．就业、利息与货币通论［M］．商务印书馆，1999：55

［39］孔煜．城市住宅价格变动的影响因素研究［D］．重庆大学博士学位论文，2006.5

［40］孔煜．市场预期与房地产价格波动［J］．中央财经大学学报，2009

(2)：80－85

［41］孔煜，魏锋，任宏．城市住宅价格的宏观经济影响因素［J］．统计与决策，2006（10）：84－85

［42］况伟大．房地产投资、房地产信贷与中国经济增长［J］．经济理论与经济管理，2011（1）：59－68

［43］况伟大．房价与地价关系研究：模型及中国数据检验［J］．财贸经济，2005（11）：56－64

［44］况伟大．预期、投机与中国城市房价波动［J］．经济研究，2010（9）：67－78

［45］李斌．预期对中国商品住宅市场的影响研究［D］．山西财经大学，2013.6

［46］李斌．房地产价格波动与管控研究［M］．经济管理出版社，2015

［47］李斌，张所地．基于预期视角的商品住宅需求调控研究．软科学，2014，28（6）：65－69

［48］李斌，张所地．预期视角下住房需求调控效果的城市差异研究．数理统计与管理，2015，34（4）：685－695

［49］李斌，张所地．预期对城市商品住宅价格波动的作用机制研究［J］．未来与发展，2011（7）：28－33

［50］李斌，张所地．住房供给调控中异质环境的作用效果研究．中国管理科学，2015，23（2）：139－147

［51］李斌，张所地，武斌．房价与预期回报的非线性关系研究．统计与决策，2016（22）：122－125

［52］李斌，张所地，武斌．市场预期对房价的作用研究——基于DSSW模型和动态面板数据模型的分析．软科学，2015，29（12）：121－125

［53］李斌，张所地，赵华平．中国商品住宅价格与通货膨胀关系动态演变的实证［J］．统计与决策，2012（23）：129－132

［54］李克强．大规模实施保障性安居工程　逐步完善住房政策和供应体系［J］．求是，2011（8）：3－8

［55］李腊生，翟淑萍．混合预期噪声交易模型及我国证券市场非理性交易的实证分析［J］．统计研究，2009（10）：95－102

[56] 李拉亚. 通货膨胀机理与预期 [M]. 北京：中国人民大学出版社，1991：21

[57] 李贤锦，胡锡健，杨玉琴. 基于 MCMC 和贝叶斯的 AR (1) – MA (0) 双重模型的参数估计 [J]. 统计与决策，2011 (18)：7 – 11

[58] 李因果，何晓群. 面板数据聚类方法及应用 [J]. 统计研究，2010 (9)：73 – 79

[59] 梁云芳，高铁梅. 我国商品住宅销售价格波动成因的实证分析 [J]. 管理世界，2006 (8)：76 – 82

[60] 刘金全，郑挺国. 我国经济周期阶段性划分与经济增长走势分析 [J]. 中国工业经济，2008 (1)：32 – 39

[61] 刘琳，刘洪玉. 地价与房价关系的经济学分析 [J]. 数量经济技术经济研究，2003 (7)：27 – 30

[62] 刘霞辉. 人民币已进入了长期升值预期的阶段了吗? [J]. 经济研究，2004 (2)：28 – 38

[63] 骆永民. 城市化对房价的影响：线性还是非线性?——基于四种面板数据回归模型的实证分析 [J]. 财经研究，2011 (4)：135 – 144

[64] 马奎. 论西方政府干预经济理论的演变 [J]. 经济评论，2001 (3)：44 – 47

[65] 苗奇谦，常学将. 一类双重时序模型 AR (1) – MA (0) 的参数矩估计及其渐近性质 [J]. 工程数学学报，1991 (3)：73 – 82

[66] 任木荣，苏国强. 货币政策工具调控房地产价格的传导机制分析 [J]. 中央财经大学学报，2012 (4)：23 – 29

[67] 任荣荣，郑思齐，龙奋杰. 预期对房价的作用机制：对 35 个大中城市的实证研究 [J]. 经济问题探索，2008 (1)：145 – 148

[68] 申海波. 预期理论与资本市场 [M]. 上海财经大学出版社，2000 (5)：84 – 105

[69] 沈悦，刘洪玉. 住宅价格与经济基本面：1995—2002 年中国 14 城市的实证研究 [J]. 经济研究，2004 (6)：78 – 86

[70] 石玉对. 中国住宅市场价格泡沫的测度——基于预期时间路径的拟合评估 [J]. 财贸经济，2011 (7)：119 – 126

［71］宋春合，吴福象．相机抉择、房价预期与地方政府房地产市场干预［J］．经济问题探索，2017（1）：9－15

［72］苏汝劼．20世纪90年代以来我国经济周期划分及特征分析［J］．经济理论与经济管理，2006（1）：36－40

［73］苏志．公众预期与房地产市场的短期相关性——基于微博信息的实证研究［J］．经济与管理研究，2016，37（3）：69－76

［74］孙涛，郑晓亚．我国房地产调控政策的制定与执行——基于博弈论与激励理论的建模分析［J］．云南财经大学学报，2015，31（4）：100－110

［75］孙涛，郑晓亚．中国房地产价格动态变化的宏观经济影响——基于FAVAR模型的实证分析［J］．贵州财经大学学报，2015（5）：26－35

［76］孙巍，徐笠崴，何彬．资产升值预期、收入水平对房地产价格的影响［J］．统计与决策，2011（8）：121－123

［77］谭峻，赵妍．房价收入比的实证研究——基于北京和全国整体数据的分析［J］．中国土地科学，2012（9）：66－70

［78］唐健，徐小峰．近年来房地产调控中的土地政策评析［J］．中国土地科学，2011（3）：9－15

［79］唐晓彬，董莉，向蓉美等．中国宏观经济周期波动的特征分析［J］．统计与决策，2011（19）：103－105

［80］童年成．宏观调控理论与政策［M］．北京：高等教育出版社，2001：27－65

［81］王斌，高戈．中国住房保障对房价动态冲击效应——基于SVAR的实证分析［J］．中央财经大学学报，2011（8）：54－59

［82］王来福．预期、不可置信的承诺与政策失效——来自房地产行业的实证检验［J］．财经问题研究，2008（9）：56－62

［83］王鹏，王灿华．基于适应性预期的房地产价格驱动因素分析［J］．财贸研究，2012，23（4）：49－57

［84］王擎．封闭式基金折价的实证研究——理性预期还是噪声交易［M］．成都：西南财经大学出版社，2005.12：18－20

［85］王松涛．中国住房市场政策干预的原理与效果评价［J］．统计研究，2011（1）：27－35

[86] 王松涛，刘洪玉．土地供应政策对住房供给与住房价格的影响研究［J］．土木工程学报，2009（10）：116－121

[87] 王先柱，杨义武．差异化预期、政策调控与房价波动——基于中国35个大中城市的实证研究［J］．财经研究，2015，41（12）：51－61

[88] 王永钦，包特．异质交易者、房地产泡沫与房地产政策［J］．世界经济，2011（11）：84－101

[89] 王岳平．抑制房地产价格高涨的政策措施［J］．宏观经济管理，2011（7）：29－30

[90] 魏玖长，周磊，赵定涛．基于BASS模型的危机信息扩散模式［J］．系统工程，2011（9）：16－22

[91] 翁少群，刘洪玉．宏观调控下的房价表现——从需求方心理预期的角度分析［J］．价格理论与实践，2005（6）：34－35

[92] 武康平，胡谍．房地产市场与货币政策传导机制［J］．中国软科学，2010（11）：32－43

[93] 武建新，刘爽，路畅．房价预期形成机制对住房价格影响的门限效应研究［J］．南方金融，2015（8）：17－24

[94] 吴燕华，杨刚．我国货币政策对房地产价格调控的动态影响分析［J］．现代财经，2011（10）：70－76

[95] 吴智华，杨秀云．“土地财政”与中国房地产市场波动——基于两部门NK－DSGE模型的研究［J］．中南财经政法大学学报，2016（5）：30－41

[96] 熊方军，邓长荣，马永开．基于宏观调控的我国房地产市场聚类研究［J］．管理学报，2007（6）：829－832

[97] 徐笠葳．基于资产升值预期的投机性需求对我国房价影响的计量研究［D］．吉林大学博士学位论文，2011.12

[98] 严金海．中国的房价与地价：理论、实证和政策分析［J］．数量经济技术经济研究，2006（1）：17－26

[99] 杨柳，李力，吴婷．预期冲击与中国房地产市场波动异象［J］．经济学（季刊），2017，16（1）：321－348

[100] 杨楠，邢力聪．基于VaR的房地产投资组合模型设计与应用［J］．数理统计与管理，2007（5）：858－866

[101] 杨玉珍，文林峰．抑制房价过快上涨宏观调控政策实施效果评价及建议 [J]．经济研究，2005 (6)：153 - 154

[102] 张发，李璐，宣慧玉．传染病传播模型综述 [J]．系统工程理论与实践，2011 (9)：1736 - 1744

[103] 张浩，李仲飞．房价预期、土地价格与房地产商行为 [J]．管理评论，2016，28 (4)：52 - 61

[104] 张健，张丽娟，王琛．城市化对房地产价格上涨的影响和对策探讨 [J]．价格理论与实践，2008 (6)：48 - 49

[105] 张金明．论我国房地产市场的预期性质 [J]．现代财经，2000 (3)：57 - 59

[106] 张京伟，崔文田，林军等．基于 Bass 扩散模型的新技术采用最优时机问题 [J]．系统工程，2010 (11)：38 - 42

[107] 张乐，李好好．我国证券市场中的噪声交易研究——基于一个“机构噪声交易者——散户噪声交易者模型”的分析 [J]．中国管理科学，2008 (10)：340 - 345

[108] 张樨樨，孙妙春，汤丽华．科技人才涵养力的影响因素及其提升研究——兼议科技人才涵养力与房地产价格的双向效应 [J]．华东师范大学学报 (哲学社会科学版)，2016，48 (2)：146 - 153

[109] 张清勇．房价收入比与住房支付能力指数的比较 [J]．中国土地科学，2012 (1)：32 - 37

[110] 张所地．AR (1) - MA (2) 双重时间序列模型的平稳解及其谱密度 [J]．工程数学学报，1991 (3)：141 - 146

[111] 张所地．不动产动态评估研究 [D]．西安交通大学博士学位论文，1998

[112] 张所地．不动产静态与动态评估方法 [M]．北京：中国科学技术出版社，2005

[113] 张所地．一类双重时序模型的谱估计及其渐近性质 [J]．工程数学学报，1993 (3)：81 - 86

[114] 张所地，范金城．AR (1) - MA (0) 模型的参数矩估计及其优良性质 [J]．系统科学与数学，1995 (2)：97 - 106

［115］张同龙．房价拉动地价，还是地价推高房价？——基于1998~2009年中国房地产市场数据的实证研究［J］．经济管理，2011（10）：121－126

［116］张亚丽．预期、市场基本面和房价拐点［J］．经济学家，2011（9）：20－27

［117］张亚丽，梁云芳，高铁梅．预期收入、收益率和房价波动——基于35个城市动态面板模型的研究［J］．财贸经济，2011（1）：122－129

［118］赵华平，张所地．居民收入异质预期对住房价格影响的实证研究［J］．统计与决策，2012（9）：125－127

［119］赵自胜．城市商品住宅价格空间分异研究［D］．河南大学博士学位论文，2010.4

［120］钟少颖，王蕊，陈锐．货币政策，市场预期与房地产价格［J］．管理评论，2016，28（5）：13－22

［121］周京奎．货币政策、银行贷款与住宅价格——对中国4个直辖市的实证研究［J］．财贸经济，2005（5）：22－27

［122］周晓蓉，李霞．中国住宅市场宏观调控政策效果的理论与实证分析［J］．宏观经济研究，2012（2）：23－29，34